Als Korb seiner Freundin voller Überzeugung ein hartgekochtes Ei zum Geburtstag schenkte, ahnte er noch nicht, dass er zwanzig Jahre lang dafür bezahlen würde. Jetzt geht er unaufhaltsam auf die fünfzig zu, doch zumindest das lässt er unerwähnt und verharrt stattdessen lieber bewegungslos auf dem zu kleinen Sofa. Er hat weit Wichtigeres im Sinn an diesem Abend: Karnickelfährten im tiefen Wald, den Großvater in seinem Jagdflugzeug, den Pleitegeier über seinem Haus, die Toten in dem zerschossenen Auto und, beinahe zuletzt, seine Frau Tatjana, die ihn vom Sessel gegenüber gelassen im Auge behält.

Markus Klek, geboren 1969 in Freiburg im Breisgau, lebt heute, nach jahrelangen Umwegen über Bayern, die USA und Portugal, wieder mit seinen drei Kindern im Schwarzwald.
www.markusklek.de

Markus Klek

Couch Talk

Ein Mann und sein Ego im Rückwärtsgang

Bibliographische Informationen
der Deutschen Nationalbibliothek:
Die Deutsche Nationalbibliothek verzeichnet diese Publikation
in der Deutschen Nationalbibliographie;
detaillierte bibliographische Daten sind im Internet über
http//dnb.d-nb.de abrufbar.
©Markus Klek 2018
Lektorat: Ottomar Oeser, Flözlingen
Herstellung und Verlag:
BoD - Books on Demand, Norderstedt
ISBN: 9783746024981

«Ich habe gar keine Lebensgeschichte, sondern ich war nur Kaffee trinken und Kuchen essen»

Anonymer Meister

Nicht Bond. Nicht James Bond.

Sondern Korb. Johannes Korb ist mein Name. Kein Zweitname, kein Doppelname. Kein Doktortitel. Alles ganz simpel. Nichts Besonderes. Null-acht fünfzehn eben. Kleinkaliber also.

Korb lächelt. Ihm gefällt die Assoziation von sich selbst mit einer Waffe. Dabei ist an dem Namen James Bond eigentlich auch nicht viel dran, wenn man mal das berühmte Filmfleisch von den Knochen schält.

Bond - was soll das schon bedeuten. Irgend so ein englischer Kleber aus der Tube. Holzleim - aus alten Hasenhäuten zusammengekocht. That´s all.

Und James? So heißen nur weiß behandschuhte Steiflinge mit unbeweglicher Upper Lip, die als lebenslange Leiharbeiter in dem untrüglichen Bewusstsein leben, einen Schuss hellblaues Blut in den Adern zu haben, nur weil sie irgendwelchen britischen Bessergestellten täglichen um sechzehn Uhr den Earl Grey Tee servieren - mit Milch.

Korb zieht die Hand unter dem Kopfkissen hervor und betastet seinen Hinterkopf, knapp neben dem linken Ohr erspürt er eine kleine Ausstülpung. Ein Pickel, wundert er sich. Aber zum Aufkratzen scheint die Zeit noch nicht reif zu sein. Es machte ihm Spaß, sich mit James Bond zu messen.

Tja, und mein eigener Vorname, überlegt er.

Johannes - immerhin einer der zwölf Zöglinge eines Superstars. Einige Quellen behaupten ja sogar, er sei der bevorzugte Schüler von Jesus gewesen. Vielleicht waren die beiden sogar Lover. Denkbar ist es schließlich. Für mich wär's kein Problem. Doch dann verzieht Korb das Gesicht. Jesus beim Knutschen. Gekräuselte Bärte, dunkel wie Schamhaar, ineinander verfangen wie Efeu. Die beiden einander so innig zugetan wie Gorbatschow und sein Kollege beim sozialistischen Bruderkuss. Mund auf Mund bei alten Männern. Korb brummt unwillig. Irgendwie doch widerlich.

Das Muttermal auf Gorbatschows Stirn leuchtet rot wie Lippenstift.

Na ja. Und Korb? Zu seinem eigenen Nachnamen hatte er noch nie ein befriedigendes Bild entwickeln können, denn mit diesem knarzenden Rutengeflecht lässt sich einfach kein Preis gewinnen.

Er verspürte ohnehin gelegentlich, nicht wenn es ihm gut ging, aber eben in jenen Momenten, zum Beispiel wenn er sich aus Unachtsamkeit mit dem Hammer auf den Daumen schlug, ausgelöst von dem Schmerz der in seinem Finger pochte, die wütende Gewissheit, vom Leben ganz grundsätzlich ein eben solches Flechtwerk überreicht bekommen zu haben. Vielleicht ist das auch der Grund, warum es Korb nicht leiden mag, wenn man ihn mit dem Nachnamen anredet. Herr Korb - damit hatte er sich noch nie identifizieren können, denn ganz abgesehen von der unweigerlichen Assoziation mit einer Absage, hatte es in seinen Ohren, beginnend zu jener Zeit als er den ersten Flaum auf seiner Oberlippe gewahr wurde, einfach nur lächerlich geklungen, und auch jetzt erschien es ihm noch wie eine Lüge, wenn er auf diese Weise angeredet wurde. Aber Gott sei Dank kommt es selten vor, dass ihn jemand einen Herren nennt. Außer bei Behördengängen. Aber die sind fast genauso selten wie seine Arztbesuche.

Ich habe kaum persönlich mit Leuten zu tun, die mich mit der Sie-Formel auf Abstand halten, überlegt er. Eher im Schriftverkehr. Aber eigentlich basiert dieses innerliche Unwohlsein, dieser Peitschenknall des Familiennamens doch nur darauf, dass ich nie richtig erwachsen geworden bin, mich nie zu einem echten Mann gemausert habe, der mit selbstverständlicher Lässigkeit den Titel des Herren empfängt und auch vergibt.

Korb seufzt, verdreht die Augen und gibt sich dann einen Ruck. Er entscheidet sich, heute Dankbarkeit für seine nicht enden wollende Jugendlichkeit zu empfinden, und zieht auch aus diesem Grund die Hand unter dem Kopf hervor, um wenigstens den Pickel seinem natürlichen Reifungsprozess zu überlassen.

Korb ist erleichtert mit dieser Entscheidung. Er schürzt die Lippen, ihm ist jetzt fast nach Pfeifen zumute, und er bemerkt, dass diese Bemühung sich tatsächlich gut anfühlt. Er drückt das Kreuz durch, was dazu führt, dass er eine innerliche Angekommenheit verspürt.

Ich bin aufgehoben in mir selbst, beinahe. Bin irgendwie mittig. Obwohl ich nicht mehr da bin, wo ich hingehörte, ist doch noch alles an seinem Platz, denkt er und atmet geräuschvoll aus. Der Kern ist noch in mir. Der alte Samen geht noch auf. Noch ist an jenem Ort meine Mitte. Dort bin ich geborgen wie ein kleines Baby in seiner Krippe.

Korb lächelt. Ein Körbchen, ausgeschlagen mit weichen Windeln, denkt er. Es wippert am Ufer eines großen Flusses sanft auf und nieder. Schilf schlägt über ihm zusammen, und Korb sieht schillernde Libellen vorbeiflitzen, dahinter der blaue Himmel. Er wartet auf etwas. Er wartet darauf, dass eine Prinzessin ihr Gesicht zu ihm hinabbeugt. Kleopatra? Das ist schön. Wohlgeformte Nase, große Brüste. Sie nimmt ihn auf und entführt ihn in ein Land, wo Milch und Honig fließen.

Korb kichert – ach, wenn ich doch nur Moses hieße.

Aber diese Geborgenheit. Das ist doch leider nur ein sehr flüchtiges Gefühl. Es wird nicht immer so bleiben. Es wird sich wandeln. Wird sich verschieben. Es wird an Schwäche gewinnen, stetig verblassen, nur noch gelegentlich aufflackern, um irgendwann ganz abzuschlaffen, wie eine Blume ohne Wasser, dann weg sein. Vielleicht in ein paar Wochen schon oder erst in drei Jahren.

Korb seufzt unwillkürlich. Es beginnt also an dem Ort, an dem ich nicht mehr bin, überlegt er und schließt die Augen.

Es beginnt in den Bergen.

Er sieht das Tal.

Es ist wunderschön. Nicht schroff und dunkel, sondern sanft gewölbt, lichtdurchflutet. Ein Tal mit saftigen, grünen Wiesen, gesäumt von tiefem Wald oben auf den Hängen. Darüber wölbt sich gleich einer enormen Glocke ein übersinnlich weiter Himmel.

Ein Ort, wie ihn jeder von irgendwoher kennt, und wenn es nur aus der Glotze ist, was wirklich schade wäre.

Wenn ich Zeit und Ruhe finde und dieser Ort, der einst meine Heimat war, vor meinen Augen wieder zum Leben erwacht, Korb blinzelt, wenn ich mich dorthin zurückziehe wie ein Geist, der in seine Flasche heimkehrt, wenn alles greifbar und wahrhaftig wird, dann - Korb weigert sich die Augen aufzumachen.

Der verdammte Pickel hinter dem Ohr. Korb verspürt den Drang, ihn doch am liebsten sofort mit dem Nagel aufzukratzen, dabei kommt ihm sein Hühnerauge am rechten kleinen Zeh in den Sinn - ähnliche Größe.

Mein Fleisch und meine Gedanken, es muss doch möglich sein, Korb ballt die Faust, dass sie der Welt, und vor allem mir selbst, einfach mal mit einem stolperfreien Profil gegenübertreten.

* * *

Doch wann erlaubt man sich schon so abzudriften?

Geht es denn beim Erinnern je wirklich über kantige Fakten, Check-Listen und gut bekömmliche Rahmenbedingungen hinaus? Wodurch ist die Gesamtheit eines vergangenen Moments zu erreichen? Wie kriege ich alles wieder?

Korb schnauft ein wenig, denn sein Kopf scheint schwer. Meist kommt es daher wie ein Schwarm großer Vögel, der über die weite Kluft der Jahre hinweg heimkehrt, und dann surrt man an einem seidenen Faden hinab ins Unsichtbare. Dann ist da ein Aufdämmern von schwindeligen Schatten, welche aus den untersten Schichten des Möglichen emporsteigen. Etwas Unbeendetes beginnt sich zu entwickeln. Gestalten und Bewegung zieht ein und mit einem Ruck ergießt sich die Wahrnehmung in die Breite, greift die Szenen beim Schopf und taucht alles in Farbe. Aus uralter Ferne bereiten Geräusche und Gerüche ihren Einzug vor und am Ende brechen aus verloren geglaubter Tiefe sogar die Gefühle wieder auf und legen sich über das gesamte Bild. So entsteht das, was nicht mehr da ist.

Ja, so etwas gibt es, und das ist heftig, weil alles so schön gewesen ist oder so schmerzhaft oder einfach, weil es so lang her ist und nie mehr wiederkehren wird.

Gut, doch wie oft durchlebt man so etwas? Nicht so häufig, oder? Einmal im Monat vielleicht oder eher einmal im Jahr? Oder nur dann, wenn es der Entspannungscoach vorschreibt. Am Ende klappt´s nicht mal dann. Das wäre schade.

Anderseits, was bringt das überhaupt? Wozu soll das denn eigentlich gut sein? Das zieht doch nur irgendwie runter. Das gibt doch nur wieder einen Downy! Also wegwischen, weiterzappen. Schluss mit dem aufgewärmten Mist!

Korb hebt beide Arme vor das Gesicht. Die Hände wie Pistolen in der Luft. Die Daumen nach innen gekehrt, bis sie sich an den Spitzen berühren. Da haben wir es. Mit angewinkelten Ellenbogen formen die Finger den Buchstaben "W" in die Luft und Korb schielt über die Daumenkuppen an die gegenüberliegende Wand. Alles verschwommen. Und nun die Hände nach vorne pushen. Einmal, zweimal, dreimal. Wer-Wills-Wissen flüstert er und lässt die Arme wieder auf die Decke sinken - ich mache da nicht mehr mit!

Aber gelegentlich passiert es ganz einfach von alleine. Meistens geschieht das natürlich an einem ruhigen Ort, an einem Platz, an dem man sich geborgen fühlt, wo man mental richtig ausleiten kann. Daheim auf der Couch zum Beispiel. Vielleicht wenn alles so ist, wie gerade jetzt. Wie jetzt in diesem Moment. Korb räkelt sich und streckt die Beine.

Es ist Abend. Nicht wirklich spät, aber draußen ist es bereits dunkel geworden. Im Haus herrscht Stille.

Hier auf dem Land hört man nachts eh nichts, überlegt er und lauscht. Bestenfalls das Zirpen der Zikaden oder das Quaken der Frösche. Das kommt dann von den Bäumen. Die Frösche sitzen hierzulande nachts nämlich auf den Bäumen.

Obwohl, eigentlich sind das eher Kröten, glaube ich. Da gibt es solche Dicken von der Größe eines Frühstücktellers. Die ledrige Haut voll von schrundigen Warzen mit irgendeinem klebrigen Sekret darin. Ich habe auch schon blass weißliche gesehen mit grünen Flecken, fällt ihm ein. Die laufen auch so seltsam. Die hüpfen nicht niedlich wie Frösche umher, sondern die schreiten daher mit ausgestreckten Beinen, hochgebockt wie auf Tentakeln. Dabei bewegen sie sich langsam von links nach rechts wie Alligatoren. Total urig und irgendwie gruselig, weil es auf seltsame Weise etwas Menschliches hat. Dieses stirnlose Gesicht. Besonders die Augen. Wenn man da direkt hineinschaut, dann kriegt man eine Gänsehaut. Ich weiß es. Dieser starre Blick hält einen gefangen und man weiß einfach: Wow, die sind intelligent! Die können dich fertig machen! Ich habe das zwar nie wirklich getan mit dem Blick-Duell, also ihnen so lange in die Augen geschaut, bis einer aufgibt, aber das ist ja auch egal. Ich weiß es auch so. Man muss es sich ja nur mal richtig vorstellen und dann ist gleich klar, wer am Ende der Looser ist, und das ist nicht das Amphibium.

Im Moment bleibt draußen auf jeden Fall alles stumm. Aus der tiefen Schwärze, die jenseits des Wohnzimmerfensters aufsteigt, dringt kein Laut an Korbs Ohr. Er vernimmt lediglich das leise Ticken der Uhr aus der Küche.

Die Kinder sind im Bett. Es gibt nichts mehr zu tun, nichts mehr zu erledigen, nichts mehr zu planen oder zu bedenken. Der Tag ist vorbei. Er war heute lang und anstrengend, doch nun kehrt Ruhe ein. Runterfahren, Abschalten. Stecker raus. Die Zeit atmet aus.

Korb liegt in der Horizontalen, mit dem Rücken auf der Couch und er hat die Augen längst wieder geöffnet und betrachte die Zimmerdecke. Im Ofen bullert das Feuer. Es ist mollig warm. Fast einen Tick zu warm. Er bewegt sich etwas, um sich minimale Erleichterung zu verschaffen. Korb ist eingewickelt in seine Lieblingsdecke. Dieses Textil besteht aus weichem, rosa Plüschpolyester. Wenn es ganz dunkel ist und man bewegt sich darin, kann man ein leises Knistern oder heimliches Knacken hören. Gelegentlich wird ein diffuses, bläuliches Glühen wahrnehmbar. Kleine, zarte Leuchtpunkte, gleich ätherischen Funken, springen ins Dunkle. Korb liebt diesen Effekt. Aufregend wie bei Physikexperimenten in der fünften Klasse, wenn man hofft, dass gleich alles kracht. Statische Aufladung nennt man so etwas. Klar gibt es dafür eine physikalische, vernünftige Erklärung, aber wen interessiert die schon. Das ist doch langweilig. Das nimmt doch jeglichen Zauber raus. Das flacht alles ab, erstickt das Staunen im Keim. Hast du die Erklärung parat, fühlst du dich in Position und bist doch eigentlich nur am Ende. Salz ist NaCl und Donnergrollen nur thermischer Austausch zwischen aufeinandertreffenden Luftmassen. Also bei solchen abgeklemmten Reality-Modellen kann man es doch unmöglich belassen. Das ist doch nicht des Pudels wahrer Kern. Solche geometrischen Glaubenscodici sind Opium für das Volk. Eingestülpte Ecken und abgekerbte Kanten. Korb grunzt. Derart staunbefreite Informatik wirkt wie lauwarmes Wasser zu trinken. Da hat man zwar etwas im Bauch, aber das belebende Gefühl einer Erfrischung bleibt dabei aus.

Korb zieht die Decke unter sein Kinn. Zwar gehört die eigentlich nicht ihm, aber jetzt hat er sie sich eben unter den Nagel gerissen. Es ist eine von der Sorte, die es wahrscheinlich einmal als Sonderangebot oder Restposten für vier Euro neunundneunzig, also zum Schmunzel- oder Wohlfühlpreis, bei Tchibo gab. Oft ist ein solches Textil ja noch mit so hochtrabenden Namensschöpfungen wie ʼPolar Shieldʽ oder 'Arctic Expedition' auf dem Etikett ausgestattet. Das soll dem potentiellen Käufer als zusätzlicher Wirkkomplex ein gesteigertes Gefühl von Wert und Qualität einflößen, da ist sich Korb sicher und schnaubt spöttisch, aber man kann sich durchaus auch auf dem heimischen Sofa damit wohl fühlen, und überhaupt wird kaum jemand wirklich auf die Idee kommen, die vielversprechende Namensgebung einem ernsthaften On-Spot-Härtetest zu unterziehen. Jeder weiß doch, dass es nur kaufmännische Propaganda ist.

Korb hält inne und stutzt. Moment, da ist Robert Scott, der Südpol Expeditionär von 1912! Dichter, schwarzen Bart im ganzen Gesicht. Eingefallene Wangen. Er sieht aus wie der Yeti auf Hungerkurs. Ein arktischer Peschmerga, der statt dem Patronengurt eine Ledertasche am Riemen über der Schulter trägt mit einer wertvollen Landkarte darin, auf der allerdings nichts eingezeichnet ist außer leeres Weiß, nur irgendwo ein roter Punkt. Gegen den hat er versucht anzurennen - der unerreichte Südpol. Nun aber sitzt er schlotternd in stockfinsterer Nacht im flackernden Licht der letzten verlöschenden Tranlampe in seinem winzigen Spitzzelt, welches eine dünne Holzstange kaum mehr aufrecht hält. Der ohrenbetäubende, eisige Polarsturm drückt es erbarmungslos zusammen wie ein Taschentuch, so dass ihm die Plane schier auf den eingefallenen Wangen klebt. Der einzige warme Farbfleck, der einzige Hoffnungsschimmer in diesem graublinden Bild ist eine zart rosa Plüschdecke, welche der verzweifelte Mann, mit seinen knöchernen Fingern zitternd um seinen froststeifen Körper gewickelt hält.

Aber er hat es nicht geschafft. Scott ist nämlich trotzdem erfroren auf dem Schelfeis in dieser Nacht des neunten März vor über hundert Jahren.

Korb rollt sich entschlossen auf die Seite und triumphiert über den einfallslosen Kundenfang. Ist klar, dass dieses Teil nicht wirklich etwas taugt. Sonst wäre es ja auch nicht barbierosa, sondern feldgrau oder eben tarnfarben für den Winter. Also schmutzigweisser Grund beworfen mit einem losen Netz aus verzerrten Puzzlestückmotiven in durchscheinendem Eisblau, strahlendem Frostweiß und schmelzendem Graupelgrau.

Bei den Eskimo gibt es ja angeblich vierzig verschiedene Wörter für das Phänomen Schnee. Also, Neuschnee, Pulverschnee, Pappschnee, Kunstschnee, Zuwenig-Schnee und Ei-Schnee - auf mehr komm ich jetzt selber nicht. Korb blickt vergnügt zur Zimmerdecke. Aber ein Bekannter von einem Bekannten macht professionell Langlauf, der kam auf zwölf Sorten, immerhin, Korb bewegt zustimmend den Kopf, aber vierzig verschiedene Arten, das ist schon beeindruckend.

So viele Biersorten gibt es ja nicht einmal in Deutschland.

Ja, auf die Eskimo lass ich nichts kommen, da ist sich Korb sicher, die haben nämlich schon vor uns die Schraube erfunden. Als bei uns noch mit Hasenhautleim, Hanfseilen und Holzdübeln gepraktikert wurde, schraubten diese fitten Tranjäger bereits im Handumdrehen ihre knöchernen Harpunenköpfe auf den quietschenden Schaft.

Egal. Dieser survivaluntaugliche Flauschstoff hier, er lässt liebevoll seine Finger über das Textil gleiten, ist jedenfalls bonbonrosa mit einem Stich in Richtung Neon. Ich stehe zu dem Lieblingsteil wie ein römischer Senator zu seiner Toga, denkt er, und empfange sogar Besuch in diesem Aufzug. Gott sei Dank kommt heute Abend aber keiner mehr.

Erleichtert betrachtet er weiterhin die Zimmerdecke. Irgendwie gibt es da viel zu entdecken.

Selbst wenn ich nicht ständig so daliege und abdrifte oder über mein vergangenes Leben nachbrüte, liegt es keinesfalls daran, dass ich nicht genügend Zeit dafür hätte. Ich habe nämlich Zeit. Korb gähnt. Offen gestanden sogar ganz schön viel Zeit. Zu dieser Einschätzung würden zumindest wohl die meisten Menschen kommen, wenn sie mein momentanes Leben genauer unter die Lupe nähmen. Der Grund dafür, dass ich mit überdurchschnittlich viel Muse gesegnet bin, ist allerdings nicht darin zu suchen, dass ich womöglich Frührentner, schwerbehindert oder arbeitslos bin, sondern es liegt vielmehr einfach daran, dass ich mir mein Leben eben so eingerichtet habe. Es gefällt mir eben so.

Korb betastet abermals den Pickel, vielleicht doch ein kleiner Abszess?

Ein Fünf-Tage-die-Woche-Job, das ist doch krank. Von digitaler 24/7 Bereitschaft ganz zu schweigen.

Die Ausstülpung seiner Haut fühlt sich heiß und fest an.

Mal ganz ehrlich, das ist doch kein Leben. Wann will man denn da noch in Ruhe Bücher lesen, wandern gehen, Tanzkurs machen, Bohnen pflanzen, Kinder kriegen, Bäume ausreißen, Weihnachtssterne basteln und den Hund verhätscheln? Oder auch nur Wäsche falten, der Schwiegermutter endlich mal richtig die Meinung sagen, in der Badewanne onanieren, jemandem vorlesen, Fahrrad reparieren, einen Saufen gehen, Mittagschläfchen halten oder Yoga machen? Ganz zu schweigen von Rasen mähen, die Ameisenstraße im Vorgarten beobachten und endlich mal kein Fast Food kochen. Da bleibt ja kaum genügend Zeit, um endlich Gutes zu tun, etwas in der Welt zu verändern, sich zu langweilen oder auch nur um mal richtig entspannt ins Bad zu gehen, um seine Mitesser auszudrücken.

Tja ja, es gibt viel zu tun. Und dafür reicht das längste Wochenende nicht. Mal ehrlich, mit so einem neumodischen Multi Tasking Großangriff wird es doch auch nicht besser. Und am Ende stirbt man dann auch noch. Womöglich wegen irgendsoeinem lächerlichen Abszess.

Korb legt seine Hand jetzt lieber wieder neben sich und hebt die Augenbrauen, nun ja, meine persönliche Work-Life-Balance ist im Moment auch etwas in Schieflage, allerdings zu Gunsten der typischerweise unterrepräsentierten Seite. Schließlich war ich in letzter Zeit mit beinahe schmerzhaft viel von jener Sorte Zeit gesegnet, die nicht Geld ist. Alles kann man eben nicht haben, aber schließlich ist das eh Quatsch mit dem Zeitbesitz. Man kann ja weder viel noch wenig Zeit in der Tasche haben, denn Zeit ist nun mal nach wie vor auf ganz urkommunistische Weise für jedermann immer und überall in gleichem Maße verfügbar, wie Luft und Liebe.

Korb hebt den eben abgelegten Arm wieder empor und lässt ihn durch den Raum kreisen. Wie Luft eben, das darf man nicht vergessen, wenn man gerade Mal wieder am Jammerchatten und Mindfucken ist. Zeit ist einfach immer da, wie Ohrenschmalz und die Hoffnung darauf, dass in der Zukunft irgendwie alles besser wird. Nur füllt sie eben ein jedes Bewusstsein auf seine ureigene und einzigartige Weise aus.

Trotzdem, ich dachte hier gerade an das, was man stinknormalerweise unter Zeit haben versteht. Also das, was unter dem Strich auf dem Konto übrig bleibt, wenn man die ganze Lebensverschmutzung abzieht, wie Broterwerb, einkaufen gehen, Kinder in die Schule fahren, Social Media checken, aufräumen, Fingernägel schneiden und Rechnungen bezahlen. Übrig bleiben also eben jene grundsätzlich allzu flüchtigen Intervalle am Tag oder womöglich sogar im ganzen Leben, von denen man behauptet, dass man sie für sich selber hat, um dann endlich mit dem auf Tuchfühlung zu gehen, was einem so richtig Spaß macht oder einfach nur gut tut. Also das, was dem Dasein endlich einmal wieder ein extra Wow verleiht.

Also, die sogenannte Freizeit. Ah, Korb streckt sich behaglich aus, schon bei der bloßen Erwähnung dieser acht Buchstaben geht ein Seufzen durch den Körper und irgendwelche entspannende Hormone werden ausgeschüttet. Doch selbst ohne diesem ominösen Begriff weiter auf den Zahn zu fühlen, weiß jeder, dass es sich dabei um keine absolute Größe handelt, wie z.B. ein Kilo Kartoffeln oder ein Megabyte. Trotzdem tun wir so, als gäbe es da irgendwo in Äther ein heimliches Konto mit *Soll* und *Haben* und genau dieses Konzept bereitet gelegentlich Frustration, denn diese tägliche Milchmädchenrechnung geht ja nicht auf. Außerdem sind die Grenzbereiche der Freizeit-Idee leider sehr schwammig. Selbst für die, die dran glauben. Korb lässt die Mundwinkel hängen, gehört jetzt Blumen gießen und Katzenklo leeren schon zur Freizeit oder ist das doch nur lästige Pflichterfüllung?

Er überlegt. Auf jeden Fall räkele ich mich während dieser besonders ertragskräftigen Art von Zeit, dieser mysteriösen Auszeit, die frei ist, häufig nur so auf der Couch herum. Gewöhnlich lese ich dann, höre Musik oder schlafe einfach ein. Hin und wieder befinde ich mich aber auch in der Horizontalen, ohne einen bestimmten Zweck zu verfolgen, und das erscheint mir dann als die allerfreiste, wertvollste und aktivste Anti-Stress Zeit von allen, denn da geschieht absolut nichts. Kein Lebewesen und auch kein Gerät fordert meine Aufmerksamkeit, sondern ich gebe mich nur der mentalen Sternguckerei hin. Ich bin einfach Lauch. Und diese zweckfreie Untätigkeit, deren unkonkreter Wert allgemein weit unterschätzt wird und deren erfolgreiche Ausführung aber einer gewissen Übung oder, besser gesagt, eines willentlichen Zulassens bedarf, ist mein freie Radikale-Killer Nummer eins. Ab und zu entwickelt sich in einer solchen komatösen Lage des wachen Dahindämmerns der mystische Vorgang einer voll fokussierten Wiederbelebung versunkener Episoden aus vergangenen Zeiten.

Eben jetzt befinde ich mich wohl in genau so einem Zustand, stellt Korb fest und überprüft seinen Zustand. Er blickt an sich hinab.

Diese Couch ist eigentlich viel zu kurz zum Visionieren. Für einen Erwachsenen reicht es überhaupt nicht aus, deswegen hängen die letzten zwanzig Zentimeter von Korbs Beinen auch über die Lehne hinaus. Zu zweit findet man auf ihr schon gar keinen Platz, außer man sitzt hübsch ordentlich aufgereiht, Seite an Seite, wie Loriot und sein Hund.

Korb dreht den Kopf Richtung Zimmermitte. Aus diesem Grund hat es sich seine Frau auch im Lehnsessel gegenüber bequem gemacht.

Er fragt sich, warum eigentlich alle Bildschirme im Dunkeln immer diesen bläulichen Schein absondern, egal was gerade darauf zu sehen ist, ob Blumenwiese oder Word-Tabellen.

Nun ja, sie sitzt auf jeden Fall da drüben, weil es auf dem Sofa eben zu beengt ist, schließlich braucht sie halt viel Platz. Doch nicht räumlich meint es Korb, denn sie ist schlank wie eine Gerte, sondern emotionaler Abstand ist es, an dem sie einen erhöhten Bedarf hat - Abstand zu ihm. Korb atmet hörbar aus, als ihm klar wird, dass er zwar vielleicht ein Loriot ist, sie aber bestimmt kein Schoßhund und ihm daher erst einmal nichts übrig zu bleiben scheint als sich entweder in Betrachtung des lichten Widerscheins aus dem Computer zu verlieren oder aber an seine vorangegangenen Überlegungen anzuknüpfen. Zweites gelingt ihm und aus der Stille heraus empfängt er plötzlich eine Reaktion seiner Frau. In seinem Kopf breitet sich ihre Stimme aus, „Weißt du eigentlich, wie oft du das Wort *man* verwendest? Was soll das denn immer bedeuten? Sag doch einfach einmal *ich*! Sprich doch mal von dir selbst, von deinen eigenen Gefühlen!"

Korb schnaubt, oh ja, natürlich! Sie geht überhaupt nicht darauf ein, *was* ich gesagt habe, sondern nur darauf, *wie* ich es sage. Die Sache an sich interessiert sie gar nicht, sondern sie schaut gleich wieder hinter die Kulissen. Ok, sie hat ja Recht, aber so bin ich nun mal gestrickt, so ist mir nun mal das Maul gewachsen, und es ging im Moment auch nicht um mich persönlich, sondern einfach um ein paar ganz generelle Überlegungen, weiter nichts. Gut, das Theoretische liegt ihr eben nicht so. Der Philosoph in der Familie bin ich. Trotzdem, Korb möchte versöhnlich erscheinen, sich ein Scheibchen abschneiden und es dann gut sein lassen - also Danke für den umfangreichen Denkanstoß!

Nichts desto trotz, dieser virtuelle Meinungsaustausch hat ihn, so muss er sich eingestehen, leider doch etwas verstimmt, denn auf Selbstkritik hat er in seiner Freizeit eigentlich gar keine Lust. Es ist jetzt wirklich nicht der richtige Moment dafür, meint er zu wissen, obwohl er jederzeit gerne zugibt, dass er für derartige Momente, nämlich in seiner Persönlichkeit kritisiert zu werden, nur ganz gelegentlich das Empfinden hat, als sei es der richtige Zeitpunkt. Na und, Korb zuckt mit den Schultern, geht es da denn irgendjemandem anders? Er sieht sich um, als suche er nach Verbündeten, aber im Zimmer regt sich nichts. Nach einigen Augenblicken wendet er den Blick wieder der Zimmerdecke zu, räuspert sich und klemmt sich einen Zipfel der Decke unter die Achsel.

Aber noch während Korb bemüht ist, einen unbestimmten Punkt dort oben zu fixieren, stolpert er über etwas anderes, denn behutsam erreicht auf einmal ein Geräusch sein Ohr - da ist wieder das leichte Ticken der Küchenuhr von nebenan. Langsam wendet er sich in Richtung des leisen Tippens. Dieses sanfte, hypnotische Tackten. Korb lauscht. Seine Aufmerksamkeit beginnt sachte auf diesem Geräusch dahin zu treiben wie ein Blatt auf einem stillen Teich. Die Oberfläche ist glatt, und er verweilt nirgends. Doch dann frischt ein Wind auf, und es bilden sich erste sanfte Wellen. Dann entsteht auf einmal ein Sog. Ein saugender Wirbel. Eine nicht wieder rekonstruierbare Abfolge von inneren Eindrücken steigt aus den bildgebenden Tiefen empor, und mit einem Mal wird er mit der gesamten Wucht, welche der erinnernde Geist aufwenden kann, an ein weites Ufer geworfen. Korb spürt, während die schleierhaften Bilder beginnen sich zu formatieren und das Damals allmählich Gestalt annimmt, wie sein gesamter Körper auf diese Turbulenzen reagiert. Seine Brust schnürt sich zusammen wie ein Sack, den man zuzieht. Der Atem entweicht langsam und gedehnt. Es drückt ihn tief in die weichen Polster und er sinkt hinab. Die Finger verkrampfen sich zusehends und es wird enger in ihm. Der Atem ist so flach wie ein Brett. Tief in Korbs Nacken beginnt sich etwas zu sammeln, aufzubäumen und wuchernd nach oben zu streben. Eine heiße Welle durchspült seinen Hinterkopf und drängt ihm ins Gesicht, in die Augen. Dann tritt es nach außen, sammelt sich am Rand der Lider. Es ist kühl. Es ist feucht. Jene salzhaltige Flüssigkeit, welche verschollene Empfindungen nach außen schwemmt und dabei sowohl betrauert als auch befreit.

Es ist kein Prasseln, wie wenn unzählige pralle Regentropfen auf den Asphalt platzen, sondern nur zwei oder drei schwere, volle Tränen ziehen, gleich glitzernden Schnecken mit ihrem Haus, seine Wangen hinab, um sich in seinem Hemdkragen zu verstecken. Korb kann nun ganz langsam den Kopf wenden, denn er ist auf einmal schwer wie ein Stein.

Da sitzt seine Frau. Weit weg. Sie ist ganz in ihre Arbeit vertieft und er muss nicht befürchten, dass sie bemerkt hat, wie ihm zumute ist, und Korb lässt sich hinter dem glasigen Dunst fallen. In die Tiefe. Komme was da wolle.

Das Tannbachtal. So hieß es.

Und dort gab es wirklich Tannen, viele Tannen sogar. Aber eigendlich hauptsächlich Fichten und auch einige Laubbäume, Buchen und junge Eschen zum größten Teil. Sie alle säumten diesen sanften Kessel wie die majestätische Krone das Haupt eines Königs.

Da war auch ein Bach, ein ganz kleiner, gurgelnder Bach. An manchen Stellen war er kaum mehr als eine Hand breit. Er entsprang als unscheinbares Rinnsal weiter oben am Hang, zwischen den Bäumen und Sträuchern, an einer kleinen ungefassten Quelle. Da sprudelte das Wasser einfach so, wie der Herrgott es gewollt hat, leise aber stetig aus dem sandigen Untergrund hervor. An diese Stelle hat es Korb gelegentlich gezogen. Dort saß er dann in der Hocke und beobachtete, wie zu seinen Füßen das klare Wasser von einer unsichtbaren Kraft aus der Erde getrieben wurde, immerzu Sandkörner und kleine Steinchen aufwirbelte, welche dann, wie in einer gläsernen Schneekugel, bis fast an die bewegte Wasseroberfläche der seichten Mulde gehoben wurden, um von dort wieder auf den Grund zu sinken, worauf sie nach einer Weile erneut in die Höhe stiegen. Immer so weiter in einem spielerischen, ziellosen Kreislauf des schwerelosen Hebens und Senkens.

Im Frühjahr, während der Schneeschmelze, konnte dieser kleine Bach enorme Wassermassen sammeln und weit über seine Ufer treten, um die schmutzig braunen Wiesen zu beiden Seiten zu überschwemmen. Dann bekamen der sonst so zahme Wasserlauf und die bis an seine Ufer kurz gemähten Wiesen etwas Wildes, Ungezähmtes und Urtümliches. Zu dieser Jahreszeit tauchten dann auch von irgendwo her, unter Eis und Schnee, die ersten trägen, braunen Kröten auf. Da gab´s auch Kröten und die legten ihren Laich in diese eisigen Auwasser. Hatten die tatsächlich, quasi tiefgekühlt, den Winter überstanden, um kaum, dass sie aus der Starre erwacht waren, dem großen Impuls zu folgen und der Kälte des Wassers neues Leben anzuvertrauen? Mit Eimern bewaffnet watete Korb mit den Kindern durch den frostigen Schlick, um etwas von der wundersamen, gallertigen Masse in ihr Haus zu holen und an der sich nun entfaltenden Metamorphose teilhaben zu können.

Außer bei tiefstem Frost schliefen wir nachts immer bei offenen Fenstern, und dann hörte man sowohl zum Einschlafen, als auch beim Aufwachen das vertraute und beruhigende Gurgeln des Tannbachs, welcher sich frei und ungehemmt seinen Weg talabwärts suchte. Was für ein Luxus das war. Ein solcher wilder Bach genau hinter dem Haus! Nicht umsonst gibt es für das urbane Heim und den sensiblen Ziergarten diese Endloskreislaufbrünnchen im Baumarkt zu kaufen, womöglich noch inklusive LED-Beleuchtung und Steinkugel, die vom hervorquellenden Wasser gedreht wird. All das, damit der moderne Stadtmensch etwas von diesem heilsamen Gurgeln in seine denaturierte Umgebung holen kann.

Im Winter hörte man allerdings nichts davon. Die heftigen Stürme, welche gelegentlich durchs Tal fegten, hatten den Schnee bald so hoch verweht und aufgetürmt, dass der Bach gänzlich darunter verschwand. Dann war es, als ob er nie existiert hätte, und nachts herrschte dann nur absolut gesättigte Stille. So sehr man auch in die Weite hineinhorchte, kein Geräusch drang ans Ohr. Kein Gurgeln des Wassers, kein Seufzen des Windes war in diesen Nächten zu hören, gar nichts. Nur das erregende Rauschen in den eigenen Ohren, welches man nur dann wahrnimmt, wenn sich sonst nichts anderes mehr regt.

Auch eine solche Stille ist etwas Besonderes heutzutage. Die steht auf der Roten Liste. Diese Abwesenheit aller akustischen Reize erscheint wie ein Relikt aus längst vergangenen Zeiten, welches einen mit zartem Staunen und gleichzeitig einem vagen Anflug von Unbehagen erfüllt. Zu kaufen gibt es sie in keinem Kaufhaus, und sie passt in keine Dose.

Zu dieser Stille gesellte sich nicht selten ihre schwarze Schwester, die Finsternis. Denn dunkel war es nachts übrigens auch, und zwar oftmals stockdunkel. Zappenduster wie in einem Sack.

Doch wenn man das Gesicht nach oben wendete, erblickte man einen wunderbaren, endlosen Sternenhimmel.

Schien anderseits der Vollmond vom Himmel herab, dann war die Nacht im Winter manchmal gespenstisch hell. Der Schnee reflektierte das gelbe Licht, und man hätte draußen Zeitung lesen können.

Nächte nur mit natürlicher Beleuchtung durch Mond und Sterne. Kein Licht von Nachbars Fenstern, keine Straßenlaternen und huschende Autoscheinwerfer, keine Neonreklame oder Schaufensterbeleuchtungen. Die Dunkelheit hat sich rar gemacht. Doch hier waren wir frei von der Licht- und Lärmverschmutzung unserer grundverklebten 24-Stunden-Gesellschaft und nur der natürlichen Mystik von Stille und Finsternis überlassen. Wir hatten keine Vorhänge, Rollos oder Fensterläden, denn es gab nichts zum Aussperren, sondern nur vieles zum Reinlassen.

Straßenverkehr existierte hier schließlich auch nicht. Das schmale Sträßchen, welches ins Tal führte, war eine Sackgasse. Der Bauernhof und das kleine Nebenhaus, in dem wir wohnten, waren so abgelegen, dass selbst viele der Bewohner des benachbarten Ortes nie dorthin kamen. Sollte sich doch einmal ein Fremder mit seinem Auto auf diese Straße wagen, so erkannte man ihn gleich als Irrenden. Langsam und stockend kamen diese Wagen den gewundenen Weg hinauf gefahren und waren sie erst einmal nahe genug, so konnte man die unsicher und suchend um sich blickenden Gesichter der Insassen ausmachen. Dann wussten wir mit Sicherheit, dass sie entweder ein Versehen oder die Neugierde hierher getrieben hatte oder aber, dass sie ein hoffnungslos veraltetes Navigationssystem benutzten. Die würden dann vorne am Hof ohne anzuhalten wenden, um etwas schneller, als sie gekommen waren, wieder davonzufahren.

Noch seltener kamen Fußgänger vorbei. Da waren zwei oder drei ältere Leute aus dem Dorf, die den Weg bei Wind und Wetter machten, um in ihren Henkelkannen frische Milch zu holen, und ab und zu marschierten ein paar Wanderer vorbei. Kam man mit denen ins Gespräch, waren sie meist begeistert von der idyllischen und beeindruckenden Lage dieses Fleckens Erde.

Korb weiß, dass es ihnen in diesem Tal so gut gefallen hat, weil sie das alles so genossen haben, und zwar jeden Tag.

Na ja, irgendwann wurde dann alles ganz anders.

Korb hat die Augen inzwischen wieder geöffnet, und langsam fällt der farbenschwere Schleier von ihm ab. Wie Nebel dem Sonnenschein weicht, verschwinden die Bilder wieder dorthin, wo sie hergekommen sind, und er kehrt zurück.

Seine Frau blickt vom Computer auf.

„Schläfst du?", fragt sie.

„Nein" antworte Korb langsam und muss sich räuspern. „Ich habe nur eben an den Tannbach denken müssen".

Sie legt den Kopf leicht schräg und ihr gelocktes, langes Haar gleitet von ihrer Schulter. Sie lächelt. Jeder bewundert ihre Haare. So war das schon immer. Besonders als sie noch rot waren. Hennarot. Jetzt schimmert schon ein wenig Grau daraus hervor. Korb ist das wurscht. Grau oder nicht, ihr Haar duftet immer noch wundervoll, und er liebte es, wenn sie ihre Mähne als Dutt hochsteckt und nur an den Schläfen je eine schlanke Locke herabfällt. Tja, das Grau. Jedes Kind ein Zahn, heißt es, ihr Gebiss ist allerdings noch tadellos, dafür hat es halt die Haare erwischt. Korb überschlägt es mal eben rechnerisch. Gut eine Handvoll silberne Strähnen für jedes der drei Kinder, so schätzt er.

Tatjana streicht ihre Locken zurück. Ihr Blick ist auf ihn gerichtet und ruht doch irgendwo in der Ferne.

Sie seufzt, „Ach ja, unser Tannbach".

Korb spürt, wie der Abstand zwischen ihnen schmilzt. Wir haben uns noch nie an einem Ort so lebendig gefühlt, wie in diesem abgelegenen Tal im Schwarzwald.

Zwang vermag es nicht, eine solche Erinnerung in all ihrer Deutlichkeit aufleben zu lassen. Womöglich handelt es sich einfach um ein Geschenk des Augenblicks, um eine Gabe des Moments, in dem sich ein Entfaltungsraum öffnet. Ein Moment, in dem gerade alles am richtigen Platz ist, sowohl im eigenen Inneren als auch im Außen. Wenn der Dauermonolog im Inneren ausläuft und der straffe Faden der Gedanken reißt, dann baut sich ein Zeitfenster auf, und wenn alles stimmig ist, denkt Korb, dann schleicht sich eine Pause ins Bewusstsein, und genau dort hinein emittiert dann die Unendlichkeit. Korb lächelt, das funktioniert fast mit Geling-Garantie.

***

Korb erinnert sich, dass es da einmal einen derartigen Moment in seinem Leben gegeben hatte. Sehr einschneidend sogar, brummt er.

Schlüsselerlebnis nennt man so was ja gerne. Schlüssel - wozu eigentlich? Ein knirschender Knackpunkt, dessen Wirkung noch heute stark nachbebt. Da ging eine Tür auf.

Korb hält sich die Hand vor Augen und betrachtet seine Fingernägel. Unter den Rändern Verfärbtes, als säße dort die Erinnerung fest, er stochert im Rückwärts.

Das war in Amerika gewesen. Korb lässt die Hand fallen und steckt sie wieder unter die Decke. Das Ganze hatte höchstens den Bruchteil einer Sekunde gedauert. Eben nur so lange, wie es braucht, einen halben Gedanken vernünftig zu erfassen. Da war keine Zeit notwendig gewesen, um Konzepte zu formulieren oder gar eine fein aufgebrochene Theorie zu erstellen, sondern es ging alles ganz schnell. Eigentlich waren noch nicht einmal wirkliche Gedanken, mit Anfang, Mittelteil und Schluss im Spiel, sondern ich erhielt ganz einfach eine Eingebung! So was geht ruck-zuck. Das ist, wie wenn ein kindskopfgroßer Stein neben einem vom Himmel fällt. So ein Trümmer fällt schnell, davon sieht man gar nichts. Eben war da nur Wiese, und plötzlich, bumm, schlägt er gnadenlos auf. Kurz spürt man die Druckwelle vom Boden in den Beinen und dann ist er so unwiderruflich präsent, als hätte er nie wo anders gelegen!

Für einen kurzen, griffigen Augenblick erscheint alles klar wie Kloßbrühe und zwar in einer Intensität, für die Hollywood Millionen Dollar, modernste Filmtechnologie und dramatischste Szenen aufwenden müsste, um ähnliches zu erzielen. Urplötzlich steigt eine Einsicht im Innersten auf, und man weiß, dass das, was einem hier zu Füßen liegt, ein Teil der Wahrheit ist und zwar der einzigen, richtigen Wahrheit, nicht irgendeiner Angelesenen.

Kein Zweifel, Korb kratzt sich, denn in seinen Fingerkuppen verspürt er ein Jucken, kein Zweifel, es war kein plattes Déjà-vu. Nein, es hatte ja auch nicht im Kopf begonnen, sondern in der Mitte des Körpers war ein Komet aufgetaucht und hatte seine Hitze rasend schnell bis in die Fingerspitzen versprüht, nur um gleich darauf zu verlöschen, denn dann ist auch schon alles wieder futsch, und es dauert nur noch der voranleuchtende Nachhall an, eine Erinnerung an das Gefühl der gerade eben durch einen hindurch geschossenen Tatsächlichkeit. Vorbei und Stille. Und schließlich fließt das Leben einfach weiter, als sei nichts geschehen. Aber es geht eben anders weiter als vorher. So war das damals gewesen.

Korb brummt, und stochert etwas weiter, denn dieses Erlebnis steckt fest wie ein Angelhaken in der Ferse und obwohl sein Gedächtnis einem großen Sieb gleicht, in dem kaum Zeitangaben hängen bleiben, weiß er plötzlich- Es war im Sommer gewesen - im August - ich glaube der fünfundzwanzigste.

Korb saß in einem Bus und fuhr durch nahezu menschenleere Landschaften. Es war ein Bus der Greyhound Gesellschaft. Einer dieser silbrigen Überlandbusse mit dem dünnen, vorwärts hetzenden, grauen Windhund als Logo auf der Seite. Dieser Vierbeiner macht eigentlich einen so jämmerlich mageren Eindruck, dass man damit unmöglich ein stabiles und profitables Unternehmen assoziieren kann. Wie dem auch sei, immerhin befördert Greyhound seit Jahrzehnten erfolgreich Reisende. Schon der junge Elvis Presley fuhr mit, als er seine geliebte, mollige Mama

Gladys zurückließ, um im nächst größeren Kuhdorf seine ersten Konzerte zu geben.

Ich glaube, überlegt Korb, heute reisen nur Leute, die kein Geld zum Fliegen haben oder solche, die kein Auto besitzen, und wer hat schon keins im Ursprungsland des unbegrenzten Individualverkehrs, mit dem Greyhound. Abgesehen von ein paar entspannten Rucksacktouristen sind das also eigentlich alles durchweg schräge Vögel. Auf jeden Fall war das damals so. Das ist ja inzwischen schon über zwanzig Jahre her. Korb schnaubt, er möchte gerne objektiv sein. Sind zwanzig Jahre viel oder nicht? Reicht das aus, um von *damals* zu sprechen, er formuliert das Wort tonlos mit den Lippen, wobei er das Gefühl hat, dass da etwas Säuerliches mit aufsteigt, und tatsächlich, es ist schon wieder seine Frau, welche an seinem inneren Ohr anklopft. Auflachen würde sie, da ist sich Korb ganz sicher, schnaubend würde sie seine letzten Gedanken kommentieren: „Du mit deinem ständigen Zeit-Ding!".

Ja und, Korb reckt den Hals und hält dagegen. Na und, ich habe da was am Laufen mit dem Unaufhaltsamen, mit dem Thema Zeit, mit der Vergangenheit im Speziellen und all dem dahinhuschenden Verschwinden. Das ist doch zum Wahnsinnigwerden. Diese Fluktuation! Jeder Moment geht flöten, kaum dass er begonnen hat, und das nicht nur bei mir, sondern bei Milliarden von Menschen. Und das nicht nur gerade jetzt und hier, sondern seit Zigtausenden von Jahren. Alles weg! Einfach im fett-feuchten Nichts verschwunden. Giga-Trillionen von Daten, von Gespürtem, Gehasstem, Erhaschtem und Beweintem, alles Futsch.

Korb scheint es, als husche ein mitleidiges Lächeln über das Gesicht seiner Frau. Na und, sagt sie, da kann man auch einfach mit den Schultern zucken. Wen interessiert das? Spielt es eine wirkliche Rolle in deinem Leben? Außerdem gibt es genug Nachschub. Also, wer will´s wissen?

Korb grunzt, aber damit hat doch irgendwie jeder ein Problem, wenn man mal ernsthaft drüber nachdenkt, oder? Das kann doch keiner richtig erfassen, nicht wahr? Das ist doch eine heiße Herdplatte, wo ist da der Versteh-Effekt? Haufenweise Vergangenheit, jede Menge Zukunft und eine Gegenwart, deren Dauer sich im Nanobereich bewegt. Das muss doch verbrannt riechende Bremsspuren im Geist hinterlassen. Im Gestern aalen sich die jammernden Weichlinge und in der Zukunft tummeln sich die visionären Angeber, nur die Gegenwart ist eine menschenleere Wüste, zu deren paradieshaften Oasen sich kaum jemand vorwagt.

Korb zieht die Augenbrauen hoch, denn seine Frau hätte etwas zu erwidern: „Wir sind aber nicht alle gleich. Scher doch nicht alle über einen Kamm, und außerdem geht gar nichts verloren!".

Ja, das ist typisch, sie hat zu allem immer noch eine geschmeidige Antwort parat, setzt immer noch eins oben drauf. Ich liebe das, denkt Korb, aber es macht mich auch wahnsinnig. Danke fürs Abbremsen und Runterholen, aber nimm mich doch einfach einmal ernst! Außerdem weiß ich selber, dass da draußen im All, im Morphischen Feld, im zeitgekrümmten Irgendwo jeder Furz für immer gespeichert ist. Aber trotzdem, das macht es ja fast noch schlimmer!

Korb möchte seine Frau jetzt gerne ansehen. All diese Turbulenzen. Er wendet den Kopf und sucht ihren Blick, aber sie bemerkt ihn nicht, um den Arm auszustrecken, ist es zu weit, also lässt er seine Bemühung unerreicht fallen und betrachtet stattdessen ihre Hausschuhe. Aus Lammfell.

Neulich hatten wir Besuch von Freunden, fällt ihm da ein, aus Deutschland. Und die brachten eine Zeitung mit, eine bekannte deutsche Tageszeitung aus Papier. Die hatte zwar nichts mit Lammfell zu tun, war aber schon mehr als achtundvierzig Stunden alt. Einsetzende Leichenstarre also. Nicht dass wir so was hier nicht kriegen würden, wir wohnen ja schließlich nicht im Kongo. Obwohl, da bekommt man sie wahrscheinlich inzwischen auch schon, und das findet Korb schrecklich, weil es einfach fast keine weißen Punkte mehr auf der Landkarte gibt. Aber davon ganz abgesehen ist es eh so, dass ihn derartige Lektüre nicht mehr besonders interessiert. Korb stellt sich vor, wie er bei dem schwarzen Kioskbesitzer vor seiner Palmwedelbude die stolz dargebotene Süddeutsche verschmähend zurückweist und trotzig zum lokalen bantuprachigen Heimatblättchen greift. Aber selbst wenn ich dann mal eine der qualitätvolleren Blätter in die Hände bekomme, denkt er, und mich eigentlich doch irgendwie darauf freue, mit einer guten Tasse Kaffee gemütlich raschelnd den Kulturteil, das Feuilleton oder sogar die Tagespolitik durchzulesen, endet es dann doch meistens mit einer schnöden Enttäuschung - zu polemisch, zu sarkastisch, zu vorhersehbar, einfach uninspirierende, langweilige und mainstreamige, easy-cheesy Sichtweisen, die mit meinem Leben nichts zu tun haben.

Fast noch mehr fühlt er sich aber von der großformatigen Werbung persönlich provoziert. Auf jeder vierten Seite gibt es Anzeigen, die so verzweifelt neu und anders daherzukommen versuchen als ihre Vorgänger in der letzten Ausgabe und die doch nur immer wieder auf die ewig gleichen, limbischen Reize abzielen. Immer sind da die gleichen Ablichtungen von schräg angeleuchteten, jungen Mädels, die mit ihren verheißungsvollen, leicht geöffneten Lippen irgendwelche merkwürdig geformten, goldbelitzten Handtaschen an ihre großen Brüste pressen und die hinter ihren noch größeren, schwarzen Sonnenbrillen bestimmt unheimlich schöne, feuchte Augen haben. Irgendwo auf der Seite befinden sich dann immer abstruser anmutende Buchstabenkombinationen, welche die Produktmarke vorstellen sollen. Ich nehme an, diese Namen werden inzwischen bestimmt von irgendeinem Wahrscheinlichkeitsalgorhythmus erstellt. Wie wäre es zum Beispiel mit Bolatti Ventutti oder Arano Zrazko. Aber, weiß Korb und wäre froh seine Frau würde ihm nun zuhören, mein Reality-Liebling ist nach wie vor immer noch Bruno Banani. Ich glaube allerdings, die stellen so eine Art Aletebrei her. Egal, Korb winkt ab. Bei manchen bildlichen Kompositionen kann man kaum ausmachen, was die einem jetzt eigentlich verkaufen wollen. Ist es der Lippenstift, die Sonnenbrille, sind es die Klamotten oder etwa doch die Handtasche? Erst das Kleingedruckte unten auf der Seite klärt einen über die Zusammenhänge auf. Bingo, die Handtasche ist es, für dezente 599 Euro.

Das ist doch irgendwie alles nicht meine Liga, weder der Preis, noch der Taschen-Look, noch das ganze Drumherum. Wenn man dann auf der übernächsten Doppelseite bei der Kaffeevollautomaten-Offerte von Siemens zur Krönung noch erfährt, dass Lebensgenuss auch eine Frage der Technik sei, dann ist Korb wieder einmal bedient und vollends von der Illusion kuriert, sich ab und zu mal eine Zeitung kaufen zu müssen.

Das kann doch alles nicht wahr sein. Das waren doch vor zwanzig Jahren schon genau dieselben Angebote: die gleichen geilen Mode-Girls, die tech-protzigen Herrenchronometer und am Ende noch irgendeine Versicherung, die verspricht mein Leben für mich im Griff zu haben. So ein Mist. Korb ist frustriert, immer neue Generationen von Menschen wachsen ins Leben, um in den ewig gleichen Honigtopf der kaufbaren Verheißungen zu fallen und auf dem konsumistischen Leim der selbstverzweckten Marktwirtschaft zu verkleben.

Korb hatte schon beim Aufkommen der elektrischen Zahnbürste gehofft, dass das Thema der unnützen Erfindungen nun endlich ausgereizt sei. Aber weit gefehlt, die machen einfach immer weiter. Da tröstet einen auch nicht das neue Lifestyle-Kochrezept auf Seite zehn der Zeitung, welches Crostinis alla Fiorentina, also Hühnerleber auf Toast anbietet und zu dem man, wie laut dem knappen Beitext zu erfahren ist, in Florenz gerne einen Cocktail namens Negrino als Aperitif darreicht.

Ok, ich weiß, meckern hilft nicht. Korb nagt an seiner Unterlippe. Lösungen muss man anbieten. Alternativen vorleben. Negativen Emotionen nachhängen vermehrt ja nur die Bad Energy, und das ist total kontraproduktiv und somit geradezu verantwortungslos. Korb atmet aus. Positiv muss gedacht werden und vor allem ersprießlich optimistisch gehandelt und sogar gefühlt werden. Das ist es, was die Welt langsam aber sicher an die notwendige bewußtseinstechnische, kritische Grenzmaße heranführen wird, wo plötzlich alles umkippt wie eine gottverlassene Müllkippe, um dann wieder ins Gleichgewicht zu geraten.

Anderseits, der Buddha sagt ja, man solle nichts verdrängen. Also auch den miefigen Unmut und den Frust über die unausrottbare Fehlbarkeit des Menschen nicht. Stattdessen gilt es einfach nur alles wahrzunehmen, was im eigenen Inneren so produziert wird. Sein Rezept verschreibt, gleichsam unbeteiligt und doch aufmerksam gechillt zu beobachten, was das Gemüt an Gedankengut so von sich gibt, um dieses dann unberührt und unzensiert vorbeidriften zu lassen, wie ein Häufchen Kinderkacka im Nichtschwimmerbecken des Freibads. Denn nur so, verspricht der Maestro mit den fetten Ohrläppchen, integriert man innere Freiheit und mentalen Frieden.

Na also, nickt Korb, es nervt eben, wenn ich sehe, wie alle seit Jahrhunderten im gleichen, aus Ignoranz geflochtenen Hamsterrad herumhampeln und sich quasi von der Schwanzspitze her selbst auffressen.

Ok, langsam! Jetzt Leinen los. Diesen gedachten Strang davon segeln lassen. Ihn nicht weiter füttern, ihn abgeben, weggleiten lassen. Durchatmen und nichts mehr hinten dran knoten. Schlagbaum runter. Den Geist kurz halten und abwarten!

Eine Sekunde vergeht. Zwei Sekunden, vielleicht drei. Wow, es funktioniert. Korb freut sich. Der Frustlevel sinkt. Der Muff entweicht! Im frontalen Cortex ist auf einmal Ebbe, und eine butterweiche Welle durchstreift das ganze System und tropft aus den Fingerspitzen wie goldgelber Nektar. Siddharta ahoi!

Die Buddhisten haben halt doch am rechtesten von allen.
Korb ist froh darüber, aber dann hält er inne. Eigentlich wollte ich doch einem ganz anderen Gedanken folgen. Wo war ich denn noch mal abgeschweift?

Ach ja, es ging um dieses Druckerzeugnis, welches unsere Freunde importiert hatten.

In dieser speziellen Zeitung befand sich also ein Sonderteil, dessen Titelbild mich ausnahmsweise sofort faszinierte. Es war eine Schwarz-Weiß Aufnahme und zeigte in Großformat das Bild eines jungen Pärchens. Die beiden jungen Leute standen in einer offenen Tür und blicken direkt in die Kamera. Sie waren auf dem Weg nach draußen, in einen Hinterhof vielleicht. Es schien in einer größeren Stadt zu sein. Er, breitbeinig wie ein Cowboy, mit Springerstiefeln und abgeschnittener, kurzer Hose, Kippe im Mundwinkel und einem vollen Kaffeetablett in den Händen. Sie, unauffällig bekleidet, mit Pferdeschwanz und Sonnenbrille. Über der Aufnahme standen in fetten Lettern gedruckt nur vier Zahlen als Titel dieser Ausgabe: "1994" und etwas kleiner darunter „Die 90er Jahre".

Aha, ich war entsetzt, jetzt es ist also soweit! Meine Jugend ist Geschichte geworden, wie "Wetten dass", die Schlümpfe und der Kalte Krieg. Es ist klar, dass es so kommen musste, Mauerfall und Chernobyl hatten ja auch schon Zwanzigjähriges gehabt, aber wenn einem das dann plötzlich Schwarz auf Weiß gegenübertritt und ein gesamtes Jahrzehnt als Thema das komplette Feuilleton füllt, dann ist es, als ob man sich selbst als Protagonist im Spiegel betrachtet, während man liest, wie einer schreibt, was man erlebt hat oder erlebt haben sollte. Nun wird also schriftlich eingeklammert und mit deutlichen Schriftzeichen festgehalten, was geschehen ist. Es entscheidet sich in diesem Moment, was bedeutend war und was bewahrenswert. Nun wird also extra-reale Vergangenheit geschaffen und Geschichte für die Nachwelt kreiert, noch dazu wahrscheinlich von so einem einunddreißigjährigen Schnösel, der zwar vorbildlich sein intellektuelles Krafttraining beherrscht, aber einfach nicht dabei war.

Diese entschlackte, externe Nabelschau liefert nun abgebrühte Wirklichkeit, die jedermann reproduzieren kann und an der sich das eigene Erleben messen lassen muss. Der eben noch brühwarme Teig der formlosen Jahrzehnte wird durch einen fluidity-adieu Trichter gequetscht und erstarrt in kleinen, appetitlichen Häppchen, an denen sich die folgenden Generationen in Schule, Politik, Soziologie und am Stammtisch das Gebiss ausbeißen können.

Aber das Gute daran ist, dass man jetzt zumindest ganz offiziell *damals* sagen kann, wenn etwas zwei Dekaden Jahre her ist.

Aber da fällt Korb gerade noch etwas zum Thema Werbung ein. Das hat natürlich irgendwie auch alles sein Gutes mit der Reklame, denn ich kriege gerne so ein nostalgisches Schokopudding-Gefühl in der Herzregion, wenn ich an die Fernsehwerbung aus meiner Jugend denke.

Die Superputze Tilli zum Beispiel, mit der klassischen Alt Oma Kurzhaarfrisur fühlt sich so zuständig, so seriös an, wenn sie sagt, „Sie baden gerade ihre Hände drin".

Die schockierte Hausfrau fährt auf,

„Was, in Geschirrspülmittel?" und will sie wieder rausziehen.

„Nein, in Palmoliv", und Tilli drückt tätschelnd die Hände in die Wanne zurück. So vertrauensspendend, so beruhigend.

Und dann das Putzmittel 'Der General'. Mit der jungen Frau welche strahlend die von links und rechts heransausenden Orden und Litzen bewundert, die wie bunte Kamikaze-Fledermäuse auf ihrem weißen Oberhemd aufschlagen, worauf sie wie ein Wirbelwind zu scheuern anfängt.

„Der General, denn nur was richtig sauber ist, kann richtig glänzen!" Das war der Jingle dazu.

Und dann der kahlköpfige Kraftprotz mit der blauen Flasche,

„Do-mes-tos! Der Sanitätreiniger für WC und Bad!" Baff, knallt er die Flasche auf den Tisch.

Schließlich der fröhliche Klassiker aus der Süßwarenabteilung,

„Mars macht mobil, bei Arbeit Sport und Spiel".

In dieser vollautomatisch mentalen Kettung folgt dann natürlich Milky Way, denn der schwimmt sogar in Milch. Hinterher kommen der Spinat mit dem Blub und die Schnitte mit der extra Portion Milch.

Wow! Das Erinnerungskarusell der bunten Bilder dreht sich immer weiter und weiter. Das muss man mal probieren. Mit Freunden zum Beispiel, immer reihum brainstormen, was gerade auf der Pfanne liegt. Das macht Spaß. Ich habe schon geschlagene Stunden auf diese Weise verbracht.

Korb spitzt die Lippen, dabei endete meine Fernsehkariere ja bereits in den frühen Neunzigern des letzten Jahrtausends! Nicht weil ich etwa erblindete, sondern weil ich auf diesen lichtlosen Käse einfach keinen Bock mehr hatte. Aber nun stelle man sich mal vor, was normale Leute gleichen Alters, mit dem Extrabonus von fünfundzwanzig Jahren mehr Glotzerei im Kopf haben müssen.

Klar nutzen wir nur zehn Prozent unserer Hirnkapazität, aber muss denn der Rest mit solchem dusseligen Schiet belegt sein? Das ist alles noch da und schwirrt irgendwo cloudmässig in unserer Ätherik herum.

Der Neandertaler kannte stattdessen wenigstens noch jedes Hälmchen, jedes Gräslein und Käferchen vor seiner Haustüre, und wenn einer von denen fehlte, wusste er es sofort. Was hatte der wohl für eine unglaubliche ortsspezifische und zeitkonkrete Datenbank draufgespielt. Da muss eine wahnsinnige Vielfalt und ein extrem tiefschürfender Detailreichtum existiert haben, was die real vorherrschende Lebensumgebung anbelangte. Denn die Welt vor der Höhlentür war die tatsächlich einzig relevante, die existierte, um den Geist mit ihren Wachstumsschüben, waldweiten Spurennetzen, Hasengerüchen, Schmetterlingsstäuben, Verpuppungstendenzen, Losungsgefügen, Saftgehalten oder Rindenprofilen und so weiter zu inspirieren.

Nun denn. Ist lange her. Solche natürliche Kompetenzen interessieren heute niemand mehr. Das wäre bestenfalls komplett systemirrelevante Exzentrik.

Leider gibt es deswegen auch noch ganz andere Clips im Kopf, als jene treu doofen Werbehohltreter. Korb seufzt, Sachen die ganz mies sind, die nie mehr weggehen und unaufgefordert einschießen.

Hawaii 2003. Im Frühstücksraum. Maschienengewehrfeuer - großes Kaliber- richtig hartes, metallenes Knallen - abgehackt - laut wie im Kino - Optik schwankt, als ob sich jemand duckt –

Staub, nur schreiender Staub überall – „Target from left. Target moving in" - da ist nur wirbelnder Schmutz zu sehen - Wackeln - es Hämmert weiter - das MG stockt - der Reporter hat Angst, er kreischt ins Mikrofon – „Oh my god, we are under fire, under fire" - es knallt weiter - blaugrauer Dunst, dahinter zerschossener Beton - Ruinen - alles wankt - Dröhnen von Panzermotoren - Ketten rasseln.

Korb erinnert sich dazu an steife geblümte Tischdecken. Saftiges Gelb der Mangos. Reife Kiwis in der weißen Schale und Papaya. Tropfende Blutorangen. Er wollte eigentlich etwas essen.

Der Mann schreit immer weiter - da plötzlich - aus dem Dunst taucht ein scheußlicher Pkw auf - Reifen in Fetzen - rast in Richtung Kamera - Ballern jetzt wie Presslufthämmer.

Korb schenkte sich Kaffee ein. Die Tasse zitterte.

Die Windschutzscheibe zerbirst - das Blech wird durchsiebt - Kreischen, Quietschen, Rattern - der Wagen schlingert, wird herumgerissen, knallt an eine Mauer - Tür fliegt auf - Körper hängt raus, schlaff in Fetzen- Wie die Reifen, hängt heraus - Mann oder Frau - schwarzer Qualm von Öl.

Aber oben in der Ecke lauern dauernd die drei kleingedruckten Buchstaben. Sie stehen die ganze Zeit über still. Sie beobachten nur alles. ntv. National Television.

Der Panzer rast weiter.

Korb wurde es schlecht in dem Moment.

Das Knallen hämmerte noch.

Kaffee verschüttet. Er dachte, ich muss raus hier.

Es war Brunchtime. Eingebettete Kriegsberichterstattung zu Oatmeal mit Erdbeeren. Live Geschnetzeltes aus dem Irak, zu Mangrovenduft und glänzenden Badekörpern.

So eine gottverdammte Schieße. Diese Schweine. Mit Panzern gegen PKWs.

Korb rannte aus der Lobby, über den gesprenkelten Rasen zum Strand, wo blaues Meer in der Sonne glitzerte und alle unter bunten Schirmen im kreideweißen Sand entspannten.

Unser Sommerurlaub auf Hawaii, erinnert sich Korb.

Ja, so ist das.

Kreideweiß war der Sand auf Hawaii. Kreideweiß wie die
Zimmerdecke, an die Korb jetzt starrt.

Aber eigentlich war ich doch ganz, ganz wo anders gewesen. Tausende von Kilometern weit weg.

Korb spult zurück. Ich war eigentlich im Bus gewesen. Korb zieht die Augenbrauen zusammen und rutscht etwas tiefer, während er bemüht ist, den lose flatternden Faden wieder aufzunehmen. Greyhound. Der Windhund spurtet los.

Es gab da mal eine Fahrt mitten im Winter. Mitten im Winter wollte ich von Kalifornien nach Michigan. Korb hat den Faden zwischen den Fingern, ist sich aber nicht sicher, dass es der richtige ist.

Nach Michigan. Für die gesamte Reise war eine Fahrtzeit von immerhin satten fünfundsechzig Stunden veranschlagt worden! Zu Fahrtbeginn, hatte Korb sich ziemlich weit nach hinten in den Bus gesetzt. Ich weiß nicht mehr warum, vielleicht war weiter vorne schon alles besetzt gewesen oder es kam mir hinten irgendwie gemütlicher oder sicherer vor, keine Ahnung.

Korb merkte auf jeden Fall nach einigen Stunden Fahrt, wie da der Hase läuft bei Greyhound. Der Fahrer vorne ist ja sozusagen die einzige Autoritätsperson an Bord. Gewissermaßen der Vertreter von Ordnung und Gesetz, während man on the road ist. Korb erinnert sich auch daran, wie die Fahrer immer vor Abfahrt über Lautsprecher in knappen Sätzen und routinemäßig leierndem Tonfall die allgemeinen Benimmregeln für das stundenlange Beisammensein an Bord durchgaben. *No smoking and drinking on the bus* und so weiter.

Das muss schon ein spezielles Völkchen sein, diese Greyhound-Busfahrer. Auf jeden Fall stellte Korb nach einer Weile fest, dass im hintersten Teil dieses langgestreckten Fahrzeugs die gesetzesscheusten Reisenden zu finden waren. Klar, so weit wie möglich weg von der Exekutiven. Dies war also der Wilde Westen des

Greyhound Universums. Hier war man laut, trank heimlich Bier und warf seinen Müll herum.

Mitten in der Nacht, nach endlosen Stunden monotonen Geschaukels war Korb körperlich und mental so totmürbe gerüttelt worden, dass er in eine tranartige Trance verfiel. Wie ein enger Nylonstrumpf saß ihm die klimatisierte Trägheit im Bus auf der Haut. Das Gesicht schien darunter etwas anzuschwellen, die Luftröhre trocknete aus und seine Gedanken wurden so ruhig und eintönig wie die endlose Landschaft dort draußen im Mondschein. Dabei hatte sich endlich die einzig mögliche Liegeposition für die lange Nacht herauskristallisiert. Dies war eine Art horizontaler Schneidersitz mit eingeknicktem Kopf an der Armlehne und den Füssen Richtung Fenster.

Langsam kehrte Ruhe im Bus ein. Doch irgendwann vor Mitternacht gerieten einige der dauerwachen Gesetzlosen über die Bänke hinweg in eine angeregte Unterhaltung. In deren Folge wurde angefangen mit erlittenen Verletzungen zu prahlen. Damit waren aber in dem Fall aber keine verstauchten Zehen oder Blinddarm-OPs gemeint, sondern Schusswunden und Messerstiche! Da wurden alsbald eifrig Ärmel hochgekrempelt und fahler Bauchspeck entblößt, um zu zeigen, was man zu bieten hatte, und in aufgeregtem Tonfall gewetteifert, wer wohl die krasseste Kampfverletzung vorweisen könne. An deftigen Details über deren Entstehungsgeschichten wurde natürlich nicht gespart.

Ich glaube, überlegt Korb, gewonnen hatte irgendwann ein prolliger, junger Mexikaner, der vielleicht ein wenig älter war als ich selber, etwa Anfang Dreißig. Er trug mitten im Winter nur ein schmuddeliges, weißes Muskelshirt, welches bestimmt nach Schweiß stank und er reiste mit seiner Freundin. Sie hatte das Gesicht einer Zwölfjährigen, dazu aber einen etwa zwanzigjährigen schwangeren Körper, welcher einem aufgedunsenen, ungebackenem Brötchen aus der Dose glich.

„A mother fucker like you with a sawed off shotgun..." begann der Mexi seine Tirade, und ganz richtig, jedes zweite seiner Worte war „Fuck".

Etwas später, in einem Nest, das so winzig war, dass Korb kein Ortschild gesehen hatte stieg ein einzelner Reisender zu, der erste seit etwa zwanzig Stunden Fahrt. Eine Art Althippie, komplett kahlköpfig und im Jeans Outfit. Die Hose saß ihm so eng um die Hüften und den Schritt, dass seine Genitalien garantiert so verformt waren wie die eingebundenen Füße einer chinesischen Urgroßmutter. Er hatte überhaupt kein Gepäck dabei und setzte sich zwei Reihen vor Korb auf die gegenüberliegende Seite. Die Jeans mussten einen hohen Anteil von irgendwelchem Stretch Polyester aufweisen, denn sonst wäre sie explodiert wie eine Knackwurst auf dem Grill oder er hätte es einfach nicht in den fünfundvierzig Grad Winkel geschafft.

Kaum war der Bus angefahren, fing der Neue auch schon an zu reden. Aber nicht leise und dezent mit seinem Sitznachbarn, denn er hatte gar keinen, sondern sozusagen mit allen Mitreisenden gleichzeitig. Er berichtete nun lautstark und ins Blaue hinein und ohne viel Luft zu holen von sich und seinem Kampf für die Gerechtigkeit. Niemand hatte ihn danach gefragt und er wendete sich auch niemandem zu, sondern hielt völlig unaufgefordert einen langen Monolog.

Er habe seine Heimat verlassen, so erfuhren wir, um sich auf die Suche nach unbestechlichen Richtern zu begeben. Richtern? Korb stutzte. Jawohl, fuhr der Glatzkopf fort, er habe nämlich die Absicht, vor dem Gesetz zu beweisen, dass er, wenn er Auto fahre, ein Traveler, also Reisender sei und kein Driver, und dass er deswegen auch keinen Führerschein brauche. Einen solchen habe er nämlich tatsächlich nicht, war trotzdem fleißig PKW gefahren und dann wohl mehrmals mit den Cops in Konflikt geraten.

Er sei jedoch guter Dinge, denn Gott und die Verfassung der Vereinigten Staaten seien in diesem Rechtsstreit seine Zeugen.

Oh je, Korb muss bei dieser Rückblende unwillkürlich lächeln, denn er rutschte damals auf seinem Sitz etwas tiefer.

Ich wusste nicht recht, ob ich über den Kerl lachen durfte oder mich lieber irgendwie vorzusehen hatte, falls der noch richtig austickte. Währenddessen schwadronierte der Neuzugang lauthals weiter und schien zuversichtlich, dass ihm die beiden zuletzt erwähnten Autoritäten zu einem erfolgreichen Abschluss seines Anliegens verhelfen würden. Er nickte sich dabei unentwegt selbstbefriedigt zu. Eigentlich machte dieser Mann irgendwie einen fast sympathischen und beinahe intelligenten Eindruck, denn er war keine ungepflegte Erscheinung und auch sein Gesichtsausdruck entsprach nicht dem eines Psychopathen der unvermittelt vor einem Gewaltausbruch steht. Dieser Mann führte einfach ein lautes Selbstgespräch zu einem merkwürdigen Thema. Da er sein abstruses Anliegen so predigerhaft und geradezu wohlformuliert in den Bus warf, hätte man beinahe glauben können, dass an der Geschichte tatsächlich irgendwas dran war. Einige Reisende schliefen inzwischen, andere dösten vor sich hin oder stellten sich taub. Man ließ ihn entspannt gewähren. Während der Bus durch die sternenklare Nacht raste, plapperte der Kerl ohne Unterbrechung weiter. Das Ganze gewann irgendwann den Charakter einer monoton vor sich hinplätschernden Radiosendung, außer dass es sozusagen Live war und der Moderator drei Sessel weiter saß. Außerdem war es vielleicht doch ein Ticken zu laut gestellt. Korb horchte nochmals auf, als alle Insassen zwangsläufig erfuhren, dass unser engagierter Weltverbesserer unter einem schweren Hörschaden litt und auf starken Medikamenten war.

Na fein, auch das noch. Deswegen geht der also so ab. Wenn das mal gut geht.

Er hätte vor etwa zwanzig Jahren einen schweren Motorrad Unfall gehabt und habe danach lange im Koma gelegen, verkündete er und lehnte sich leicht vor in seinem Sitz, um den Gang auf und ab zu schauen, wie um sich zu vergewissern, dass sein Publikum nach etwa einer Stunde nonstop Monolog nicht das Interesse verloren hatte. Ich wendete meinen Blick schnell dem Fenster zu, wo es nur pechschwarze Nacht zu betrachten gab, während der Kerl fort fuhr, dass er deswegen jetzt auch ein SSI sei, ein Social Security Invalid, ein Vollinvalide also und christlicher Patriot noch dazu, wie er im gleichen Atemzug beteuerte. Diesen hakenschlagenden Gedankenzug unterstrich er mit erhobenem Zeigefinger. Jetzt gewann er noch einmal richtig an Fahrt und erhob sich halb aus seinem Sessel. Die Stimme schwoll an. Als Christ sei er schließlich auch der Meinung, er wurde noch etwas lauter, dass seine Frau, welche er seit fünfzehn Jahren nicht mehr gesehen hatte, nach wie vor sein Eigentum sei!

Einige Mitreisende seufzten bei diesem interessanten familienpolitischen Statement. Irgendjemand kicherte. Jawohl. Das gleiche gelte übrigens auch für die vier Kinder, welche sie seitdem mit einem anderen Mann hatte, fuhr unser Selbstdarsteller energisch fort, und sein Gesichtsausdruck erschien jetzt doch nicht mehr ganz so gesund, denn schließlich seien die ja alle vier aus seiner Old Lady herausgekrochen! Damit wurde es heiter im Bus, denn wer im vorderen Drittel noch wach war, prustete los vor Lachen und unser versehrter Nationalist schien hoch erfreut über diese vermeintliche Anteilnahme. Er plauderte munter noch eine halbe Stunde weiter, bis er am Ende eines Satzes in seinem Sitz endlich erschöpft zusammensank und einschlief.

Mein Gott, was für ein übersteuerter Freak, Korb schnaubt. Irgendwann, Stunden später hielt der Bus in einem fast gänzlich unbeleuchteten Kaff, durch welches ein Schneesturm pfiff, und dort bemühte sich ein anderer Mitreisender auszusteigen. Dieser baldrianöse Typ hatte sich aber ganz hinten auf der Rückbank heimlich so vollgesoffen, dass er Mantel und Gepäck vergaß und nun grölend und lärmend den Gang entlang Richtung Ausgang stolperte. Es war drei Uhr nachts. Er wurde unter lautem Fluchen aber auch ermunterndem Zurufen und belustigtem Klopfen auf den Rücken, quasi nach vorne durchgereicht und irgendwer warf ihm noch sein Zeug hinterher. Der Fahrer manövrierte die Schnapsdrossel übellaunig hinaus auf den Asphalt und rief zum Abschied nach den Sicherheitsbeamten des menschenleeren Busbahnhofs. Fast alle waren wach geworden und reckten die Hälse. Der ganze Bus amüsierte sich köstlich, als der Spritti protestierend und mit den Armen wild fuchtelnd durch die wirbelnden Schneeflocken davontorkelte. Seine Tasche und den Mantel hatte er liegen gelassen.

Und dann gab es da auf jeder Fahrt immer noch diesen bemerkenswerten Moment. Das war, wenn man vom Staate Kalifornien nach Nevada einfuhr. Oder war es umgekehrt? Nevada war damals übrigens der Staat mit der höchsten Zuwachsrate an Einwohnern in den gesamten USA, so hatte Korb irgendwo gelesen. Wenn man da durchfährt, fragt man sich allerdings, wo die denn alle stecken, denn da gibt es nichts als Einöde und Wildnis. Wahrscheinlich wohnen sie alle zwischen künstlichen Rasenflächen und bunten Shoppingmalls in den geklonten, endlos ausufernden Vororten von Las Vegas.

Auf jeden Fall wurde man beim Passieren dieser unsichtbaren Grenze zwischen den beiden Staaten aufgefordert, sämtliches frische Obst abzugeben! Was sollte denn das bedeuten? Man stelle sich vor, da hielt der Bus tatsächlich an der Staatengrenze, der sogenannten Stateline vor Reno, wo man von einem haushohen Cowboy aus Neonlicht empfangen wurde, dessen einer Arm beweglich war und einen Hut auf und ab schwenkte, und ein Officer, also ein Polizist oder irgendein anderer Staatsdiener, betrat den Bus und man musste sein Frischzeug in einen Sack werfen, sofern man welches dabei hatte. Hat der Wüstenstaat Nevada Angst vor aus Kalifornien eingeführten Maden und Käfern, welche sein delikates Ökosystem in die Knie zwingen könnten? Man reiste doch innerhalb ein und desselben Landes. Das ist ja, als dürfe man seine Erdbeeren vom Aldi in Stuttgart nicht mehr mit nach München nehmen.

Ich weiß nicht, denkt Korb, beim ersten Mal war ich ja noch so verblüfft von dieser absurden Sicherheitsmaßnahme, dass ich meine Äpfel noch brav in die dargereichte Tüte entsorgte. Jedoch bei den folgenden Fahrten schüttelte ich nur höflich den Kopf oder schaute unbeteiligt aus dem Fenster, denn meinen Proviant einer so hirnrissigen Verordnung zu opfern, sah ich nicht ein, zumal die Beamten niemals einen Obstdetektor mit sich führten und die ganze Aktion somit doppelt idiotisch war, da sie nicht einmal überprüft werden konnte.

Egal, danach ging die Fahrt dann weiter durch Nevada über kleine, abgeschiedene Ortschaften wie Love Lock, Battle Mountain und Elko nach Utah hinein, den Mormonenstaat, und von dort bis nach Salt Lake City. Irgendwie ging immer alles über Salt Lake City. Nun, wahrscheinlich weil nur die nördlichen Staaten der USA meine Reiseziele darstellten und diese Stadt eben ein großer Dreh- und Angelpunkt war.

Aber diese merkwürdigen Ortsnamen, da schwingt schon was mit! Love Lock, was soll das bedeuten? Liebesschloss, Keuschheitsgürtel oder was? Welcher Puritaner hatte sich das ausgedacht? Was ist dort passiert?

Dann Battle Mountain, das lässt sich auch nicht richtig gut übersetzen. Kampfberg, hört sich doof an, trifft es nicht. Schlachtkuppe auch nicht, klingt zu arg nach Schnitzel. Da hat auf jeden Fall mal eine handfeste Auseinandersetzung stattgefunden, wahrscheinlich vor etwa einhundertfünfzig Jahren. Vielleicht zwischen Siedlern und Indianern oder zwischen verfeindeten Indianergruppen. Geschrei und widerliches Kreischen in der Ebene, Staub wirbelt auf. Rage und Angst, Leben und Tod, Gewalt und Blut und nach kurzer Zeit ist alles vorbei. Alle Energien verflüchtigen sich wieder, der Wind trägt den Pulverdampf davon, und die Stille strömt wieder ein. Die Natur nimmt auf, was auf dem Boden von der Raserei übrig geblieben ist, und sie lässt unbeeindruckt Gras und Blumen wieder sprießen. Die Geschichte wird vergessen, nur der Name bleibt haften, als Nachhall bis heute. Merkwürdig.

Korbs Gedanken verweilen auf dieser windzerzausten Einöde. Ja merkwürdig, denn eigentlich, er hält inne und starrt empor zum Weiß der Zimmerdecke, eigentlich hat das alles gar nichts miteinander zu tun. Dieser Schnee - Korb lässt den Faden wieder los.

Es war doch gar nicht im Winter, es war August.

Ja, dieses sonderbare Ereignis während einer meiner Busfahrten auf das ich eigendlich hinaus wollte, war im August gewesen, dem fünfundzwanzigsten oder dreiundzwanzigsten. Ich glaube, es ging nach Idaho, aber ich lass mich da nicht festnageln.

Auf jeden Fall hatte sich Korb bei dieser Tour einen Fensterplatz ergattert und betrachtete seit Stunden durch das bläulich, milchige Fenster die vorbeigleitende, menschenleere Landschaft. Was sich dann vor seinen Augen abspielte, war einer der Gründe, warum er immer wieder gerne in den Bus stieg, statt in den klaustrophobischen Bauch eines Flugzeugs zu klettern.

Auf der kosmischen Leinwand der Realität bot sich ein dauerpräsenter, gigantischer Himmel. Dieser war gespickt mit einigen bizarren Wolkenformationen wie auf Ufo-Postkarten aus den fünfziger Jahren. Seit Stunden waren zahllose, riesige Einöden vorüber geglitten, eingegrenzt von leicht mit Schnee bedeckten und im fernen Dunst sich auflösenden Bergketten. Kein einziger Baum weit und breit, immer die gleichen elementaren Formationen. Kahle, flache Talsohlen, Berge, die weichen und einem neuen Tal Platz machen. Die montagehaften Gebirge, welche diese archaischen Ebenen begrenzen, sind so ungreifbar weit weg und erscheinen so schemenhaft blassblau, dass man sie auf einem Foto überhaupt nicht erkennen würde. Und dann nur die schnurgerade, graue Straße und, oh my god, another huge, huge valley!

Das Auge tut sich schwer, so weit in die Ferne zu fokussieren. Es ist wie ein Meer, man schaut und schaut, bis sich die Erde unter einem wegdreht und man ins endlose Blau des Weltalls starrt.

Ja, so ist das in Amerika, dafür ist es ja auch berühmt. Das ist es auch, was dieses Land ausmacht, diese Natur, diese monströse Weite, dieser Platz.

Hollywood, Mc Donalds, die Wolkenkratzer und Silicon Valley, Korb schnaubt, kann man mir auf den Bauch binden, interessiert mich nicht. Aber das hier, das war grandios und zutiefst beeindruckend. Was hat der Schöpfer bloß für eine Zukunft im Sinn für diese kargen Räume? Sie werden ja nicht für ewig nur unbegreifliche Kulisse bleiben, auch wenn ich mir das insgeheim wünschte. Der höchste Wert dieser monumentalen, natürlichen Prachtanlagen, dieser vom Nutzen abgelösten Seelenspiegel ist es doch, dass sie einfach nur existieren und uns an die Grenzen unseres Verstehens von Raum und Zeit bringen.

So überwältigt saß Korb nun in Fahrtrichtung auf der rechten Seite des Busses, während die Landschaft allmählich etwas lieblicher wurde. Jenseits der Glasscheibe breitete sich ein spärlich bewachsenes Gebiet aus, welches in der Ferne mit einer sanften, bewaldeten Hügelkette abschloss. Deutlich waren einzelne frische, grüne Seitentäler zu erkennen. Darüber prangte ein gasflammenblauer Himmel mit einigen scharf gezeichneten, leuchtend weißen Schäfchenwolken.

Korb seufzt bei diesen Gedanken, denn es berührte ihn sehr, was er dort draußen wahrgenommen hatte. Seine Hand gleitet auf seiner Brust nach oben. Ein schlingerndes Stechen im Inneren. Trauer oder Wehmut. Altbekannt, chronisch dieser Gemützustand.

Das habe ich nie so richtig deuten können.
Dieses wilde Land, mit seinen magischen Widerspiegelungen von Licht und Form.

Korb saß im Bus Linie 334, Ziel Rexburg, Idaho und wünschte sich nichts sehnlicher als anzuhalten, auszusteigen, einzutauchen.

Hier will ich sein! Da hinten vielleicht, mitten in diesem kleinen Tal, da leben für immer. Unter den blaugrünen Bäumen bei dem großen Felsen. Dort eine Hütte bauen. Es gibt sicher einen Bach, Wiesen, Holz genug.

Korb öffnete den Mund, doch noch bevor er zum nächsten Atemzug ansetzen konnte und ohne jegliche Vorankündigung, wurde sein Denken ausgesetzt. Ein geräuschloser Riss trennte den letzten Gedanken ab, dass er wie ein Fetzen Papier vom dahinrasenden Bus davon gewirbelt wurde und in die kahle Schnittstelle dahinter schlug Etwas wie ein Blitz aus heiterem Himmel ein, und Korb wusste - da war ich schon gewesen, das habe ich schon gemacht!

Dann nichts mehr.

Die Landschaft glitt weiter vorüber wie vorher, das Tal und die Hügel verschwanden aus seinem Gesichtsfeld, der Bus raste weiter über den Highway seinem festgelegten Ziel entgegen, aber Korb hatte keinen Anteil mehr an dieser Bewegung, nahm die Veränderung nicht mehr wahr. Sein Bewusstsein hatte sich aus den Sinnen zurückgezogen und während sein Körper stocksteif auf dem Sitz verharrte, war sein Geist irgendwo stecken geblieben und verweilte in der Unglaublichkeit eines sich ewig ausdehnenden Moments.

***

Da war ich schon gewesen! Das habe ich schon gemacht! Das waren die Worte, falls man so eine Eingebung in Worte übersetzen kann.

Korb presst die Lippen zusammen, er meinte deswegen aber nicht wirklich und real vor hundert Jahren oder so, in genau diesem Tal gehaust zu haben. Sondern es war zu diesem Zeitpunkt viel mehr eine besondere Art von Zugehörigkeit, ein erinnerndes Gefühl, welches ein gelebtes Leben hinterlässt. Einsam in der Natur, in irgendeiner Hütte, irgendwo hier im Westen.

Er hinterfragte dieses Erlebnis auch nicht, denn der Fels war ja sozusagen genau auf seinem großen Zeh gelandet. Konkreter und realer ging es nicht.

Was für ein Geschenk. Es brachte es eine unglaubliche Erleichterung und Freude.

Korb bläht seine Backen, schließlich hatte er Jahre seines Lebens damit zugebracht, von solch einem Dasein zu träumen.

Bereits als kleiner Knirps war Korb schon ein großer Indianerfan und Pfadfinder gewesen und verbrachte den Großteil der Freizeit im Freien, beim Hütten bauen, Schnitzen und Kriechen durchs Unterholz, immer auf der Suche nach aufregenden Trophäen wie verblichenen Knochen oder alten Federn.

Wenn ich es mir also genau überlege, denkt Korb, hatte mich mein ganzes Leben auf genau diesen Moment im Bus vorbereitet. Das war sozusagen die logische Schlussfolgerung von all dem, was in meinem Leben vorher von Interesse gewesen war und gleichzeitig beinhaltete es auch dessen abflußstarke Auflösung.

Natürlich hatte es bis dahin noch mehr gegeben als Lagerfeuer und Indianerbücher, aber zumindest bis in die Teeniezeit war das doch tatsächlich ein Leitmotiv gewesen.

Irgendwann während der Grundschulzeit zum Beispiel gab uns die Lehrerin eines Tages eine ganz besondere Hausaufgabe mit. Wir sollten ein Selbstportrait malen, welches unseren zukünftigen Berufswunsch darstellen sollte.

Korb ist überrascht, wie genau er sich noch an seine Zeichnung erinnert. In meinem Siebhirn ist nicht gerade viel Feinziseliertes aus der Kindheit hängen geblieben. Er lächelt. Auf jeden Fall fertigte ich besagtes Bild mit großem Eifer an, denn ich hatte zu dieser Zeit bereits eine sehr genaue Vorstellung davon, was einmal aus mir werden sollte.

Auf dem weißen Papier erschien alsbald unter dem vehementen Einsatz der abgekauten Buntstifte ein etwas steifbeinig geratener Mann, der von einem dichten Wald aus Nadelbäumen umgeben war. Der Mann hatte die Arme weit ausgestreckt, was einem erwachsenen Betrachter so erscheinen musste, als ob er jemand umarmen wollte. In der einen Hand hielt er allerdings ein Gewehr. Der Mann trug eine braune Lederbekleidung mit langen Fransen dran, ein Gürtel um die Hüfte hielt dieses Gewand zusammen und den Kopf zierte eine Pelzmütze, an welcher der Schwanz eines Tieres hing; natürlich der eines Waschbären.

Als während des Unterrichts die Reihe an mir war, trat ich befriedigt und stolz vor das Pult der Lehrerin und gab ihr voller Zuversicht zu verstehen, dass ich Trapper werden wollte! Ja, dieses Wort *Trapper* kannte ich damals nämlich schon.

Noch heute überrascht es Korb, wenn bei einem Gespräch mit anderen Leuten, die Unterhaltung aus irgendeinem Grund so verläuft, dass er diesen Begriff benutzen muss, was nicht wirklich häufig vorkommt, aber auf jeden Fall gibt es doch tatsächlich immer wieder Menschen, an deren verdutzten Gesichtern er sofort ablesen kann, dass die nicht wissen, was das ist, ein Trapper.

Solche Ignoranz! Ein Trapper ist ein Pelztierjäger! Ein Fallensteller, kapiert! Ein bärtiger Mann, der in einem einsamen Blockhaus im Wilden Westen wohnt und kleinen Tieren den Garaus macht und das Fell über die Ohren zieht, um es danach zu verkaufen; ist doch klar, oder!?

Dieser Begriff war mir damals bereits so vertraut wie meinen Mitschülern Spider Man oder Smarties. Doch ich war nicht am Töten interessiert, sondern an dem Lifestyle, der solch ein Dasein verhieß. Vielmehr liebte ich Vierbeiner und fühlte, dass sie irgendetwas Besonderes für mich bedeuteten, wenn ich auch noch nicht verstand, was. Ich wollte ihnen nahe sein. Ich wollte mit und unter ihnen leben wie Tarzan, aber auch von ihnen wie Jack London. Das war ein rudimentärer, dennoch ganzheitlicher Ansatz. Ich unterschied instinktiv nicht zwischen "Streicheln ist gut" und "Totschießen ist schlecht", obwohl die schier unüberwindliche Spannung, die zwischen diesen beiden Polen herrscht mich verwirrte, doch in meinem Herzen war ich ein Neandertaler, aber im positivsten Sinne, wenn Sie jetzt verstehen, was ich meine. Wahrscheinlich bin ich das bis heute geblieben. Korb denkt nach, ich nehme an, dass ich damals bereits etwas Mysteriöses in den Tieren wahrnahm, besonders natürlich in den frei lebenden und ungezähmten Tieren der Wildnis. Durch ihre Sprachlosigkeit scheinen sie dem Unbegreiflichen um einiges näher zu stehen als wir Zweibeiner.

Korb stellt fest, dass nur in der Rückschau die damalige Faszination erklärlich wird. Im Kindesalter bedarf die eigene Realität keiner Rechtfertigung und keiner Konzepte, sondern die Dinge existieren einfach.

Ich war bereits auf der Suche nach dem Durchscheinenden, befand mich auf den ersten Sprossen einer Himmelsleiter. Ich war ein Träumer, versuchte etwas zu erwittern, was in der Luft oder der Erde lag oder auch irgendwo dazwischen.

Es war ja nicht nur bei dieser Zeichnung geblieben. Es gab da Habhaftes im Leben, Greifbares, an dem ich diese Sehnsucht festmachten konnte. Da war diese Weste aus Leder, mit Schaffell gefüttert. Die hatte vorne vier orangefarbene Plastikknöpfe. Meine Tante hatte sie für mich genäht, erinnert sich Korb, ich liebte dieses Teil heiß und innig. Mit Entsetzen hatte Korb damals durch seine Kinderaugen zusehen müssen, wie die Weste im Laufe der Zeit immer kleiner wurde. Doch mit Vehemenz zwängte er sich auch nach über einem Jahr noch hinein, bis schließlich die Knöpfe abrissen und ihm das gute Stück praktisch in Fetzen vom Körper fiel.

Schließlich war ich in der Zeit fünf Zentimeter gewachsen, schmunzelt er und fährt sich durchs Haar.

Außerdem gab es da noch diesen Luchspelz. Oh mein Gott, Luchs. Ich fiel fast in Ohnmacht, als meine Mutter mir klarmachte, dass dieser Streifen Haar, den ich ganz hinten in einem Kleiderschrank gefunden hatte kein Hasenfell war. So etwas unerreichbar Wildes hatte ich noch nie gesehen, geschweige denn in den Händen gehalten. Ich bettelte und nörgelte darauf hin so lange herum, bis sie mir den kostbaren Fetzen überließ und ich meine Nase in das weiche Haar versenken konnte, wann immer ich Lust dazu verspürte.

Später gesellten sich zu Korbs tierischen Fell- und Lederutensilien noch von irgendwo her die Pfote eines Silberfuchses und eine kosakenartige Pelzmütze hinzu. Diese Fetische stellten große, mystische Heiligtümer dar, welche in irgendeiner unerahnbaren Verbindung mit irgendetwas sehr Bedeutendem standen.

Korb atmet tief ein und schmeckt den würzigen Duft der Pelze auf der Wurzel seiner Zunge.

Wenn ich ihren Duft einsog, wenn die weichen Haare meine

Nase kitzelten und ich ihr schimmerndes Farbenspiel betrachtete, entstand auf einmal eine Verbindung. Es öffnete sich ein feinsilbriger Zugang zu einer geheimnisvollen, märchenhaften Wirklichkeit, wie sie sonst nirgends zu erhaschen war.

Korb atmet aus und der seidene Faden der Erinnerung gleitet nun frei durch den Raum wie eine abgetrennte Spinnwebe. Korb wartet.

Dann. Das lose Ende berührt etwas, hakt sich jetzt fest.

Korb erkennt das Schwarzwälder Ferienhäuschen seines Onkels Heinz-Eberhard.

Oh ja, denkt Korb, auch dort gab es noch ein paar Wunderdinge. Es waren keine Kuckucksuhren oder handbemalten Bauernteller, welche die holzgetäfelten Wände zierten, sondern einige weitaus exotischere Exponate. Da hing hoch oben, fast unter der Decke, so schien es, ein waschzubergroßes, graues Gebilde. Es war die Panzerschale eines urviehartigen Krebses. Ein enormer Stachel zierte das Hinterteil dieser Trophäe. Pfeilschwanzkrebs, fällt es Korb ein. Daneben prangte ein kreisrund aufgespannter Pelz. Ein Biber. Und außerdem hing da noch etwas, komplett mit Kopf, Schwanz und Pfoten. Ein Wolfs- oder Coyotenfell.

Korb sieht sich auf dem getäfelten Holzfußboden stehen, staunend den Kopf im Nacken. Eine ehrfurchtsvolle Drei-Käse-Hoch- Position.

Onkel Heinz-Eberhard hatte es nämlich geschafft, der war mit seiner Familie in Amerika gewesen! Er hatte damals ein gläsernes Röhrchen über den Großen Teich zu uns geschickt. Gefüllt war es mit einem grauen Pulver. Asche war das, Asche vom berühmten Ausbruch des Vulkans Mount St. Helens, der damals halb Amerika verdunkelt hatte und außerdem schickten sie viele Ansichtskarten. Diese Karten zeigten meist große, berühmte Indianerhäuptlinge und schmückten eine Zeit lang eine Wand in Korbs Kinderzimmer.

Besonders eine dieser Karten, fällt Korb jetzt ein, die war bereits ziemlich abgegriffen, mit abgestoßenen Kanten und einem

Eselsohr rechts oben.

Ich nehme an, es lag daran, dass es bei der Post damals einfach noch etwas grobmotorischer und derber zuging als heute, nicht so feingetuned und servicemässig durchautomatisiert wie in modernen Unternehmen, und außerdem war Amerika ja auch irgendwie noch viel weiter weg als heutzutage.

Auf jeden Fall zeigte diese besondere Karte das büstenhafte, photographische Abbild eines indianischen Kriegers in Dreiviertelansicht. Es war eine Aufnahme vom Ende des 19. Jahrhunderts und daher wohl ursprünglich in Schwarz-Weiß abgelichtet. Doch diese Photographie war irgendwann danach dezent nachkoloriert worden.

Ich blickte in ein fremdartiges Gesicht. Der abgebildete junge Mann, welcher es trotz seiner Jugend wohl bereits zu großer Anerkennung gebracht hatte, da er eine beindruckende, steil aufragende Federkrone trug, war in eine Art braunen Mantel oder Decke gehüllt, was lediglich sein Gesicht und den Kopfputz erkennen ließ. Die makellose glatte Haut mit dem weichbraunen Teint spannte über den hohen Wangenknochen und aus geradezu asiatisch schräg gestellten Augen schaute der Mann mit strenger Miene in Richtung Kamera. Sein Blick schien jedoch auf etwas weit jenseits des Betrachters fokussiert.

Drehte man die Postkarte um, so befanden sich oben links in der Ecke der Name des Kriegers, seine Stammeszugehörigkeit sowie der Name des Photographen mitsamt der Jahreszahl der Aufnahme.

Rain in the Face, stand dort. So hieß dieser Indianer und das war es, was mich eigentlich faszinierte an jener Karte.

Es war der Name. Regen im Gesicht.

Oft habe ich auf meinem Bett gesessen, die Postkarte von der Wand genommen und betrachtet und dabei über die verrenkte Bedeutung dieses Namens nachgedacht. Ich versuchte mit vorzustellen was dahinter steckte und was es bedeutete, wenn es da eine Welt gab, in der die Menschen ihre Kinder nicht Peter oder Karl-

Emil taufen, sondern sie auf diese geheimnisvolle Art umschreibend benannten.

Man kennt die stereotypen, eingedeutschten Indianernamen, die wohl in Anlehnung an den berühmten Sitting Bull ihre allgemeine Verbreitung gefunden haben: beschreibendes Adjektiv plus angehängtes Substantiv. "Brauner Bär" zum Beispiel, Sie erinnern sich an das Speiseeis am Stil, vom Freibadkiosk, mit der Karamellfüllung oder "Silberpfeil", ein beliebter Indianercomic aus den Siebzigern mit wöchentlich neu erscheinenden Abenteuern? Das ist immerhin schon mal eine gehaltvollere Namensgestaltung als ein knapper, hohler Heinz oder überstrapazierter Leon.

Aber diese haikuhafte, poetische Kurzzeile - Regen im Gesicht- ging noch einen großen Schritt weiter. Sie entsprang einem ungreifbaren Dämmerreich der Ferne und Andersartigkeit, welche mich gefangen nahm und begeisterte.

Etwas später trat mir dieser ominöse Krieger noch einmal in einem meiner Bücher gegenüber. Ich erfuhr dort mehr über ihn und seinen Namen. Auf einem Kriegszug gegen den Feind, in dem er die Führung übernommen hatte, trug er, kurz bevor das erste Gefecht zu erwarten war, seine geheimnisvolle Heil- und Kraft versprechende Gesichtsbemalung auf, wie es bei diesen Völkern üblich war. Als es kurz darauf tatsächlich zum Kampf kam regnete es in Strömen. Rain in the Face ging unverletzt und siegreich aus dieser Auseinandersetzung hervor und kehrte ruhmreich und mit vom Wasser völlig verschmierter Bemalung zurück. Daraufhin erhielt er einen neuen Namen und dieser beruhte nicht etwa auf einer seiner gerade vollbrachten Heldentaten, sondern auf der gänzlich unspektakulären Beobachtung der verflossenen Farbe.

Damit hielt ich quasi eine verschlüsselte Botschaft in den Händen, die darauf verwies, dass es Lebenswahrnehmungen gab, die komplett anders waren als das, was die Erwachsenen vor meiner Kinderzimmertür zu sehen schienen. Mit zunehmender Kraft lehnte ich mich in diese andere Realität hinein, um zu erhaschen, was sich dahinter verbirgt. Es dauerte lange, bis die dehnbare

Membran nachgab und mir einen Einblick gewährte, der mehr versprach als nur zaghafte Ahnungen von den Möglichkeiten der Welt.

Doch zurück in die Schule und zu meinem Selbstportrait. Ich weiß noch sehr genau, wie ich damals meine Zeichnung der Lehrerin vorlegte. Strahlend stand ich vorne vor der Klasse, als die Reihe an mir war.

Die Lehrerin platzte allerdings fast vor Lachen, nachdem sie meine Ausführungen angehört hatte, und erklärte von oben herab amüsiert, dass natürlich alle kleinen Jungen Cowboys und Indianer sehr liebten. Sie strich mir wohlwollend über den Kopf, beugte sich etwas zu mir hinunter und sagte dann ein wenig leiser im inzwischen hoffentlich ausgestorbenen Oberlehrertonfall,

„Mein lieber Johannes, das geht aber bald vorüber."

Oh, wie war ich in diesem Moment empört und gekränkt über so viel unbewegliche Ignoranz. Ich hatte mein Innerstes auf kindlich unschuldige Weise ans Licht gebracht und war dafür lächerlich gemacht worden. Bei mir würde das nie vorüber gehen, niemals!

Ich sollte tatsächlich Recht behalten. Auf jeden Fall schlug ich mich auf die verschiedensten Weisen noch einige Dekaden mit gewissen Aspekten dieses Themas herum.

Was da als scheinbar unschuldige, kindliche Faszination begann, hatte sich über die Jahre zu einer Idee verfestigt, einem Traum oder hartnäckigem Wunsch. Meine Frau nennt es sogar einen eidhaften Wahn, aber das ist natürlich hoffnungslos übertrieben. Doch ich mache ihr daraus keinen Vorwurf, schließlich hat sie sich mit dieser nicht gerade damenfreundlichen oder beziehungstauglichen Begeisterung ganz konkret auseinandersetzen müssen. Aber so ist das halt in einer Ehe, mitgehangen, mitgefangen. Ich wollte nie das Lamborghini-Leben oder den Doppelhaushälften-Traum, sondern eben ein einsames Blockhaus im Wald.

Nun ist es eben so mit diesen Träumen, wer sich etwas wünscht oder sich nach etwas sehnt, dem fehlt ja was, und wem etwas fehlt, der leidet Mangel, und Mangel macht traurig und unzufrieden.

So kann eine ursprünglich so strahlkräftige Vision das Leben überschatten, vom Hier und Jetzt ablenken und ständig mit strenger Miene auf die Zukunft verweisen. Die unverzichtbare Sehnsucht wird zum Lebensinhalt. Ein solcher Traum wandelt sich unbemerkt zum süßen Alptraum und man vergisst, dass es womöglich nur eine fixe Idee ist, eine Projektion des entzündlichen Bewusstseins, ein selbstgeschaffenes, energetisches Konstrukt, welchem man erlaubt, Macht über einen selbst auszuüben.

Korb nickt versonnen vor sich hin, ich glaube, so etwa hatte sich das bei mir über die Jahre entwickelt. Zumindest war das eine der vielen Seiten der Medaille und daher bedeutete dieser Moment im Bus auch eine derartige Befreiung.

Ich realisierte, dass ich diesen Traum schon verstoffwechselt hatte. Ich trug es bereits in mir, hatte es hinter mir. Been there, done that. Schaum fortblasen. Fertig, Stress weg!

Ich erkannte, dass ich nicht alles in diesem einen Leben erreichen musste. Viele schöne Dinge waren bereits geschehen und zwar in einem ausgleichenden Dasein vor meiner diesmaligen Existenz. Ich würde auch noch viele weitere wunderbare Dinge erleben, aber eben nicht alles auf einmal und nicht alles, was ich mir wünschte. Ich durfte ein gutes Stück der stressigen Selbstverwaltung aufgeben und verstehen, dass nicht alles in den verbleibenden vierzig oder fünfzig Jahren meines Daseins geschehen muss und ganz besonders dann nicht, falls ich nur noch zwei Monate zu leben haben sollte.

Damals begann ich zu erahnen, dass Raum und Zeit, gestern, heute und morgen die Wirbel ein und desselben potenten Strudels sind, der sich endlos um den momentanen Augenblick, dem ursächlichen Master Mind des Jetzt dreht. Das hatte natürlich auch ganz konkret etwas mit der Idee von Wiedergeburt zu tun. Ich war damals kein Buddhist und bin es auch heute nicht. Ich bin überhaupt kein irgendwas mit -*ist* hinten dran, aber die Reinkarnations-

53

theorie hat was, und auch ihr war ich durch die Greyhounder-leuchtung etwas näher gekommen.

Einmal war ich bei einem Gesprächsabend mit einigen buddhistischen Mönchen gewesen und einem dieser kahlköpfigen Männer in den orangefarbenen Togen wurde am Ende des Vortrags aus dem Publikum die Frage gestellt, ob er nun wirklich glaube, dass es die Wiedergeburt gebe. Ich empfand diese Frage damals als beinahe unverschämt, schließlich war diese Vorstellung doch ein Grundpfeiler der buddhistischen Lehre. Der befragte Mönch jedoch überlegte eine Weile und antwortete dann lächelnd und ruhig, wie es die Art dieser erwärmenden Leute ist, dass er es nicht wisse. Ihm gefalle aber die Vorstellung davon, welche ihm erlaube, in diesem Moment ein zufriedeneres Leben zu führen.

Das ist es, dachte ich damals! Super! Was für eine ehrliche Antwort. Was für ein pragmatischer und praktischer Blick auf den Glauben.

Ich erhielt einen ersten, würzigen Hinweis darauf, dass Religion nicht etwas Absolutes sein muss, sondern ein Mittel zum Zweck sein kann, und zwar ganz bewusst und selbstdiagnostisch. Nicht der Beweis der Richtigkeit ihrer Glaubensinhalte ist das Entscheidende, sondern das, was sie im Menschen bewirken. Ob man in den Religionen nun das ewige Seelenheil oder die Heilung der eigenen Seele sucht, bleibt einem demnach selber überlassen.

Das Erlebnis im Bus hatte mich natürlich nicht mit einem Schlag zur kompletten Erleuchtung geführt, wie sie im Buche steht, sondern es war eher eine Art Vitaminspritze. Ich erhielt immerhin ein Intensiv-Konzentrat reiner, wahrer Information direkt ins Herz, und das hatte einen Sofort-Effekt, der dazu führte, dass ein Puzzelstück mehr an seinen Platz gelangte in diesem sich endlos ausdehnenden 4-D Puzzle unserer Existenz.

Diese tiefe Sinnspende eröffnete mir auf einen Schlag den Zugang zu einem neuen Verständnis der Ordnung von zeitlichen Abläufen. Scheinbar fragmentarische und sinnbefreite Ereignisse, welche ich vorher als unzusammenhängende Einzelereignisse wahrgenommen hatte, fügten sich mit einem Mal zu einer Gesamtkomposition, deren harmonischen Klang ich erst jetzt zu vernehmen begann. Ein zaghaftes Vertrauen begann sich zu verankern, dass hier nicht ein gigantischer Zufallsgenerator die Oberhand hatte, sondern Dinge geschahen, deren Sinn mein Geist zwar nicht erfassen konnte, die aber irgendeinem geheimnisvollen Ordnungsprinzip unterlagen. Dieser erste Schlag auf den Hinterkopf bedurfte allerdings noch einiger Auffrischungen, um sich wenigstens halbwegs dauerhaft in meinem System zu verankern.

Meine persönliche Entwicklung auf dem Weg der Erkenntnis verläuft grundsätzlich auch eher evolutionär als revolutionär. Mehr nach dem umsichtigen Motto: Steter Tropfen höhlt den Stein.

Bei diesen Gedanken muss ich allerdings unweigerlich lächeln und zu meiner Frau hinüber sehen. Sie würde bei diesem, von mir häufig zitiertem Sprichwort bestimmt die Augen verdrehen und äußern:

„Kann`s nicht auch mal ein bisschen schneller gehen?!".
Dabei hat sie dann eventuell das Bild von einer dunklen Höhle mit steifen Tropfsteinen vor Augen. Wenn man diese steinernen Kegel eine ganze Weile betrachtet, kann tatsächlich der Eindruck entstehen, als passiere da gar nichts. Die stehen und hängen einfach nur so elementar herum und tropfen und sonst geht gar nichts. Aber das ist ja gar nicht wahr. Das ist nicht die ganze Geschichte. Sie wachsen!

Jawohl! Zwar handelt es sich nur um mikroskopisch knappe Veränderungen, um ein paar Kalkatome pro Jahr, aber da können im Verlauf der Äonen durchaus enorme Dinge entstehen.

So etwa geht das bei mir also voran, schließlich bin ich mit einer guten Dosis sogenannter `gesunder Skepsis` gegenüber Neuerungen gesegnet, beziehungsweise belastet und in meinem Sternzeichen steht sicher verankert der bodenständige Stier.

Na, gute Nacht, Korb schnaubt resigniert.
Es fällt nicht leicht der schmerbäuchigen Gravitation der eigenen Komfortzonen dauerhaft die Pfunde zu entziehen. Da bedarf es

schon jemanden mit viel Geduld und einem großen Holzhammer, der auf das potente Prinzip Hoffnung setzt, um hier durchschlagende Fortschritte zu erwarten. Meine Frau scheint so jemand zu sein, obwohl sie dagegen eine preisverdächtige Verfechterin der ominösen Möglichkeit von persönlichen, evolutionären Quantensprüngen ist.

Bei ihr ist also jederzeit alles möglich, kann jede Minute der ganz große Durchbruch geschehen, selbst wenn man jahrelang nur so vor sich hin dümpelt. Das große Potential ist immer da. Das Bewusstsein ist ihr eine große, teigartige Prägemasse, die es stets aufs Neue mit den ewig jungen Händen des formenden Willens den momentanen Erfordernissen gefügig zu machen gilt.

Betrachtet man diese beiden diametral angelegten Standpunkte zum Thema persönliches Wachstum, dann bekommt man eine ungefähre Vorstellung davon, was gemeint ist, wenn man einen x-beliebigen Astrologie- Ratgeber aufschlägt und unter der Verbindung zwischen Stier und Zwilling nachliest. Eine derartige Beziehung wird dort nämlich nicht als Traumduo-Option charakterisiert, sondern bestenfalls als eine saftige Herausforderung beschrieben, und weiter heißt es dann ganz nüchtern, dass gegenseitiges Verständnis nicht automatisch gegeben sei.

Ach ne, Korb fühlt sich wie ein Stammtischbruder und würde am liebsten mit der Faust auf den Tisch hauen, dass die Biergläser hüpfen, das hätte uns ja verdammt noch mal auch schon jemand vor zwanzig Jahren vorlesen können!

***

Doch die soeben gebrochene Emotionsspitze verschafft Korb Erleichterung und seine Gedanken relativieren so einiges, wodurch ihm weicher und elastischer zumute wird.

Voll Wärme betrachtet er daher unbemerkt seine Frau. Ihre schlanken Finger bewegen sich leise klackernd über die Tastatur. Doch im nächsten Moment huscht ein leichter Schatten über ihr

Gesicht, kaum merklich zieht sie die Augenbrauen zusammen und feinste Fältchen bilden sich an ihrer Nasenwurzel. Ein klassischer Gesichtsausdruck, erkennt Korb, und er weiss sofort, dass sie irgendetwas irritiert, woraufhin er automatisch das Gefühl verspürt irgendeine Pflicht nicht erfüllt zu haben. Oder nur eine unerfreuliche Email?

Wenn sie wüsste, was ich mir gerade so gedacht habe, würde sie bestimmt die Augen verdrehen und antworten:

„Ja, mein Lieber, wem sagst du das, eine Herausforderung ist es wirklich!". Dabei sähe sie wunderschön aus, obwohl sie es todernst meinte.

Es ist nämlich durchaus möglich, dass jener erniedrigende Moment damals in der Schule irgendwie dazu beigetragen hat, dass ich zugemacht habe, überlegt Korb.

Er hatte sich irgendwann der Identität des eremitenhaften Einzelgängers verschrieben. Schließlich weigerte er sich jahrelang, irgendeinem Menschen sein Innerstes zu offenbaren oder über seine unaufgetauten Gefühle zu reden. Während den Anfängen seiner Beziehung zu Tatjana war es sogar vorgekommen, dass sie auf die unfehlbare Frage, wie es ihm im Moment gehe, die durchaus ernst gemeinte Gegenfrage bekam,

„Wie meinst du das?". Korb vermutete immer einen Hinterhalt und derart unausweichliche Aufklärungsanfragen erfüllten ihn mit Atemnot.

Besonders die Julia-und-Romeo-Frage, die Frage aller Fragen, „Liebst du mich?", überforderte Korb derart, dass er selbst nach einer längeren schweißtreibenden Bedenkpause, welche sie damals sogar noch geduldig und erwartungsvoll hinnahm, nur ein weiteres Fragezeichen im Raum stellen konnte.

„Liebe, was ist das denn eigentlich?"
Aber keine Bange: Es wird, es wird!

Anderseits, Korb rutscht nun auf dem Sofa unruhig hin und her, das sind ja auch wirklich große, befürchtenswerte Fragen und ich konnte und wollte ihr keine kuschel-rutschigen Gentleman-

Antworten hinwerfen sondern war ganz gewissenhaft um eine anständige, hieb und stichfeste Antwort bemüht, zu der es leider nie kam und Korb verlor sich in zu ausgedehntem Nachgrübeln und kam den Dingen eben nicht auf den Grund. Ein kurzes und wohlsortiertes *Gut* oder *Schlecht*, *Ja* oder *Nein* schien ihm nicht möglich, so lang er nicht erkundet hatte welcher Urtatbestand dahinter steckte, und Schriften von Freud und besonders Erich Fromm fielen ihm erst viel später in die Hände

Aber keine Angst, es wird, es wird!

Seine Großmutter hatte bereits davon berichtet, wie Korb schon im Kleinkindalter im Sandkasten lieber grübelnd im Abseits hockte und alleine seine Kuchen buk, anstatt mit den anderen zu spielen. Da muss man natürlich doch irgendwie ans Schicksal denken, welches jedem sein ganz persönliches Säcklein schnürt. Also, klein Johannes war damals schon anders.

„Johannes ist anders als wir, Spendenkonto 004". Das war während der Schulzeit ein gern gebackener Spruch, den man sich, mit dem entsprechenden Namen versehen, gegenseitig an die Köpfe warf und der wohl besagen sollte, dass der andere irgendwie doof und behindert sei. Als Vorlage für diesen unausgewogenen Spaß diente ein Werbeclip aus dem Fernsehen, wahrscheinlich der der humanitären Vereinigung Aktion Sorgenkind oder etwas Ähnlichem.

Übrigens, wenn ich gerade so darüber nachdenke, Aktion Sorgenkind, was für ein hochgradig idiotischer Begriff! Das suggeriert doch irgendwie, dass es hier Kinder gibt, mit denen etwas nicht in Ordnung ist, die Probleme machen, die den Erwachsenen also Sorgen bereiten, weil sie nicht richtig cremig funktionieren, nicht entsprechend angepasst sind. Für diese Wurzellosen wird nun zur Spendenaktion aufgerufen, um Mittel und Wege zu finanzieren, diese Abweichler wieder hinzukriegen und auf den richtigen Weg zurückführen zu können.

Na, wer weiß, vielleicht war ich ja auch ein bisschen so ein Sorgenkind, denn wer mit sieben Jahren statt Polizist oder Lokomotivführer lieber Trapper werden will, ist vielleicht auch nicht ganz richtig im Oberstübchen.

Aber egal, das ist eine andere Geschichte. Korb wundert sich, warum er sich eben so aufgeregt hatte.

Meine Eltern haben nie versucht, mich aktiv oder gar mit Druck in ihre eigenen Bahnen zu lenken, was ich ihnen übrigens hoch anrechne.

Korbs Selbstentfaltung in jemand anderen, als denjenigen, den sie sich wohl gewünscht und vorgestellt hatten, wurde zumindest ihm selbst gegenüber nie thematisiert.

Nur einmal drohten sie mich zum Psychiater zu bringen. Da war ich vielleicht dreizehn und verhielt mich ihrer Meinung nach seit einiger Zeit nicht mehr altersentsprechend, denn ich spielte immer noch leidenschaftlich gerne und ausdauernd mit Playmobil. Sie drohten also halb scherzend mit dem Doktor, falls ich nächstes Jahr nicht endlich damit aufhören würde. Oder war ich da doch schon fünfzehn? Nein, das kann nicht sein, denn mit vierzehn oder fünfzehn haben wir uns ja dann fast ausschließlich mit Schießpulver beschäftigt.

Es gab da nämlich einmal einen Freund. Dieser Bursche hörte auf den Namen Dirk Liebermann und war auch aus gutem Hause. Die Elternpaare waren seit Jahren befreundet, ursprünglich Arbeitskollegen oder Studiumsgenossen, Korb ist sich nicht sicher. Auf jeden Fall machte dieser Dirk Liebermann damals das Rezept für die Herstellung von Schießpulver ausfindig- also Sprengstoff. Da gab's ja noch kein Internet, also musste er irgendein Buch gehabt haben, vielleicht steht es ja auch einfach im Duden, überlegt Korb und nimmt sich vor, gelegentlich mal nachzusehen. Dirk ist dann im Mannesalter übrigens Chemiker geworden.

Wenn man bedenkt, wie stinkeinfach es ist, Schießpulver herzustellen, muss man sich wundern, dass es nicht viel mehr Leute machen, besonders die inzwischen unübersehbaren Massen fehlgeleiteter Jugendlicher, die ja total anfällig für solche hochgradig nach Abenteuer und Aufruhr riechenden Experimente sind. Salpeter, Schwefel und Holzkohle, das ist alles und schon hat man Schwarzpulver, eine wahrhaftig herzhafte Substanz, mit der sich Imperien rund um die Welt über Jahrhunderte hinweg gegenseitig die Hölle heiß gemacht haben.

Wir machten uns damals also sofort daran, die notwendigen Zutaten zur Herstellung dieses brisanten Stoffs zu besorgen. Holzkohle war kein Problem, die gab es gleich unten im Keller neben dem Schuhregal beim Grillzeug. Salpeter auch nicht, denn den gab es damals - jetzt darf ich wohl damals sagen, das war schließlich vor über dreissig Jahren - als eine Art Pökelsalz in der Gewürzabteilung von fast jedem Supermarkt.

Ich glaube aber. dass man den bösen Buben inzwischen auf die Schliche gekommen ist und diese Chemikalie aus den Regalen verbannt wurde. Mit dem Schwefel war es dann schon etwas schwieriger. Dazu mussten wir in einer Apotheke vorstellig werden und dem bereits misstrauisch dreinblickenden Mann im weißen Kittel etwas vorlügen, denn dass dieser Stoff irgendwie nicht koscher war, fanden wir schnell heraus, als er uns, beim ersten unschuldigen Nachfragen, schlicht weg und ganz entschieden verweigert wurde. Wenn ich mir vorstelle, wie dreist wir daraufhin die Apotheker belogen und ihre Gutgläubigkeit für unsere illegalen Aktivitäten ausgenutzt haben.

Korb kichert kaum wahrnehmbar.

Wahrscheinlich waren wir einfach zu naiv und uns der potentiellen Tragweite unserer bombastischen Experimente nicht bewusst, sonst hätten wir uns gewiss zumindest mental in die Hosen gemacht. Wir kamen auf die Idee, dem Apotheker vorzulügen, wir hätten einen Chemie-Experimentierkasten von unserem Vater zu Weihnachten bekommen und da sei uns nun leider gerade der Schwefel ausgegangen. Merkwürdigerweise funktionierte dieser kleine Kniff jedes Mal.

Wir bekamen natürlich keine riesigen Mengen und mussten also ständig andere Verkaufsstätten aufsuchen und richtige Bazookas hätte man mit unserer Ausbeute nicht bauen können aber wir wollten ja auch keinen sozialistischen Bauernstaat herbeifeuern, sondern einfach nur ein bisschen experimentieren, angewandte Physik und Chemie erleben, die Macht unseres aufkeimenden Denkens und die Kraft unserer Arme verlängern. Es mangelte uns gänzlich an einem Reflektionsansatz und unser Handeln bettete sich in keinerlei Zusammenhang, sondern speiste sich ausschließlich aus dem unbändigen Trieb, sich vom vielseitig Möglichen führen zu lassen. Es war einfach ein Spiel.

Daheim huschten wir mit unseren Einkaufstüten in den Keller und verrieben die Zutaten dann im richtigen Verhältnis mit einem Mörser. Ehrfürchtig füllten wir die gräuliche Substanz in eine Dose und versteckten sie.

Doch damit nicht genug, gingen wir nun daran, uns die dazu gehörigen Schusswaffen zu fertigen.

Beide waren wir ausreichend in Indianer-, Entdecker- und Abenteurerliteratur belesen, sowie an den entsprechenden technischen Details interessiert, dass wir eine ziemliche genaue Vorstellung davon hatten, wie eine rudimentäre Feuerwaffe konstruiert werden muss.

Im Baumarkt um die Ecke erstanden wir Kupferrohre, verschiedener Durchmesser, die wir ineinander steckten und an einem Ende irgendwie verplombten.

Diese "Kanonenrohre" mit einem Innendurchmesser von der Stärke eines Bleistifts, also immerhin etwa Kaliber neun Millimeter, montierten wir auf selbstgeschnitzte Griffe aus Holz. Diese Aktivitäten behandelten wir natürlich als Top-Secret und außer uns beiden erfuhr niemand etwas davon.

Anschließend opferte ich einige meiner geliebten Zinnsoldaten, welche wir über einem Bunsenbrenner einschmolzen. Das flüssige Metall gossen wir in einen Hartholzklotz, in den wir Löcher gebohrt hatten, die exakt dem Innendurchmesser unserer Kupferrohre entsprachen. Das war's. Jetzt konnte es losgehen!

Ich entsinne mich allerdings nicht auf welcher nebulösen Grundlage wir entschieden, wie viel von dem Sprengstoff in den Lauf gefüllt werden sollte, bevor wir die Kugel hinterher rammten.

Ich befürchte unser Handeln beruhte auf einer rein empirischen Vorgehensweise. Wir waren natürlich zu keinerlei Berechnungen in der Lage, die uns einen Hinweis darauf hätte liefern können wie viel Newton, Kilo Pascal oder wie auch immer die Einheit für Sprengkraft pro Gramm Explosivstoff heißt, notwendig sind, um das fest im Lauf steckende Projektil heraus zu schleudern und nicht etwa den dicht abschließenden Körper drum herum, in Form unserer Kupferrohre zu zerreißen.

Wir stellten uns vor, dass unsere auf diese Weise scharf gemachten Waffen mittels einer dünnen Zündschnur, welche durch ein kleines Loch hinten an der Seite des Laufs gesteckt war, gezündet werden sollten.

Für diesen Zweck hatten wir vorsorglich in der vorrangegangenen Neujahrsnacht mehrere Sylvesterknaller entmannt und die so gewonnenen Zündschnüre aufbewahrt. Vorzugweise verwendeten wir dafür jene kleinen, etwa streichholzdicken Feuerwerkskörperchen, die mittels ihrer Zündschnüre zu etwa zigarettenschachtelgrossen Teppichen verwoben waren und damals von Jung und Alt, auf eine geradezu unschuldig rührende Weise als "Judenfurzer" bezeichnet wurden. Heutzutage, wo Behinderte als Menschen mit gesteigertem Förderungsbedarf und Schwarze natürlich schon lange nicht mehr als Neger und auch nicht mehr als Farbige, sondern als Menschen mit intensiver Pigmentierung angesprochen werden, stellen sich einem natürlich die Nackenhaare steil auf, wenn man mit solch einem Anachronismus konfrontiert wird.

Wie auch immer, die Durchschlagskraft unserer Vorderlader war auf jeden Fall enorm. Die Projektile durchschlugen dicke Bretter, zentimeterdicke Bücher und sogar Dachziegel. Gelegentlich luden wir auch Gehacktes vorne hinein und entlaubten auf diese Weise des Nachbars Tomatenstauden. Von den reifen Früchten blieb gleichfalls nur Frikassee übrig.

Aber es kam, wie es kommen musste. Einmal ging etwas schief. Dirk hatte gerade die Zündschnur seiner Waffe angebrannt und hielt das Gerät nun mit weit ausgestrecktem Arm und klopfendem Herzen auf das ausgesuchte Ziel gerichtet, als es folglich einen Knall gab, aber dieses Mal einen ohrenbetäubenden. Ich duckte mich instinktiv zu Boden und als der Pulverdampf sich lichtet, stand Dirk wie versteinert immer noch in derselben Position. In seinem Gesicht war eine Mischung aus Angst und Überraschung zu lesen.

Dirk klappte den Mund auf und drehte den Kopf in meine Richtung,

„Hey Korbi", sagte er leise.

Er nannte mich damals so. Das taten fast alle. Das nervte ungemein. Mit unseren Spitznamen waren wir nicht besonders einfallsreich. Man rief sich einfach beim Nachnamen. Ich fand das total bescheuert. Das vermittelte doch keine Wertschätzung. Einfach nur den Zuname so hin klatschten wie ein Schnitzel. Aber das ließ sich nicht ausmerzen, also stellte ich mir dann einfach vor, mein Name würde mit einem *C* statt mit einem *K* beginnen und das hatte dann etwas, womit ich leben konnte- Corb, irgendwie englischer, exotischer. Der Gipfel der Kreativität war dann noch die Verniedlichungsform mit einem *i* hinten dran.

Egal, das gehört nicht hierher. Liebermann stand also da und hauchte nur,

„Hey Korbi", weiter nichts.

Ich verharrte noch wie erstarrt. In meinen Ohren rauschte es gewaltig aber mein Blick folgte seinem noch immer ausgestreckten Arm bis zu seiner Hand, welche die Pistole gehalten hatte.

Die Waffe war aber nicht mehr da. Da war nur seine Faust. An der schien allerdings noch alles dran zu sein, Gottseidank kein Blut. Das gesamte Schiessgerät war von der Explosion zerrissen worden und uns um die Ohren geflogen, doch keiner von uns hatte auch nur einen Kratzer abbekommen.

Wir machten trotzdem weiter.

Korb hält inne. Ich selbst bin einmal knapp einem selbstverschuldeten Kopfschuss entkommen.

Dazu kam es, als die Ladung nach dem Zünden nicht gleich losgehen wollte. Ich wartete einen weiteren Moment mit ausgestrecktem Arm, dann veranlasste mich jedoch irgendetwas, die Waffe umzudrehen, um in den Lauf hinein zu blicken, wohl um nach dem Rechten zu sehen! Doch noch im selben instinktiven Moment wurde mir klar, was hier passierte. Nur der Bruchteil einer Sekunde fehlte, nur eine winzig kleine weitere Neigung des Laufes und ich wäre ins Jenseits gefahren, denn im selben Augenblick krachte es schon gewaltig und das bleierne Geschoss sauste haarscharf an meinem rechten Auge vorbei und bohrte sich mit einem markerschütternden Knirschen in das hölzerne Dach der Hütte, vor der wir gerade standen.

Korb erinnert sich, dass er von dem Moment an etwas vorsichtiger mit dem Sprengstoff hantierte.

Dirk Liebermann aber experimentierte fröhlich weiter und entwickelte sogar eine Art Guerilla-Handgranate und Zündschnüre, die unter Wasser brannten. So ausgerüstet schlichen wir eines Nachmittags zum nahe gelegenen Waldrand, wo sich ein privater Fischzuchtteich befand. Der war unser ausgemachtes Ziel.

Wir kletterten unter dem Zaun hindurch, verharrten eine Weile still auf dem Boden und lauschten bis es uns sicher schien, dass niemand in der Nähe war. Dann zündeten wir unsere Bomben und warfen sie in hohem Bogen in das stille Wasser des grünen Teichs. Einige bange Sekunden folgten, und wir blickten wie gebannt auf die sich konzentrisch ausbreitenden Wellen. So etwas hatten wir noch nicht ausprobiert. Doch dann ertönte eine dumpfe Rumpel, wie entferntes Donnergrollen und eine enorme, weiß schäumende Fontäne stieg aus der Tiefe des Teichs empor. Wasser regnete auf uns nieder. Dicke, rauchgefüllte Blasen quollen an die Oberfläche und kurz darauf erschienen die ersten silbrigen Körper einer Anzahl von Fischen. Sie blieben regungslos und trieben bäuchlings nach oben. Die Druckwelle der Explosion hatte sie wohl erledigt. Dynamitfischen nennt man das in der Fachsprache.

Mit klopfenden Herzen angelten wir unsere lauwarme Beute, mit Hilfe einer langen Stange heraus, warfen sie in eine Tüte und machten, dass wir fort kamen.

Daheim angekommen wurden wir atemlos in der Küche vorstellig und klatschten die Ausbeute unserer explosiven Fangmethode Dirks Mutter zum Braten auf den Küchentisch. Wir behaupten einfach wir seien am Bach zum Angeln gewesen.

„Na so was, so viele! Da habt ihr aber Glück gehabt", war ihr überraschter Kommentar, während sie die silbrigen Leiber in die Spüle gleiten ließ.

Wie endlos blauäugig von ihr. Wir hatten doch nicht Mal einen Angelschein.

Korb amüsiert sich. Nicht auszudenken, was geschehen wäre, hätte uns jemand erwischt: Unbefugtes Betreten und mutwilliges Zerstören von Privateigentum, Diebstahl, Tierquälerei und nicht zuletzt Verstoß gegen das Sprengmittel- und Waffenkontrollgesetz. Korb schnaubt und hebt einen Arm in die Luft, als betrachte er die Anklageschrift. Eine ausgereifte Karriere im Jugendstrafvollzug wäre wohl gefolgt. Gewaltdelikte, Drogenmissbrauch, eine voll verklebte Abwärtsspirale.
Korb lässt den Arm wieder auf die Decke fallen.

Aber eigentlich war ich ja ein braver und schüchterner Junge, der sich laut Familienüberlieferung zum ersten Mal mit zwölf Jahren getraute, im Supermarkt alleine nach einer Packung Kaffee zu fragen.

***

Irgendwann in seinen späten Teens war dann allerdings eine herbe Erkenntnis in Korb gereift. Er begann die unterbewusste Ahnung zu entwickelt, dass da was nicht stimmen konnte mit der sparsamen Erwachsenenrealität, die er bisher kopiert und verinnerlicht hatte. Das konnte doch nicht alles sein, was man mir da bisher vorgelebt hatte.

Der scheinbar allgemeingültige Serviervorschlag der Existenz sprach mich nicht richtig an und machte keinen rechten Appetit auf das Leben.

Korb rümpft die Nase, da musste doch noch irgendetwas anderes in der Packung sein. Aus dieser geleitschuzlosen Unzufriedenheit, welche mit einer tüchtigen Portion Wermut und Wehmut gepaart war, zog er eine Konsequenz und tat zaghaft den nächsten Schritt.

Ich rasierte mir fast alle Haupthaare ab, legte schwarze Kleidung an und wurde ein Grufti. Damit trat ich auf der verfeinerten Suche nach neuen Geschmacksmischungen, nach dem *Mehr* und dem *Anderen* im Leben zum ersten Mal aus meiner bisher genau umrissenen Welt, mit ihren festen Regeln und Gesetzen, in ein neues, exotisches Reich ein, welches jedoch von genauso durchgestärkten Strukturen geprägt war. Natürlich war mir das damals nicht klar. Zu dieser Zeit war mir eigentlich noch fast gar nichts klar.

Ich war so einer mit Scheuklappen an der Sonnenbrille, Stöpseln im Ohr, Helm auf dem Kopf, Beckengurt um die Mitte, sowie Knieschienen und Sicherheitsschuhen ganz unten dran. Voll gepanzert, voll gehemmt. Ein aufgewecktes Kerlchen zwar, aber mir fehlte einfach das notwendige Werkzeug in meinem Kasten, um das Leben mit all seinen konzentrierten Facetten anzugehen. Da war nicht viel drin, in dieser Kiste, vielleicht ein Zentimetermaßband, ein Senkblei und eine Lupe.

Das war alles, was mir in meinem bisherigen Erdenleben mit auf den Weg gegeben worden war.

Obwohl, wenn ich es mir recht überlege, glaube ich eher, dass jeder mit einem ordentlich gefüllten Werkzeugkasten auf die Welt kommt, der alles enthält, was benötigt wird, um das Dasein hier auf Erden in all seiner duftenden Pracht meistern zu können.

Somit sieht es dann eigentlich eher so aus, dass der Großteil der Brain Tools während meiner frühkindlichen Prägungsphase heraus genommen wurden. Oder, um es weniger invasiv auszudrücken, vielleicht gingen die anderen Werkzeuge einfach innerhalb der ersten Dekade des Lebens langsam aber sicher alle verloren. Schließlich schien auch sonst niemand in meinem privaten Umfeld oder gar der aromafreien Schule derartiges Gerät zu verwenden. Außerdem lebte man mir vor, dass es eigentlich auch nicht benötigt würde, dass es vielleicht sogar gefährlich sei und man damit auch bestimmt nicht auf der trockenen Baustelle des Lebens bestehen könne.

Also nur im Rückblick fällt es mir wie Schuppen von den Augen, was da etwa achtzehn Jahre lang abgegangen war.

Dabei entspringe ich ja keinem schlechten Stall, sondern im Gegenteil einem ganz ordentlichen sogar.

Beste Voraussetzungen sollte man meinen. Keine High Society aber immerhin gehobene deutsche Mittelschicht, Bildungsbürgertum eben. Ja, diese beiden anachronistischen Begriffe müssen in diesem Zusammenhang unbedingt fallen.

Der Vater war Facharzt für Orthopädie und Sportmedizin mit eigener Praxis. Die Mutter hatte die inzwischen ebenfalls fast ausgestorbene, klassische Rolle der hauptberuflichen Hausfrau und Mutter übernommen, obwohl sie ehemals als Lehrerin für Handarbeiten und Sport beschäftigt war. Korb hatte die aktive Berufszeit seiner Mutter nicht persönlich erlebt, da sie mit seiner Geburt endete. Somit ist mir diese Phase aus ihrem Leben nur aus Geschichten und von den Fotos aus unseren alten, stoffbezogenen Fotoalben bekannt. Alben mit dicken, gelblichen Pappseiten und dünnem, durchsichtigen Zellophanpapier dazwischen. In dieses knisterige Material sind seltsamerweise stilisierte Spinnennetze eingeprägt. Nicht gerade ein Motiv, welches man mit Haushaltsartikeln der sechziger Jahre assoziieren würde. Seit Korb sich erinnern kann, standen diese Alben bereits im Wohnzimmer im Bücherregal.

Wenn man diese verharrenden Momente betrachtet, dann ist es kaum zu glauben, dass ein Teil dieser scheinbar so weit entrückten, fremden Zeit in einem weiterleben soll.

Diese Welt, die sich in den wellenförmig gesäumten Bildchen in reifem Schwarz-Weiß spiegelt, denn da gab es noch nicht mal Farbe, war die Realität der Eltern, als sie jung waren. Kein Wunder, dass man mit den Generationen, die Jahrzehnte vor einem gekommen waren, nur bedingt auf einer Wellenlänge liegen kann, wenn es da noch nicht einmal Farbe gab.

Klettert man meinen Stammbaum dann noch ein oder zwei Generationen weiter hinab, sieht es folgendermaßen aus: Der Großvater väterlicherseits war ein strenger Gymnasialdirektor alter Schule. Er war deutliche fünfzehn Jahre älter als meine Oma und entstammte damit noch dem ausgehenden neunzehnten Jahrhundert! Er starb als ich drei Jahre alt war. Von unserer Beziehung zueinander während dieser frühen Zeit, ist eigentlich nur bekannt, dass ich bei Spaziergängen gerne auf seinen Schultern saß. Gelegentlich rief ich dabei den, inzwischen in der mündlich überlieferten Familiengeschichte legendären und gerne zitierten Halbsatz aus: „Opa, Messer!". Wenn es daran ging, einen Apfel zu schälen oder etwas zu schnitzen, trug Großvater Joseph ein eben solches wohl immer in seiner Hosentasche.

Was Korb allerdings persönlich von Opa Joseph im Gedächtnis bleibt, ist lediglich ein großes Portrait von ihm. Es war ein enormes Ölgemälde, welches schon immer in der Wohnung der Großeltern unermüdlich über dem Sofa gethront hatte und das gesamte Wohnzimmer dominierte. Es war in schwerem, dunklem Holz gerahmt und zeigte einen Mann, welcher, mit einem Anzug bekleidet, auf einem Stuhl saß. Die vorherrschenden Farben waren ein jagdliches Dunkelgrün, verschiedene Brauntöne, auch etwas Schwarz war dabei. Der Gesichtsausdruck des Mannes auf diesem Bild war ruhig und gelassen, nicht unfreundlich, sondern eher unbeteiligt und abwesend. Korb hatte dieses Gemälde oft betrachtet während die Familie bei Kaffee und Kuchen am Tisch saß und sich unterhielt. Oft gab es dann nichts Interessanteres zu tun, sobald er den letzten Bissen heruntergeschluckt hatte, als mit den Beinen zu baumeln und ehrfürchtig hinauf zum Großvater zu blicken und zu überlegen, ob man ihn etwas fragen könnte. Aber Korb waren damals so sehr er sich auch mühte, gar keine Fragen eingefallen. Es schien, als erwarte der Großvater etwas von ihm, als wolle er Antworten geben auf Fragen, die Korb nie stellte.

Der Vater des Großvaters wiederum ist eigentlich nur namentlich bekannt. Von seiner Schwiegertochter, also meiner Oma, ist überliefert, dass Urgroßvater Ferdinand ein, so wörtlich, ´kleiner Giftzwerg´ gewesen sei.

Auch er war ein Lehrer, ein Akademiker. Es existierte von ihm nur noch ein silberner Suppenlöffel, welcher einmal Bestandteil eines kompletten Essbestecks gewesen war, das sich in einer hölzernen Schatulle befunden hatte. Diese war mit wundervollem, violettem Samt ausgeschlagen, was ihr einen sehr ehrwürdigen und edlen Touch verliehen hatte. Der verbleibende Löffel war allerdings aus sehr dünnem Material gefertigt und erschien daher eher wie ein Spielzeug als ein Gebrauchsgegenstand. Am Ende des Griffteils verbreiterte er sich und dort war von Hand eingraviert worden: "Unserem Lehrer F.K. zum Andenken. Von seinen Schülern" darunter befand sich die Jahreszahl 1895. Man konnte noch die Grate am Ende der Buchstaben sehen, welche vom Absetzen des Gravierstichels herrührten. Als Korbs Großmutter starb, ging dieses Set auf ihn über und nur dieser Löffel ist schlussendlich geblieben. Ich habe ihn gelegentlich in die Hand genommen, sein Gewicht gewogen und auf meinem Zeigefinger balanciert. Während ich ihn hin und her wendete, fragte ich mich, ob darin wohl irgendeine Botschaft für mich steckte. Ob es irgendeinen Sinn machte, ihn aufzuheben? Gibt es irgendwelche altagstauglichen Wirkkomplexe, die diesen Erbstücken innewohnen?

So richtig konnte Korb sich wohl nicht entscheiden, denn den Teil mit der Gravur sägte er eines Tages ab, hob ihn auf und schmolz den Rest ein.

Irgendwann habe ich einmal in einer alten Pappschachtel meiner Oma ein Foto von Urgroßvater Ferdinand gefunden. Es stammte aus dem Jahr 1906. Alles in dieser Schachtel roch irgendwie muffig. Sie hatte wohl zu lange in irgendeiner Schrankecke zugebracht.

Auf dieser Aufnahme ist Uropa Ferdinand auf einem Stuhl sitzend abgebildet. In irgendeinem Hinterhof, so scheint es, denn da sind hohe, graue Mauern zu sehen und etwas, was wie eine Wäscheleine aussieht oder vielleicht ein Stromkabel, hängt horizontal durch das Bild. Es handelt sich um eine Seitenansicht von ihm, natürlich in Schwarz-weiß. Auf dem Foto ist ein Mann mit Vollbart zu sehen, wie es damals üblich war, aufrecht sitzend, in einem ordentlich bis unters Kinn zugeknöpften Anzug. Kein Hut. Der Blick ist abwesend, in die Ferne schweifend. Das ist alles.

Dass sich die beiden überlieferten Abbildungen der Großväter vom Ausdruck her doch sehr ähneln, fällt Korb erst in diesem Moment auf. Ein Zufall?

Auch mit diesen Menschen bin ich irgendwie verbunden, wenn ich auch bisher nicht genau weiß, welche Einspeisungen ihrerseits noch in meinem Energiesystem kleben.

Mit der Familiengeschichte der Mutter hingegen erlebte Korb viel konkretere Verstrickungen, wie sich über die Jahre herausgestellt hat.

Sie stammt aus einem Vorort von Königsberg, der Metgethen heißt.

Ich weiß gar nicht, wie man das schreibt, wundert sich Korb. Mitggeten. Midgeethen. Hab mal versucht, es auf Google zu finden, aber ganz gleich wie ich es eintippe, es kommt nichts dabei heraus. Klar existierte es, denn meine Mutter ist schliesslich dort geboren, aber es geht mir auch gar nicht um die Rechtschreibung, sondern eigentlich nur um den Klang des Wortes. Metgethen. Da schwingt so unglaublich viel mit. Das bordet praktisch über von ostpreußischem dreißiger und vierziger Jahre Feeling. Das klingt so sepiahaft altdeutsch und mystisch verstaubt. Ein wenig wie auch die Worte Kasserolle, Sturmbannführer oder Prachtallee. Dass der Ort immer noch existiert, genauso wie damals im Dritten Reich, ist anhand des merkwürdigen Klangs seines Namens kaum vorstellbar. Hamburg zum Beispiel. Das ist ganz etwas anderes. Könnte ich akustisch überhaupt keiner Kulturepoche zuordnen. Völlig zeitneutral. Aber Metgethen.

Irgendwann muss ich mir doch mal den Atlas schnappen, nimmt sich Korb vor, denn vielleicht liegt es ja inzwischen sogar in Russland.

Dort wuchs also die Mutter auf. Das Ende des zweiten Kriegs hat sie sehr bewusst miterlebt. Sie war fünf Jahre alt, als die Russen anmarschierten und die Schlacht um Königsberg begann. Ihre Großeltern lebten auf einem Bauernhof und man fand sie erschossen in ihrem Ehebett auf. Niemand wusste, ob sie Selbstmord begangen hatten oder ob sie von den Russen hingerichtet worden waren. Der Vater der Mutter war zu dieser Zeit Jagdflieger bei der Luftwaffe und lebte noch. Ich besitze so einen alten Nazi-Ausweis von ihm mit Hakenkreuzstempeln und eingeklebten Marken darin. Die gab es wahrscheinlich für absolvierten Flugunterricht. Eine Stunde, ein Hakenkreuzaufkleber.

So genau weiß es keiner mehr in der Familie, weder meine Mutter noch ihre jüngere Schwester, aber es geht das Gerücht um, dass der Opa sich zu der Zeit, als meine Oma mit ihren Töchtern schon auf der Flucht war, noch einmal als Freiwilliger an die Ostfront meldete. Ein totales Himmelfahrtskommando. Wie bescheuert war das denn? Warum tut einer so etwas? War er fanatisch? Glaubte der noch an den Endsieg? Wohl kaum, obwohl es ja angeblich reichlich solcher Individuen gab. Warum nahm er die Verantwortung für seine Frau und seine Kinder nicht wahr? Warum verließ er seine Familie für eine verlorene Sache?

Korbs Mutter zuckt hilflos lächelnd mit den Schultern und schweigt, was Korb unsagbar traurig macht. Es heißt, er habe schon immer den Krieg alleine gewinnen wollen.

Kurz darauf wurde er angeblich mit seinem Jagdflugzeug irgendwo abgeschossen und kehrte nicht mehr heim. Das war also Opa Karl.

Auch so ein Einzelkämpfer, verstorben im nirgendwo in irgendeiner kasachischen oder turkmenischen Tundra, einsam zwischen Birken und Krüppelkiefern. Beinahe wie Joseph Beuys, nur dass der das Glück hatte zu überleben, dank der Fett- und Filzbehandlung einiger freundlicher Hirten.

Auch von Opa Karl existiert ein Foto. Als ich Mitte zwanzig war hing es sogar eine Zeit lang in meinem Zimmer, denn da existierte irgendeine unerklärliche Verbindung zwischen uns beiden. Es fühlte sich gut an, ihn in meiner Nähe zu haben, und ich glaube nicht, dass er ein Nazi war. Da würde man doch irgendetwas spüren, irgendetwas Mieses, etwas Lungerndes, Düsteres. Da gäbe es irgendwo einen dunklen Schatten, eine Art Nebel, wenn man so ein Abbild betrachtet.

Aber da ist nichts, nur Liebe.

Dieses Foto zeigt einen jungen Mann in Uniform, an einem Schreibtisch. Er sitzt auf einem Stuhl, aber von dem sieht man nichts, weil der Tisch davor steht. Er hat die Hände und die Ellenbogen auf die Tischplatte gelegt, als schreibe er einen Brief. Neben ihm eine schlichte Vase mit Blumen darin. Sein Blick ist ernst und führt am Betrachter vorbei in die Leere.

Korb hält inne. All diese Männer, die in die Ferne schauen. Sie sind wie drei Spiegel, in die ich schaue. Abgelichtete Seelenzustände. Ich trage sie selbst in mir. Ein vergeistigtes Weggetretensein.

Ich soll dem Vater meiner Mutter ähnlich gesehen haben als ich jünger war.

Einmal fertigte ich einen kleinen Bilderrahmen für meine Mutter zum Geburtstag mit einem schwarz-weißen Foto von mir selbst darin. Ich trug ein feines schwarzes Jackett, die Haare waren ordentlich und glatt nach hinten gekämmt.

„Ach Gott, der Vater", rief sie überrascht aus als sie es auspackte. Aber es war nicht ihr Vater, es war ihr Sohn.

Die Mutter war in diesen Monaten am Kriegsende selbst nur knapp dem Tod entkommen. Als die Russen den Hof besetzten, auf dem sie übergangsweise Unterschlupf gefunden hatten, drang ein Soldat in das Zimmer meiner Großmutter ein und forderte sie mit vorgehaltener Pistole auf „Frau, komm!" Es war klar, was das hieß. So etwas konnte nur eine Vergewaltigung oder ähnlich Schlimmes bedeuten. Meine Oma war sehr hübsch, als sie jung war. Blonde Haare, blaue Augen.

In diesem schrecklichen Moment wich sie in eine Ecke des Zimmers zurück, hielt ihre beiden kleinen Töchter schützend vor sich in den Armen und sagte zu dem Mann:

„Wenn du mich willst, musst du zuerst meine beiden Kinder erschießen!"

Der Soldat hielt die Pistole weiterhin auf sie gerichtet, doch er zögerte einen Moment, dann ließ er die Waffe sinken, drehte sich um und verließ das Haus.

Ich weiß nicht, ob sich meine Mutter wirklich leibhaftig an diese schreckliche Szene erinnert oder ob meine Oma es ihr erzählt hat, schließlich war sie da erst vier oder fünf Jahre alt.

Auf jeden Fall fürchte ich, dass sich meine Mutter tatsächlich selber an diesen Vorfall mit dem Soldaten erinnert, denn sie hat immer gesagt das dieser Mann ein Mongole gewesen sei, ein asiatischer Typ also, und wie sich herausstellen sollte, hatte dieses schreckliche Erlebnis auch sechzig Jahre später nichts von seiner Schockkraft eingebüßt. Denn als sie eines Tages zu einem Kaffeeklatsch bei ihrer jüngeren Schwester geladen war, kündigte diese den Besuch eines Freundes an, und als es kurz darauf klingelte und die Tür aufging, stand meine Mutter wie damals, Angesicht zu Angesicht, einem Mongolen gegenüber. Sie ließ sich in dem Moment nichts anmerken, aber ihr wurde so elend und schwach zumute, dass sie für den Rest des Nachmittags für nichts mehr zu gebrauchen war. Dabei war der Bekannte nur ein befreundeter Doktor und hatte mit der ganzen Geschichte natürlich überhaupt nichts zu tun, außer dass er wohl dieselben Rassenmerkmale besaß, wenn ich das jetzt einmal so sagen darf.

Auf das Vordringen der Russen folgte eine schreckliche Flucht aus dem Osten in den westlichen Teil Deutschlands, wo die Oma und ihre zwei Mädchen unter ärmsten und teils demütigenden Verhältnissen während der Nachkriegsjahre leben mussten. Sie besaßen nichts, litten Hunger und waren vom Wohlwollen fremder Menschen abhängig. Meine Oma hatte dann nach dem Krieg eine weitere Beziehung, aus der eine dritte Tochter hervorging, meine Tante Amelia. Sie hat den Mann nicht geheiratet, von dem sie schwanger war, obwohl er sehr gut zu ihr war. Meine Mutter war, als die älteste der drei Kinder, über Jahre quasi der Beziehungsersatz für meine Oma. Mit ihr wurden alle Sorgen und Nöte besprochen. Meine Mutter war es, die damals, als Zwölfjährige, die Verantwortung übernahm, meiner Oma zu raten, das kleine, ungeborene Schwesterchen nicht abzutreiben, sondern sie zu bestärken, dass sie es gemeinsam schon schaffen würden.

All diese Erlebnisse blieben bei meiner Mutter bis heute völlig unbearbeitet. Sie entstammt keiner Generation, die Hilfe annimmt, zum Deppendoktor geht oder Selbsthilfebücher liest. Man ist stark, klagt nicht und hält durch. Echt preußisch eben.

Aber meine Mutter hat uns von ihrer Jugend erzählt, hat über ihre Erlebnisse gesprochen, wenn ich auch manchmal befürchte, dass sie uns eventuell nicht alles mitgeteilt hat. Nach der Ostöffnung ist sie sogar gemeinsam mit meinem Vater, ihrer Schwester und deren Mann in die alte Heimat gereist, hat die Orte ihrer Kindheit aufgesucht und sich erinnert, wo sie zum ersten Mal Erdbeereis gegessen hat. Vor einigen Jahren besuchte sie sogar mit einer Reisegruppe, die Mongolei. Sie ist eine sehr starke Frau und hat ihre eigenen Wege gefunden, mit dem Erlebten umzugehen.

Trotzdem, das Fazit aus alle diesen Geschichten ist für mich: krasse Erblast auf allen Steuerkreisen! Aber in diesem Boot sitzen wir ja alle gemeinsam.

Nicht umsonst heißt es ja so schön: Unter jedem Dach ein Ach!

Meine Generation, das sind die sogenannten "Kriegsenkel". Das ist ein feststehender Begriff, den nicht ich erfunden habe. Zu dem Phänomen gibt es haufenweise Literatur, denn auch dieses Stiefkind hat, dem bohrenden Suchscheinwerfer der Forschung nach weißen Flecken folgend, einen Namen bekommen. Es sind also die Kinder derjenigen, welche den Krieg selber noch als Kinder miterleben mussten, und dadurch in ihren Seelen zutiefst verletzt wurden. Die Generation derer, die heute um die fünfzig sind, ist die letzte, deren Eltern noch direkt die Auswirkungen dieser Katastrophe zu spüren bekommen haben, und die unterbewusst davon geprägt wurden und sich mit diesem Erbe auseinandersetzen müssen, denn so etwas hallt nach.

Wie dem auch sei. Etwa fünfundzwanzig Jahre nach dem Ende des Krieges kam Johannes Korb dann auf die Welt, hineingeboren in die fortschrittsfreudige Realität der späten sechziger Jahre. Es war im Wonnemonat Mai, aber die Geburt verlief leider nicht wie im Bilderbuch, sondern eher wie im Lehrbuch für Notfallmedizin. Nun, das ist zwar etwas übertrieben, aber auf jeden Fall war Korb terminlich überfällig und die Mutter lag bereits erwartungsvoll im Krankenhaus. Weil das Kind aber weder vor noch zurück wollte, entschieden die Ärzte irgendwann, der Gebärenden eine Vollnarkose zu verpassen und das Kind mit Gewalt zu holen.

Korb macht eine Grimasse. Meine arme Mutter war sozusagen bei der Geburt gar nicht anwesend. Die Herren in Weiß setzten mir also die Saugglocke an den kahlen Schädel und zogen, mit was weiß ich wie viel Newton daran. Mittels dieser Hochleistungsextraktion erblickte Korb das Licht der Welt. Ich hatte also in gewisser Weise nie selbst entschieden, dass ich leben wollte. So was kann Spuren hinterlassen, und zwar nicht nur auf der Kopfhaut.

Gestillt wurde ich auch nicht, denn das machte man damals nicht, war zu primitiv und entsprach nicht dem neusten Stand der Wissenschaft. Es galt gar als gefährlich für das Kind. Lieber gab es Milupa Pulver aus der Dose.

Nachts lag Korb dann alleine im Gitterbettchen in der Küche

und schrie sich die Seele aus dem Leib. Die liebe Mutter grämte sich zwar fürchterlich in ihrem Bett, blieb jedoch standhaft, denn das machte man damals eben so, das entsprach den neusten Erkenntnissen der Forschung für Säuglingsentwicklung und war ganz normal - Bitte an solche Geschichten denken, wenn die Damen und Herren in den gestärkten Kitteln wieder einmal vor die Kamera treten, um ihre neusten Erkenntnisse zu verbreiten.

Ich war nun in einer Welt angekommen, in der alle Leute, mit denen ich von Haus aus zu tun hatte, das gleiche Leben lebten und sich auf die gleichen Instanzen beriefen.

Als kleiner Knilch waren da natürlich erst einmal meine Eltern und meine drei Jahre jüngere Schwester und dann die Freunde meiner Eltern sowie unsere Verwandten; Tanten, Onkel, Omas und so weiter.

Sie alle bildeten also meinen Clan, meine erweiterte Großfamilie. Ihre Welt war der Humus, auf dem ich gedieh. In diesen Mulch wurden die Schienen gelegt, auf denen ich ins Leben rollte.

Man verstand sich sehr gut in der Familie und das war schön. Da galten unsichtbare, wie geheim vereinbarte und sehr nachhaltige Komunikationsgesetze. Dies tat man, jenes nicht. Über dies sprach man, über jenes nicht, und worüber nicht gesprochen wurde und was nicht getan wurde, das gab es folglich auch nicht. Entgleisungen waren inexistent.

Alle hatten Arbeit, waren Lehrer oder Ärzte. Alle wohnten im Eigenheim. Alle waren materiell gut abgesichert, glücklich verheiratet, alle hatten Kinder, alle waren deutsch. Alle gingen in Urlaub, wenn Schulferien waren. Alle tranken gerne guten Wein und aßen französischen Stinkerkäse. Alle waren politisch auf dem Laufenden und lasen die Zeitung. Alle waren ordentlich, sauber, pünktlich und niemand schlug seine Kinder.

Es hatte aber auch niemand irgendwelche hochgreifenden Allüren. Es wurde nicht geprotzt oder geprahlt mit dem, was man hatte, und man versuchte nicht, sich gegeneinander auszustechen. In Bescheidenheit genoss man seinen Wohlstand und dass Onkel

Ernst-Eberhard einen Benz fuhr, empfand man schon als geradezu unanständig.

Das klingt natürlich alles ein klein wenig zynisch und überspitzt, gerade wie aus dem Bilderbuch, aber genau so war es auch. Das Leben war aber deswegen keine Lightversion, war nicht fade, lieblos und langweilig für uns Kinder. Im Gegenteil; we had a good time.

Schlüssel um den Hals kannten wir nicht. Meine Mutter war immer zuhause und für uns da. Ein erstaunlicher Luxus aus heutiger Sicht. Wir hatten viel Zeit zum freien Spielen und wurden nicht, wie die arme Jugend heute, im Hochleistungsmixer direkt von den überlangen Hausaufgaben zum nächsten und übernächsten Fördertermin gekarrt oder bis zum Sonnenuntergang in der Ganztagsschule bespaßt. Meine Eltern versorgten uns zwei Geschwister liebevoll, und ich erinnere mich an viele lustige und nährstoffreiche Familientreffen mit Cousins und Cousinen, an herrliche Weihnachtfeste mit der ganzen Verwandtschaft voll Freude und Zauber, an wunderbare Wander- und Skiurlaube, an gemütliche, gemeinsame Fernsehabende und viel, viel unvernetzte Zeit in der Natur. Eigentlich eine tolle und geborgene Kindheit, könnte man meinen, und so war es ja auch.

Und gerade weil alles so gut war und die Weichen unsere Kindheit sicher und geordnet gestellt waren, spürte ich, von dieser Basis aus, umso deutlicher, dass da auf der anderen Seite der Waagschale für mich irgendwelche Aspekte fehlten. Es war da ein Mangel an etwas für mich ganz Entscheidendem, was ich aber im Kindesalter unmöglich benennen konnte. Erst jetzt weiß ich was es war. Es war ein Durstmangel an Unsichtbarem. Es war eine Strukturschwäche was das Hintergründige und Geheimnisvolle angeht, das, was unter der Oberfläche der sichtbaren Dinge liegt und alles antreibt.

Es gab ein enormes Bücherregal bei uns im Wohnzimmer, welches von einer Seite des Raumes zur anderen und bis unter die Decke reichte. Da war Goethe drin zu finden, Doris Lessing,

Stefan Zweig, Thomas Mann, Hesse und viele andere große Dichter und Denker. Meine Eltern liebten das Theater, besuchten moderne Kunstmuseen und hatten Freude an der Natur. All das versuchten sie auch uns Kindern zu vermitteln, aber im Nachhinein scheint es mir, als drang nichts von all dem konsumierten Ideenreichtum, dem revolutionären Gedankengut, den großen Zweifeln und den Mysterien, welche diese großen Menschen beschäftigt hatte, tiefer in ihr Bewusstsein ein.

Die Seiten wurden gelesen, die Worte gehört und die Bilder erfasst, aber hat es etwas bewirkt, hat da eine wahrhaftige Berührung stattgefunden? Wo ist das alles hingelangt? Was ist damit geschehen? Ich habe nie etwas gehört von dem großen Geist, dem unerklärlichen Sinn hinter all dem Treiben, den ewigen Fragen nach den Dingen, auf die es eventuell keine Antworten gibt, den starken Gefühle und der grenzenlosen Weite und Leere, in der sich unser aller Leben abspielt.

All das wurde komplett ausgespart, es war einfach kein Thema. Man hatte sich einer spirituellen und nabelschaulichen Nulldiät verschrieben und niemand riskierte den unvernünftigen Versuch, all das verstehen zu wollen, was nicht gewusst werden kann.

So wie ich meine Kindheit und Jugend in Erinnerung habe, existierte diese andere Realität nur innerhalb der Buchdeckel und dort blieb sie auch als eine separate auf andere Menschen begrenzte und mit unserem Leben gänzlich inkompatible Wirklichkeit.

So lag es an mir, mich alleine auf den Weg zu machen, um herauszufinden, was da ist, um mir dann eine Privatkosmologie zu erschaffen, in der noch andere Versionen von Logik und Vernunft existieren.

Ich weiß, dass ich mit dieser Analyse den generellen Trend des bürgerlichen Lebens in den siebziger und achtziger Jahren treffe. Das geschah nicht nur in meinem Umfeld so, es war der plurallose Zeitgeist. Eine von Krieg, Wirtschaftswunder und Fortschritt geprägte Generation hatte sich einer dem Stofflichen zugewandten Lebensweisen verschrieben.

Dank dieser materiellen Aufheizzeit ging es allen endlich wieder gut, und das war der große Verdienst und Fokus in diesen Jahrzehnten. Zwar herrschte kein heißer Krieg mehr, aber der Kalte hing wie ein Damoklesschwert über allem. Die diffuse und stets präsente Bedrohung durch die Sowjetunion und das mörderische Schreckgespenst eines Atomkrieges waren alltägliche Realität, die auch uns Kindern in Fleisch und Blut übergegangen war.

Die Furcht meiner Eltern und Großeltern pflanzte sich in mir fort, und wenn ich oben am Himmel ein einsames Flugzeug kreisen sah, oder es irgendwo laut krachte, duckte ich mich instinktiv, und nur ein Gedanke schoss mir durch den Kopf:

„Die Russen!" Korb schaudert.

Nächtliche Träume von Krieg, Gewalt und Verfolgung waren über viele Jahre meine ständigen Begleiter.

Im Keller gab es einen großen, mit weißem Plastikfurnier beklebten Schrank aus Pressspan. Ihn zierte eine Griffleiste aus blankem Aluminium. Dieses Möbel war übermannshoch, geradezu riesig, wie es mir damals schien, dafür aber nicht sehr breit. Alle in der Familie sprachen von diesem Schrank nur als dem „Atomvorrat". Das heißt, er war gefüllt mit Lebensmitteln und anderen Notwendigkeiten, die für den nuklearen Ernstfall gedacht waren. Im Ernst. Ich weiß nicht, wie es zu dieser Bezeichnung gekommen war oder wer sich diesen Begriff hat einfallen lassen. Wir alle benutzten ihn auch stets mit einer gewissen scherzhaften Arglosigkeit, denn Ernstfälle jeglicher Art waren im Familienalltag ja eigentlich nicht vorgesehen. Dieser Schrank war nicht abgeschlossen oder sonst irgendwie tabu. Es gab immer wieder Momente, wo irgendetwas in der Küche fehlte und Mutter dann zu einem von uns Kindern sagte - Ach, geh doch mal runter und hol dies oder das aus dem Atomvorrat.

Oder aber wir saßen gemeinsam abends vor dem Fernseher und schauten den `Derrick', und meiner Mutter fiel es ein, dass es ja noch Salzstangen im Atomvorrat gebe. Da waren also neben Konservendosen, Zwieback, Kerzen und Petroleum durchaus auch ganz erfreuliche Dinge drin, die vielleicht als kleines Highlight für den nuklearen Winter gedacht waren und dann aber den Gelüsten im Hier und Jetzt zum Opfer fielen. Dadurch waren dieser Schrank und das, was sein Name verhieß, auf ganz unterschwellige Weise mit unserem alltäglichen Leben verflochten. Gab es in anderen Familien auch solche Notvorräte?

Korb hatte nie richtig Revolution gemacht, nie radikal mit den Eltern gebrochen. Dazu gab es auch keinen Grund, denn sie hatten ja nichts falsch gemacht. Sie haben ihr Bestes gegeben und mich liebgehabt, genauso, wie ich es jetzt mit meinen Kindern auch tue.

Nur einmal hatte er einen Vorwurf ausgesprochen. Die Eltern hatten sich nie vor seinen Augen gestritten, Konflikte wurden nicht offen ausgetragen. Korb hatte also nie wahrgenommen, dass es so etwas wie eine ernstliche Auseinandersetzung überhaupt gab - außer im Fernsehen natürlich. Aber das war ja nicht echt und extra dramatisiert, sozusagen eine ferne und faszinierende Gegenwelt.

Zur Zeit dieses Vorwurfs war Korb allerdings selbst schon einige Jahre verheiratet. Er kam also mit einer ziemlichen Zeitverzögerung. Auf jeden Fall kam es in seiner eigenen Beziehung häufig zu Auseinandersetzungen, bei denen er schmerzlich verspürte, dass er unfähig war, eine derartige Situation zu meistern, geschweige denn die ihm entgegenbrausenden Gefühle einzuordnen. Das entsprach einfach nicht dem ererbten Verhaltensschema. Staunend ließ er alles über sich ergehen wie eine kalte Dusche und reagierte mit stoßabsorbierendem Schweigen, denn er verstand die Sprache der eingeforderten Dialog-Duelle nicht. Dadurch wurde ein sich anbahnender Streit schon von ganz alleine und gänzlich themenunabhängig, zu einem gewissen Irritationsfaktor, was über die Jahre hinweg natürlich zu dauerhaften Eiterungstendenzen führte.

Es ist ein bisschen so, wie wenn einer mit dem schwarzen Gürtel vor dir in Position geht und Karate mit dir machen will. Du hast aber daheim nur Fingerhakeln gelernt. Da kriegst du immer aufs Maul und wunderst dich, warum der Andere sich nicht endlich erst einmal an den Tisch setzt.

Ich hatte es einfach bisher nicht gelernt, und dafür machte ich meine Eltern verantwortlich. Meine Mutter war durch diese Kritik sehr gekränkt, denn die Harmonie ging ihr über alles, und sie verstand nicht warum ich nun das ganze Bad ausleerte und meiner konfliktfrei gehaltenen Kindheit einen solch bitter-seifigen Beigeschmack geben musste.

Da hat Korb es eingesehen. Ich klage sie nicht mehr an dafür, dass sie nicht perfekt waren, so wie ich selber auch kein perfekter Vater bin. In gewisser Weise ist es egal, was war. Jeder lebt in seiner eigenen Realität, muss irgendein Neusprech lernen, trägt sein eigenes Päckchen an Herausforderungen mit sich herum und entscheidet selbst, was er daraus macht. Meine Liste an nervenreichen Themen ist nicht besser oder schlechter als die der Meisten, und hätten sich meine Eltern damals öfter schrill kreischend, über Tische und Regale springend, wie die Kung-Fu Fighters die Handkante gegeben, während wir Kinder erschrocken und verängstigt zugleich die Köpfe einzogen, so würde mein Leben heute auch nicht reibungsloser verlaufen. Es würde deswegen nicht besser sein, sondern höchstens anders.

Korb streicht eine Falte in der Decke glatt, ich würde mich dann nicht damit auseinandersetzen müssen, dass ich stets nach Balance und Harmonie strebe und Konflikten lieber aus dem Weg gehe, sondern eventuell damit, Friede und Gelassenheit überhaupt einmal zulassen zu können und nicht überall den Grund für eine Auseinandersetzung zu wittern.

Tja, er blickt auf, meine liebe Tatjana kommt dagegen vom gegenüberliegenden Ufer:

Scheidungskind. Der Vater, ein Lebemann und Partynase, hoffnungslos von ihr verherrlicht, glänzte durch Abwesenheit. Der ältere Bruder als Jugendlicher kaum mehr zu bändigen, ein bisschen gewalttätig sogar. Im Umfeld lauter labile Charaktere, zerfallene Familien und heftige Schicksale allenthalben. Mittendrin die kleine blonde Tatjana über der sich das Füllhorn der zwischenmenschlichen Dramaturgie entleerte wie ein Eimer zäher Kleister. Konflikte gab es für sie also löffelweise, gleich nach dem Lebertran.

Als Korb selbst den Kinderschuhen langsam entwuchs, sich in die Höhe reckte, älter wurde und sich der Kreis der Wahrnehmung ebenfalls hätte weiten können, eigene Freunde aus der Schule und deren Familien die Bühne betraten, änderte sich trotzdem nichts grundlegend. Da gab es dann schon mal einen Ausländer im Bekanntenkreis oder einen alleinerziehenden Vater, aber selbst diese noch so bescheidenen Angebote eines andersartigen Lebensentwurfs nahm er nicht wahr.

Ich machte in meinen Mitmenschen keine neuen Entdeckungen. Die Energiewende blieb aus, denn zu dieser Zeit war der Inhalt meines Werkzeugkastens eben schon sehr beträchtlich zusammengeschrumpft, und ich habe nur das anerkannt, was ich bisher schon an klappbuchartiger Realität verinnerlicht hatte. Es gab nur ein Erkennungsmuster für die Welt. Da lag nur eine vorgestanzte Schablone im Korb und die wendete ich auf alles an, um allerdings immer öfter festzustellen, dass dieses Muster oft nicht passte, dass es nicht alles abdeckte, nicht alles ließ sich dort hineinpressen. Wenn ich durch diesen vorgefertigten Ausschnitt blickte, erschien er mir immer mehr wie eine dicklinsige Lupe, welche im Zentrum nach wie vor alles klar und im Fokus zeigte, aber an den Rändern war Bewegung auszumachen, da wurde alles unscharf und verschwamm. Korb kneift die Augen zusammen, dort an der Peripherie löste sich das Bild auf und entschwand nach allen Seiten im Nichts.

Das verwirrte mich, machte mir Angst und nahm mir den Halt. Doch gleichzeitig war ich fasziniert von dieser schemenhaften Grauzone und ahnte, dass genau in diesem Grenzbereich etwas Wichtiges geschah.

Doch Korb kam nicht wirklich voran, und so wurde er eben

erst einmal Grufti.

Eigentlich war ich nie ein richtiger Schwarzkittel mit weißer Schminke im Gesicht, wehenden, schwarzen Tüllklamotten und beschnallten Schnabelschuhen. Stattdessen bandelte ich eher mit den New Wavern an. Unter dieser begrifflichen Schirmherrschaft waren die verschiedenen anderen Untergruppen der alternativen Jugendkultur positioniert.

Während der achtziger Jahre florierten ja noch die unterschiedlichsten und buntesten Jugendbewegungen, welche das, was auf heutigen Schulhöfen zu sehen ist, nur wie einen gleichgeschalteten Einheitsbrei erscheinen lässt.

Sie alle charakterisierten sich durch entsprechende Bekleidungsnormen, Musikrichtungen, Lebensanschauungen und zumindest teilweise durch bestimmte mehr oder weniger radikale politische Orientierung.

Kahlrasierte Skinheads mit grünen Bomberjacken und weiß beschnürsenkelten Springerstiefeln lieferten sich Straßenschlachten mit bunten Punks und radikalen autonomen Hausbesetzern, schnieke Popper und retrovertierte Rockabillys trafen sich in den entsprechenden Clubs und Kneipen, und Gruftis sowie Waver frönten dem exzentrischen Styling und der Melancholie auf Friedhöfen und in Katakomben. Nicht zuletzt gab es nach wie vor langhaarigen Hippies und dazu die sich neu formierenden Jutestatt-Plastik Ökos, welche diskutierend und Körner kauend gemeinsam um den runden Tisch saßen, um die Partei der Grünen zu erfinden.

Vor dieser bunten Kulisse streifte auch Korb, um seiner aufsprießenden Andersartigkeit willen, die mittelmodische textile Hülle ab und ließ türkisene Oberhemden, zitronengelbe Baumwollstrickpullies und Röhrenjeans im Altkleidersack verschwinden. Korb schmunzelt. Und die Sneakers? Weiße Turnschuhe mit Klettverschlüssen, die damalige Weltneuheit. Dazu gehörte ein kleines zylinderförmiges Plastikfläschchen mit integriertem Pinsel im Schraubverschluss, welches eine stark nach Lösungsmittel riechende Flüssigkeit enthielt, mit welcher derjenige, der nicht als asozial erscheinen wollte, täglich oder bei Bedarf seine Treter weißelte, um sie peinlich sauber zu halten.

Doch Korb brauchte das alles nicht mehr und legte sich nun ein renoviertes Äußeres zu.

Dies war durchaus ein radikaler Schritt, denn schließlich handelte es sich um ein sprichwörtlich unübersehbares Statement. Ich beabsichtigte mit meiner bisherigen Zugehörigkeit zur dominanten Kultur zu brechen und stellte diese Entscheidung unumstößlich und öffentlich zur Schau.

Anderseits achtete Korb peinlich genau darauf, nicht alle notwendigen Outfitkapriolen der Wave Szene zu kopieren, sondern war darauf erpicht, durch einige Nuancen einen gewissen persönlichen Free Style zu wahren. Somit positionierte er sich ganz gezielt unter den Außenseitern als modische Randfigur.

Ich liebte die musikalischen Szeneklassiker wie die Band The Cure und auch die etwas derberen Sisters of Mercy, aber die wahre Wave- und Gruftimusik war doch viel zu schwülstig und natürlich zu emotional, damit konnte ich nicht umgehen.

Es machte Korb unsicher und belustigte ihn auch gleichzeitig, wenn er zusah, wie sich die fledermaushaften Tänzer im Club theatralisch, in ihrem imaginierten Schmerz versunken, zu klagenden Gesängen, kreischenden Guitarrensounds und düsterem Synthiegewebe hin und her wanden, gleichsam wie auf fastforward gestellte Tai-Chi Praktikanten. Gleichzeitig übte diese ausgelebte Depressivität eine enorme Anziehungskraft aus, so dass Korb sie gerne beobachtete und versuchte, etwas von diesen großen Gefühlen zu verstehen und aufzusaugen, ohne selber daran teilhaben zu müssen.

Für mich selbst suchte ich jedoch keine Musik die Emotionen hervorrief, die große Gefühle vor einem aufschäumte wie süßsaure Zuckerwatte, welche man sich dann seufzend auf der Zunge zergehen lassen kann.

Trotzdem entdeckte Korb in diesen Discos aber etwas, was von viel tiefer unten, direkt aus der gemütsbefreiten Ursuppe der Psyche zu kommen schien. Denn gelegentlich streuten die DJs hier und da ein paar fette Leckerbissen ein, die er begierig aufpickte. Da entwickelte sich musikalisch etwas, was zu einer neuen Musikrichtung heranreifte. Noch waren es Formationen mit solch dissonanten, kürzelhaft und martialischen anmutenden Namen wie Nizer Ebb, Front 242, Klinik oder Die Form, welche einen Weg einschlugen, der einige Jahre später, inzwischen durch den kommerziellen Kakao gezogen, zum weltweiten Mainstreamerfolg werden sollte. Korb liebäugelte also mit der sich langsam im Untergrund formierenden Technofraktion. Dieses synthetische, insektoide Bass-Geballer, gemischt mit Krachlärm und Geknirsche aus der Dose, dazu Nebelmaschine und Stroboskopgeflacker.

Wow, Korb beginnt hin und her zu rutschen, das war mein Ding.

Ega, das gehört eigendlich nicht hierher, aber wenn ich jetzt nur daran denke, dann werde ich gleich ganz zappelig und partyaffin unter meiner rosa Decke und will sofort auf die Piste!

Da fällt Korb auf, dass er wirklich schon lange in keinem Club mehr war. Das ist bestimmt Monate her.

Er brummt, macht eigentlich auch Nichts, aber bald ist Halloween, da soll hier in der Nähe, irgendwo im Hinterland, zwischen Korkeichen und Staubpisten, ein Rave stattfinden, so hat man zumindest munkeln hören. Da könnte ich ja mal hingehen und mir die Nacht um die Ohren schlagen, frei nach dem Motto „Vatis drehen durch!".

Wie dem auch sei. Korb erinnert sich nicht, was damals in Berlin oder London passierte aber in der Provinz, hieß das damals noch Techno, gesprochen mit einem weichen 'ch', und nicht 'Tekkno' und diese Musik war Ende der 80er Jahre noch eine absolute Randerscheinung.

DJ Westbam, ein Meister der ersten Stunde, den Korb einmal vor kurzem die Ehre hatte zu dieser Begrifflichkeitsfrage um seine Meinung zu bitten, gab nur folgende Erklärung ab: Techno sei halt Deutsch und Tekkno, irgendwie eher Englisch.

Gut, Schwamm drüber. Da besteht offensichtlich noch Forschungsbedarf.

Korb hatte nun auf jeden Fall erst einmal im Roll-on-Verfahren, eine neue Gruppenzugehörigkeit und Identifikation über Bekleidung und Musik geschaffen. Auf diese Weise konnte er gewisse neue Gleichgewichtserfahrungen des Seins sammeln. Eine ganz klassische Teenielaufbahn also.

Nur richtige Drogen habe ich nie viele konsumiert, da muss ich passen. Ein klein bisschen Extasy, ein Brislein Koks hier und da, aber in diesem Ressort bin ich eine relative Lightversion.

Kiffen war mir bis in die Zwanziger suspekt, beziehungsweise ich hatte Angst davor. Rauchen war total abgesagt, denn zu stark hatten sich die Bilder von amputierten Raucherbeinen und pechschwarzen Lungenflügeln, welche man damals im Biounterricht im Großformat präsentiert bekam, in mein Gemüt eingebrannt. Allerdings rauchten die Eltern damals beide.

Dem trat ich, aufgeklärt und radikalisiert durch meine Schulbildung, entschieden entgegen. Vehement unterstützt von meiner kleinen Schwester bildeten wir eine eingeschworene Front gegen den Teer auf dem der Krebs besser krabbeln kann. Papa qualmte Pfeife und irgendwelche braunen, grotesk in sich verdrehten Stumpen, die wie dürre Äste aus seinem Mund ragten, und meine Mutter saugte an Marlboro. Vielleicht war sie heimlich in den rotumrandeten Cowboy verliebt, anders konnten wir uns dieses Nachahmen nicht erklären. Das eigentlich Schlimme daran war, dass sie sogar im Auto rauchten, aber was heute komplett asozial ist, war damals so normal wie Pershing II Raketen und Schlaghosen. Wir protestierten.

Irgendwann war dann auch tatsächlich Schluss mit dieser nebulösen Angewohnheit, zumindest im Auto.

Trotzdem war es der Startschuss zum Anfang des Endes einer gesamten Ära. Langsam aber sicher sprangen in den achtziger und neunziger Jahren mehr und mehr Bekannte und Verwandte aus

dem Dunstkreis meiner Familie von diesem lasterhaften Leichen-
zug ab und ließen ihre Sargnägel stecken. Und mit dem Eintritt ins
neue Jahrtausend herrschte irgendwann einvernehmlich frische
Luft bei allen Weihnachtfesten, Kaffeeklatschs uns sonstigen
Familienevents. Nur ein Onkel hielt wacker durch und wurde zum
Paffen vor die Tür verbannt. Dort unterstützte ihn allerdings der
eine oder andere aus der Folgegeneration. Also eigentlich eine
Erfolgsgeschichte - und wann sind Big Mac und Nutella dran?

Korb persönlich blieb somit nur der noch nicht gebrandmarkte
Alkohol zur Schaffung gelöster Bewusstseinszustände.

Ok, den haben wir dann auch genossen. Auf Teenieparties
waren klebrige Tantenliköre wie Batita de Coco, in der porzelan-
haften, weißen Flasche mit den braunen Palmen drauf schwer
angesagt und auch Amaretto aus der viereckigen Flasche, sowie
gelber, dickflüssiger Eierlikör. Später gab es einfach nur Bier, auch
irgendwelche Schnäpse und wahllose Cocktails. Wein war mir
immer Bähh! Davon krieg ich Sodbrennen.

Natürlich war Korb damals aber immer noch den grundsätzli-
chen Werten der Familie treu.

I was a good boy. Keine Ladendiebstähle oder andere Ord-
nungswidrigkeiten, kein Ritzen mit Rasierklingen, nie betrunken
Auto gefahren, keine Hobelbroschüren unter der Matratze und
auch kein unverhüteter Sex, eigentlich überhaupt keinen, bis ich
noch einiges älter war. Also Genuss, Lust und Laster eher klein
geschrieben. Selbst meinen gezähmten Irokesen hat mir, wenn
auch etwas zähneknirschend, meine eigene Mutter geschnitten.
Was nur für sie spricht. Hut ab!

Auch heute bin ich immer noch ein guter Junge, war noch nie
ein lauter Aufbegeherer, Schreier und Randalemacher. Diese Aspekte des Seins haben erst Tatjana und schließlich meine Kinder
in mir hervorgekitzelt.

Ja, Frau und Kinder, die geleiten einen unwiderruflich und mit
sicherer Hand an die Sollbruchstellen der Persönlichkeit. Am
liebsten würde ich sagen: „Aber das ist eine andere Geschichte",

ist es aber nicht. Es ist alles ein und dieselbe Geschichte.

In irgendeinem Buch von Bert Hellinger, dem berühmt-berüchtigten Guru des systemischen Familienstellens, habe ich zum Thema Good Boy einmal gelesen, dass die Kinder ihren Eltern für ewig emotional treu verbunden bleiben und daher ähnliche Schicksale und ähnliches Unglück durchleben. Außerdem würden Kinder selten wagen, längerfristig ein glücklicheres und erfüllteres Leben zu führen, weil es ihnen im Innersten wie ein Verrat an den Eltern vorkommen würde.

Ja, was soll man dazu sagen? Das ist starker Tobak, falls da was dran ist und ich bin sicher, dass da ganz schön viel dran ist. Das lässt nicht viel Hoffnung für alle guten Boys und Girls, aber ich denke, nein, ich fühle, dass ich jetzt schon, zumindest aber in zwanzig oder dreissig Jahren zu den wenigen Auserwählten gehöre, die es dann doch noch hinkriegen das Testabo des Glücklichseins auf Dauer zu beziehen. Good bye, good boy.

***

Ich hatte eigentlich nie vor, etwas über mein Leben zu schreiben. Wozu auch? Das ist ja so total narzisstisch. Sich so aufzuspielen und ins Rampenlicht zu stellen, nur um seinem unterentwickelten Selbst ein wenig Prosak zu verpassen, nur um auch ein Bisschen was vom großen Kuchen der Unsterblichkeit abzubekommen, nur um sich ein wenig litfaßsäulenartig aufzupolstern.

Ist ja auch egal. Auf jeden Fall schwingt da eine ungeheure Genugtuung mit, sich selbst zu sehen, zu hören und beschrieben zu wissen. Das ist wie in einen Spiegel zu blicken, in dem man sich anfassen kann. Da sieht man sich selber, nimmt sich selber wahr und wird sich selbst gegenüber real. Das bin ich, ich bin da. Aber das muss man ja heute im Zeitalter der pathologischen Selfiekings und impulsgesteuerter Facebookqueens niemand mehr erklären, schließlich ist die totale und exzessive Selbstdarstellung schon längst fest im Alltag integriert. Heute kann sich jeder selbst in das globale Guinnessbuch der Eitelkeiten hineinejakulieren. Ja, auch die Frauen. Also kein Thema.

Man kennt das. Wir alle kennen das. Eigentlich alles eine Farce, eine pathetische Beschäftigungstherapie. Ein aufgeschwungenes Ablenkungsmanöver. Das hat zwar bewiesene Wirksamkeit, aber eben nicht auf Dauer. Die heiße Luft entweicht immer wieder aus dem Ballon, und mit viel Aufwand muss man erneut hineinblasen, bis man ganz außer Atem ist und einen roten Kopf bekommt, denn der Widerstand ist groß und die Membran poröse.

Doch irgendwas muss man ja machen, um diese endlos große Leere im Inneren zu füllen, und damit meine ich nicht unsere zwei Fußballfelder große Lungenkapazität. Der Geist ist unablässig auf zappelige Anreicherung gestellt, muss sich um irgendetwas wickeln und ist in seinem Dauerjuckreiz-Modus immer online.

Eigentlich steht hinter alle diesem mäusemelkenden Treiben doch nur ein einziger oxidationsresistenter Stress. Da lauert eine hartnäckige Figur, die sich nicht abschütteln lässt.

Es ist die Gestalt des Sensenmannes. Es ist die Angst vor der unaufhaltbaren Erntemaschiene, dem schwarzen Mann in Hut und Mantel, dem Gevatter, dem einzigartigen Aus, dem finalen Abgang und knallharten Exitus. Haarscharf hinter all unserem aufgestülpten Schaffen lauert stets die partyuntaugliche und erschöpfende Erkenntnis der eigenen Nichtigkeit. Daher ab ins hysterische Hamsterrad und Energie erzeugen, von der sich leben lässt.

Na ja, das ist ja auch wirklich ein ziemlich unkontrollierbarer Brocken, der einem da in die Wiege gelegt wird und zu dessen Verdauung die Mainstreamkultur nur recht bescheidenes Brechwerkzeug serviert. Also her mit dem schillernden Abdeckstift und die ungeschminkte Faktenlage übertünchen.

Ein Buch schreiben ist da natürlich auch kein adäquater Lösungsansatz. Oder doch? Die Schreiberei, die Beschäftigung mit der eigenen Biographie, was bringt das?

Angeblich gibt es eine ganze Reihe von Studien, welche die

heilenden oder therapeutischen Effekte des Schreibens belegen. Das sei gut gegen Seelenspliss, aber solche positiven Ergebnisse gibt es ja zu jedem nur erdenklichen Thema. Immer existieren diverse Studien, die genau das belegen, an was man eh schon glaubt. Schließlich wissen wir ja inzwischen aus der Quantenphysik, dass der Beobachter das Ergebnis des Beobachteten beeinflusst. Das belegen auf jeden Fall verschiedene Studien.

Es geht beim Schreiben wohl eher ums Bewahren und Loslassen in einem. Es geht nicht um die objektive Wahrheit, sondern um Wahrhaftigkeit oder auch nur um Wahrscheinlichkeit. Nicht Rekonstruktion der Vergangenheit steht im Vordergrund, sondern Neukonstruktion, um einen sinnhaften, roten Faden, einen metamorphosen Verlauf zu erkennen. Ich erstelle ein Art Bewegungsprofil der Vergangenheit, Stationen einer Entwicklungsgeschichte von hart nach weich, von kalt nach warm, von unten nach oben, von außen nach innen und wieder zurück. Und da gibt es viel zu tun, denn die Vergangenheit ändert sich ja auch ständig.

Und überhaupt, der Ami würde sagen: It´s simply got to be fun! Aber befindet sich da irgendwo in meiner Seele etwa auch ein kleines Schnippelchen Sendungsbewusstsein?

Korb streckt sich und blinzelt.

Möchte Johannes Korb da irgendetwas rüberbringen mit diesem therapeutischen Erbrechen? Das werde ich jetzt bestimmt nicht so plump auf den Tisch knallen, wie so eine Schachtel rosarote Fatburner Pillen. Außerdem weiß ich es nicht. Also, den goldenen Faden muss man sich schon selbst aus dem Gobelin ziehen. Und wenn man selbst sein eigenes Selfie ist, dann kriegt man das auch hin.

So, genug der unverblümten Federwirkung, und wem das alles zu platt war, der kann ja einfach drüber weglesen, bis wieder was Handfestes kommt.

Aus irgendeinem Grund dachten meine Eltern bereits als ich noch im zarten Knabenalter war, dass ich einmal Priester werden würde. Wie sieht man einem Kleinkind an, dass es einmal Theologie studieren wird? Selbstgespräche? Permanent scheler Blick nach oben? Verfrühes Onanieren?

Jedenfalls, vielleicht doch lieber ein gutes Buch lesen, statt selber eines zu schreiben. Denn sogar das unverpflichtende Konsumieren von Schrift ist inzwischen als Therapieform entdeckt worden. Bibliotherapie nennt sich dieses trendige Behandlungssystem und, man staune, es kommt aus den USA.

Es ist doch toll, von wie vielen interessanten, kontemplativen Formen der Selbsterfahrung man heute profitieren kann, anstatt einfach endgültig das eigene Leben als Seminar zu buchen?

Ok, ein Buch lesen also, aber welches?

Doch Gott sei Dank, da gibt es Hilfe!

"Have you read the bible lately?", bellt laut fordernd der Prediger. Sein hagerer Körper ist in einen hautengen, schwarzen Anzug mit grauweißen Stehkragen gezwängt. Sein stechender Blick gleitet über die Menge wie ein schweifender Suchscheinwerfer, während er seinen einen Arm gleich einer vertrockneten Kletterpflanze in die Höhe reckt. Die Hand umkrallt die Heilige Schrift.

Vielleicht also wirklich die Bibel? Warum eigendlich nicht? Nothing wrong with it. Mein Ding war es bisher nicht, denn: Henoch zeugte Irad und der fand sein Weib und zeugte Mahujael und der zeugte Machmut, oder so ähnlich, und der wiederum nahm sich gleich zwei Frauen und zeugte alle möglichen Leute und so weiter und so weiter. Das ist doch wirklich schon alles recht seltsam und für den modernen Leser extrem interpretationsbedürftig.

Dieser Mangel wird ja auch fleißig bedient. So viel Senf auf einem einzigen Würstchen! Jede Christenfraktion gibt den ihren dazu und die verschiedenen geistlichen und weltlichen Größen haben während der letzten Jahrhunderte schließlich auch noch darin herumgepfuscht und einiges hinein beziehungsweise hinaus befördert, was ihren Interessen nicht genehm war. Aber egal, die Bibel kann trotzdem noch eine feine Sache sein. Es kommt ja immer darauf an, was man selber daraus macht. Unter all dem geschmacksverstärkten Rot-Gelb kommt man ja immer noch ran an´s Eingemachte, da ist die Bockwurst immer noch knackig.

Der moderne, individualisierte Mensch, ein Auslaufmodel der Aufklärung, der in einem rationalen und konsumhörigen Realitätsbewusstsein existiert, ist deswegen selbstverständlich auch schon lange nicht mehr religiös oder womöglich sogar gläubig. Gott bewahre! Wissen löst Glauben ab.

Doch wenn nicht ausgewiesener Atheist, so gehört es inzwischen immerhin zum fortschrittlichen Ton, zumindest im Ansatz multispirituell informiert zu sein. Damit wäre dann der lästige Themenbereich Religiöses und Transzendentales ebenfalls auf eine Weise abgedeckt, welche es dem Individuum gestattet, auf intelligente Weise an entsprechenden Gesprächsquickies und Diskussionsgymnastiken teilzuhaben und seine, bestenfalls aus fünfter Hand stammende Info-Schnipsel zu einem vehement postulierten Standpunkt zusammenzukochen.

Ich selber habe sogar noch die Kommunion gefeiert, man stelle sich vor. Ich nehme mal an, dass ich das freiwillig tat, denn meine Eltern hatten mit dem Glauben ebenfalls rein gar nichts am Hut. Meine Entscheidung war eventuell mit einer unbewussten, ehrlichen Hoffnung oder kindlich spontanen Erwartung nach spiritueller Aufklärung verbunden. Doch hängen geblieben ist aus dieser Zeit eigentlich leider nichts, zumindest mal nichts Positives. Selig sind die geistig Armen - was zum Teufel sollte so etwas zum Beispiel bedeuten? Es war mir immer nur dröges Gefasel mit Fingerzeig-Effekt gewesen. Heute habe ich es begriffen und verstehe was hinter diesen Worten liegt: Dumm sein macht glücklich, heisst es da.

Irgendwann hatte mein Vertrauen in das alleinige Heilsversprechen des Denkens und des Verstandes zu bröckeln begonnen. Nieder mit der Staatsreligion der Pro und Kontra Diskussionen, ereifert sich Korb. Ein vergoogeltes Hirn ohne Herz und Empathie ist eine kalte Maschine, und von diesen leeren Hüllen wandeln schon genügend durch die Gegend.

Seitdem schaue ich mir auch keine Polit-Talkshows mehr an.

Vor einer Weile war ich früh morgens zu Fuß zum Bäcker gegangen. Ich hatte meine Brötchen in der Tüte unter dem Arm und befand mich auf dem Heimweg. In der anderen Hand zählte ich das Kleingeld nach, weil es eben nicht mehr für ein Glas Honig gereicht hatte. Mann, jetzt reichte es nicht mal mehr für Aufstrich. Wann kam noch mal das Kindergeld auf´s Konto? Da überquerte ich gedankenversunken die Brücke über den Bach im Dorf. Das Rauschen des Wassers weckte mich auf und ich hob den Kopf. Unten am Ufer stand im stillen Sonnenlicht, welches durch die Blätter der Bäume schien, ein großer, grauer Reiher im Wasser. Ich blieb stehen. Der Anblick nahm mich gefangen und während ich diese friedliche Szene betrachtete, wandelte sich das Betrachtete zu einem Gleichnis. Unverhofft erschloss sich mir ein weiterer dieser salbungsvollen Verslein aus der Bibel:

"Und sehet die Vögel, sie pflügen und sähen nicht und trotzdem ist für sie gesorgt", oder so ähnlich.

Vertrauen, denkt Korb. Loslassen und Leichtigkeit. Das wunderbare Bild der Ruhe und der Gelassenheit, mit welcher dieser majestätische Vogel im eiskalten Wasser stand und darauf wartete, was ihm der Bach heute an Kaviar und Shrimps entgegen treiben würde verordnete eine massive Entschlackung der Geistestätigkeit.

Das sind ganz einfache Naturgesetze. Nicht mehr und nicht weniger. Dahinter steckt kein System und keine Theorie oder irgendein Glaubenswerk. Nein, das sind ganz konkrete, empirische Beobachtungen aus der Umwelt.

Jesus-Science sozusagen.

Korb kratzt sich. Ob die Zeugen Jehovas wohl diese dezentralen Denkansätze meinerseits schlucken würden?

Merkwürdig, dass ich gerade jetzt an die denken muss. Im Tannbachtal waren sie überhaupt nur ein einziges Mal bei uns am Haus gewesen. Dabei kamen die öfter mal den langen Weg vom Dorf heraufgelaufen. Jawohl, sie kamen zu Fuß. Eigentlich interessant, dass die nicht das Auto nahmen. Sie setzten also auf die Langsamkeit, die Zeit und die Ruhe. Es ging ihnen nicht ums schnelle Abhaken und das rasche Weiterkommen. So betrachtet, eigentlich ein gehöriger Pluspunkt für diese Quarkkeulchen des Herrn.

Es ist ungerecht, sie so zu beschimpfen, denn Korb beobachtete die beiden Frauen gerne aus dem Küchenfenster, wenn sie die Straße hinaufkamen, um am Hof vorzusprechen.

Über Jahre waren es immer dieselben zwei Abgeordneten. Als wir frisch eingezogen waren, habe auch ich sie begrüßt. Vor unserer Tür in der Sonne war das gewesen. Irgendwie waren sie mir sympathisch gewesen, und ich war in der richtigen Stimmung für einen spirituellen Austausch. Aber es wurde ja gar kein Austausch, denn ich stieß recht bald gegen eine Mauer der Beharrlichkeit.

Dies sollte gar kein Dialog werden, sondern eine Belehrung.

Korb schnaubt, dieser Ausschließlichkeitsanspruch, diese Fixierung auf eine einzige Interpretationsmöglichkeit.

Hatten die sich den jemals die Mühe gemacht, über die enorme spirituelle Artenvielfalt unserer menschlichen Vergangenheit nachzudenken? Waren die jemals in die ungesehene, ewige Zukunft gereist? Hatten sie je mit tibetischen Mönchen in lichter Höhe im Koster gesessen oder mit den Ältesten im südamerikanischen Urwald Drogen genommen? Hatten sie je den Koran studiert oder auch nur Eckart Tolle gelesen? Hatten die noch nie was vom Gleichnis des Elefanten gehört, um den sich die blinden Weisen versammelt haben? Einer von ihnen befühlt das mächtige Geschlecht des Tiers und verkündet: Life is just a big party! Der Nächste krault des Elefanten schütteres Haupthaar und behauptet der Geist der Aufklärung führe zu Glück und Erfüllung und der Dritte streichelt über die krustige Haut am Hinterbein und gibt ebenfalls seinen Brei dazu und so weiter und so weiter. Alle haben sie etwas Vitales in der Hand und doch erkennt keiner den gesamten kosmischen Eintopf.

Sehr weit scheint mir der Blick der Jehovas vom Tellerrand

ihres Wachturms auf jeden Fall nicht zu reichen.

Aber egal, jetzt mussten sie eben einmal gerade als Buhmänner herhalten, andere sind auch nicht besser.

***

Aber nun mal zurück zu den harten Fakten, so von Hausmann zu Hausmann. Es ist nicht zu glauben, wie viel Dreck ich hier zu Lande täglich im Haus zusammenkehre. Korb hustet.

Ich habe ja einige Jahre selbständigen, modernen und emanzipierten Lebens mit viel Putz-, Spül- und Hausarbeitserfahrung hinter mir. Aber, die im Moment anfallenden Mengen übertreffen alles bisher erfegte.

Mag sein, es liegt aber auch nur daran, dass wir im Moment keinen Staubsauger haben. Vielleicht erscheint es deswegen jetzt so enorm, was da jeden zweiten Tag im Kehrblech liegt, denn normalerweise verschwindet ja der meiste Unrat rasselnd und klackernd im Staubsaugerrohr und ist somit quantitativ höchstens akustisch fassbar. Aber Haushaltsgeräte wie Staubsauger oder auch Föhn und Toaster stehen uns im Moment eben nicht zur Verfügung. Schuld daran sind die zwei kleinen Solarpanelen, eine Micky-Maus-Anlage, wie sie ein Freund nannte, welche unser Haus mit Elektrizität versorgt. Es steht also einfach nicht genug Saft zur Verfügung.

Daher rücken wir also mit Besen und Kehrschaufel dem Unrat zu Leibe. Ich rede hier nicht nur von dem ganzen Schiet und Schmer vom Küchenfußboden, den Brotkrümeln und Müsliflocken unter dem Esstisch und den Kaugummipapieren, Olivenkernen und einzelnen Socken unter dem Sofa, sondern auch von diesen enormen Staubflusen die sich an all denjenigen Stellen bilden, die nicht ständig begangen werden. Was bei uns als Wollmaus bekannt ist, nennt der Amerikaner übrigens ähnlich liebevoll und trefflich Dust Bunnies. Diese Gebilde scheinen tatsächlich ein animalisches Eigenleben zu führen und sind, vor allem was die Vermehrungsrate betrifft, den Karnickel wirklich sehr ähnlich.

In diesen Flocken verrollt und verwirbelt sich scheinbar alles, was nicht niet- und nagelfest ist und die entsprechende Leichtigkeit und Haftbarkeit aufweist. Bei genaueren Untersuchungen welche, ich vorne über gebeugt quasi mit der Nase ganz nah am Kehrblech vornahm, ergab sich allerdings, dass die Hauptträgersubstanz dieser luftigen Gebilde Haare sind. Dabei handelt es sich in unserem Haushalt sowohl um diejenigen von diversen Haustieren, als auch um solche von bereits verstorbenen Vierbeinern, mit deren Haarkleidern unser Haushalt, in Form von gegerbten Fellen und Pelzen, nach wie vor überdurchschnittlich reich gesegnet ist.

Doch auch Homo Sapiens stößt bekanntlich täglich einiges seiner Körperbehaarung ab. Was das anbelangt, sind die Hauptübeltäter in unserer Familie meine Frau und unsere zwei Töchter. Mein Haupthaar gibt da nicht mehr besonders viel her, was nicht heißen soll, dass ich besonders unter dem alterstypischen Verödungszustand zu leide hätte, keinesfalls.

Korb betastet seine Stirn. Aber als sich die ersten Anzeichen von Geheimratseckenbildung auf seinem Kopf bemerkbar gemacht hatten und das war leider schon mit Ende zwanzig, zog er energisch die Notbremse und ging zum Gegenangriff über.

Ich trank kein Gegengift und machte auch keine Haarwuchs-Regenerations-Übungen, sondern rasierte einfach alles ratzekahl ab. Bei dieser Frisur ist es seitdem auch geblieben. So eine Fleischmatte hat ja durchaus auch einige Vorteile. Man sieht jünger aus als man ist, man kann keine Läuse mehr kriegen, braucht keinen Kamm und kein Shampoo mehr, ist immer gut frisiert und gelegentlich kommen sogar Frauen oder Kinder daher, die einem über die igeligen Stoppeln streicheln wollen, nur um einmal zu sehen, wie sich das anfühlt.

Allerdings hat sich der Herrgott natürlich etwas dabei gedacht, als er dem Menschen ein Fellkleid auf das Haupt setzte. So brauche ich jetzt fast ständig eine Kopfbedeckung, weil es entweder zu heiß oder zu kalt ist, und wenn man sich den Kopf irgendwo anhaut, dann fließt meistens gleich Blut.

Zur Staubflockenbildung trage ich aber deswegen auf jeden Fall in weit geringerem Maße bei als der langhaarige Rest meiner Familie.

Die eigentlich bemerkenswerte und landestypische Komponente dieser Flusenhäschen ist allerdings ein anderer Inhaltsstoff, wie ich beobachtet habe und zwar handelt es sich um einen besonders hohen Anteil an mineralischem Staub.

Diese Art von Staub ist in unserer Region praktisch omnipräsent. Man könnte beinahe sagen, er stellt eine eigene, allgegenwärtige Wesenheit dar, sozusagen ein fünftes oder sechstes Element, je nachdem ob man sich der abendländischen oder fernöstlichen Tradition verschrieben hat. Jedenfalls existiert er davon ganz unabhängig in den verschiedenen Aggregatzuständen wie fest, flüssig und eben staubförmig.

Dieses nahezu ätherische Material verdankt seine Entstehung dem Zusammenspiel von zwei verschiedenen Phänomenen. Einmal ist da die immerwährende Fortbewegung von Mensch und Tier sowie von Maschinen auf nicht asphaltiertem Untergrund, sprich Schotterpisten, und davon gibt es hier reichlich. Und zweitens handelt es sich um den saisonalen Mangel an einem geeigneten Bindemittel, normalerweise in der Form von Feuchtigkeit, welches seine räumliche Ausbreitung zumindest einschränken würde.

Dank dieser zwei Faktoren entsteht also ein Staub und zwar so puderfein zerrieben wie 650er Weizenmehl. Er erscheint mal grau wie Asche, mal gelblich-braun wie Milchkaffee oder tritt einem in einem leuchtenden Ziegelrot entgegen.

Immer jedoch ist er luftig-leicht und bereit, sich bei der geringsten Bewegung, aufgeregt wirbelnd, in die Höhe zu schwingen und dort in gewaltigen, wabernden Wolken zu verweilen. Erst ganz allmählich entspannen sich diese trockenen Formationen wieder, beginnen in sanften, weichen Wogen davonzuschweben, um sich schließlich langsam aber sicher aufzulösen wie Nebel im Sonnenlicht. Schlussendlich senkt sich der ganz Spuk als hauchdünner Film auf alles in Reichweite nieder, um dort bis zur Regenzeit zu verharren.

Während dieser Jahreszeit zeigt er dann allerdings sein anderes Gesicht. Jetzt ist er schmierig und seifig wie Schneematsch oder aber klebrig und pappig wie Lehm. Immer aber folgt er einem auf Schritt und Tritt und ist unser ständiger Begleiter in Haus, Auto und Schule. Die Kinder lieben ihn. Sie lieben seine Vielseitigkeit, seine Wandelbarkeit. Er ist ein gestaltloses Etwas, ein willenloser Jemand, der sich bereitwillig in zahllose Formen modellieren lässt. Er ist ein fügiger Spielkamerad, der immer da ist und immer Zeit hat, man braucht nur vor die Tür zu gehen.

Dieser Bursche hat auch noch einen etwas trägeren Verwandten. Das ist sein Bruder, der Sand. Dessen Reich ist allerdings geographisch weit beschränkter und umfasst lediglich das lange, schmale Band entlang der Küste. Wegen seiner größeren Trägheit kommt er auch lange nicht so weit herum, ist er doch immer auf eine Art Wirt als Transportmittel angewiesen.

Am anfälligsten gegen seine Annäherungsversuche sind aber auch in diesem Fall Kinder. So kann auch er versteckt in Jackentaschen, Schuhen, Badesachen, Surfanzügen und sich festkrallend an Kopfhaut und nassen Füssen an Orte weit außerhalb seines ursprünglichen Verbreitungsgebiets gelangen, um schlussendlich den Flusenhäschen unter dem Sofa sozusagen Bodenhaftung zu verleihen.

Es existieren hierzulande allerdings auch geographische Nischen, in denen weder der eine noch der andere dieser Partikel in auffällig großen Mengen anzutreffen ist. Dies mag an einer Kombination von verschiedenen Faktoren liegen.

Erstens wurden ihnen dort durch den verstärkten Einsatz von Beton und Asphalt die Entstehungsgrundlagen entzogen, und zweitens scheinen die Bewohner dieser technisch weiter entwickelten Lebensräume ausgefeiltere Methoden zur Verfügung zu haben, um diese unerwünschten Eindringlinge fernzuhalten oder sogar vernichtend zu schlagen.

Fahre ich also gelegentlich einmal in die nächst größere Stadt, so weist mich das bepuderte Erscheinungsbild meines Wagens sofort als Landei aus. Da hilft ja auch keine Waschanlage, wenn es am Nachmittag bereits wieder genauso aussieht wie vorher. Betrete ich dann zum Beispiel womöglich auch noch die marmorne Vorhalle einer Bank und finde mich unversehens der frisch gewienerten Dame am getäfelten Schalter gegenüber, so bin ich mir augenblicklich bewusst, aus einer anderen Welt hierhergekommen zu sein.

Das feine Mehl von daheim sitzt einem quasi wie ein zerstäubter Kobold in jeder Pore. Verschmitzt klopft mir dieser mineralische Geist auf die Schulter, während ich am Schalter stehe und raunt in mein Ohr: Guck mal, wie die uns anschaut!

Das ist aber kein neues Feeling für mich. Bereits in Deutschland hatte ich mich beim Bummeln durch die großen Städte oft gefragt, wie die Leute das eigentlich machen, wenn sie da so adrett und ordentlich daherkommen. Wie schaffen die das, auch um fünf Uhr nachmittags noch so schutzfilmartig frisch und sauber auszusehen wie um sieben Uhr morgens? Diese knackigen Kostümchen, diese Funktions-Bügelfalten und vitalstoffreichen, weißen Hemden. Aber es ist ja nicht nur alleine die Kleidung, es ist die gesamte angeschnittene Erscheinung. Von der starken Frisur über die gepflegten Fingernägel und die pünktliche Uhr am Handgelenk bis hin zum wirtschaftlich versierten Gesichtsausdruck ist alles so monokulturell aufgeräumt.

Korb vermutet als Grundlage dafür folgenden Lebenswandel dahinter: gut implantierte, klar umrissene und unbedingt zu befolgende Verhaltensweisen, welche keine Abweichungen zulassen und vor allem für jeden Tagesabschnitt und jede Tätigkeit ein gesondertes Set Kleidung. Kurz und bündig: ganz andere Prioritäten.

Und genau da beißt sich die Katze wieder in den Schwanz. Das sind nicht meine Prioritäten und deswegen sehen mein Leben und meine Klamotten auch ganz anders aus.

Mal trage ich dieses Bewusstsein mitsamt der entsprechenden textilen Hülle mit Stolz und Selbstsicherheit, ein anderes Mal ist mir meine Andersartigkeit schmerzlich bewusst und ich bin beinahe am Hadern, ob ich nicht mal zu Esprit reingehen soll.

Hinter diesen Bauchschmerzen lauern die Werte meiner Eltern, die ich nicht leben kann. Ist es nicht erstaunlich, wie kraftvoll und dauerhaft diese korrosionslosen Prägungen sind, wie sie räumlicher und zeitlicher Trennung trotzen?

Korb massiert seinen Unterleib, ihm ist nach Stuhlgang zumute.

Im Außen hat man sich längst losgeeist, aber tief drinnen dämmert ein Schwindelgefühl, dass man womöglich doch ewig ein hechelndes Dressuropfer bleibt, denn ganz unten im Safe liegen immer noch die alten Werte auf Eis und fordern täglich ihren Tribut.

Doch was seinen Darminhalt betrifft, ist Korb sich sicher.

Ein Gang zur Toilette hat noch Zeit, kann noch bis zur Bettzeit warten, denn seit einiger Zeit funktioniert seine Verdauung mit der Präzision eines schweizer Uhrwerks. Korbs Hände ruhen auf seinem Bauch.

Nicht das ich etwas dafür getan hätte, Ernährungsumstellung, Tabletten oder so, er lächelt zufrieden, aber es fühlt sich einfach gut an, wenn wenigstens das Scheißen funktioniert wie am Schnürchen.

***

Eigentlich war ich schon einmal Schriftsteller gewesen, überlegt Korb. Kein virtuoser Künstler des gedruckten Wortes, sondern eher verzweifelter Schreiberling aus Einsamkeit.

Begonnen hatte das mit zwölf oder dreizehn Jahren. In einem Alter des Umbruchs also. Da ist man kein Kind mehr, aber auch noch lange kein Erwachsener. Weder Fisch noch Fleisch, sondern eher Gemüse, am ehesten Lauch.

Stichwortartige und unregelmäßige Einträgen in kleine Notizbücher von ganz nüchterner, vitaminloser und objektiver Art. Zum Beispiel: Heute von zwei bis drei Uhr nachmittags mit Hans-Peter Playmobil gespielt. Stenographie des Alltags. Schnörkelloses wie aus dem Logbuch eines Seemanns.

Korb zieht die Augenbrauen zusammen und erinnert sich.

Ich befand mich irgendwo auf dem weiten gallionsfigurlosen Ozean des Lebens und versuchte mit vagen Aufzeichnungen über Wassertiefe, Wetter und Sonnenstand der Lage Herr zu werden, da ich begann die Orientierung zu verlieren beziehungsweise zu erkennen, dass ich einer solchen bedurfte, falls ich nicht am Ende der Welt über den Tellerrand hinabstürzen wollte.

Damals hatte sich allmählich ein Infektionsherd in Korbs Bewusstsein entwickelt, der einen wachsenden Einfluss auf sein Gemüt auszuüben begann und von der Erkenntnis gespeist wurde, dass sich die Konzepte Vergangenheit und Zukunft zu immer bedeutsameren aber dabei auseinanderdriftenden Identifikationspolen im Dasein zu mausern schienen. Durch ernsthaftes Protokollieren der sich abspulenden Ereignisse würde er sich vielleicht langsam aber sicher zum Kapitän auf seinem eigenen Seelenschiff hochdienen können.

Das Phänomen Zeit hatte den jungen Korb feste am Kragen gepackt und war im Begriff ihn beutelnd aus der traumgleichen Kindheit in die nächste Dimension zu entführen. Aus Hilflosigkeit begann er zu dokumentieren. Vielleicht aus der Sehnsucht heraus, so etwas wie eine selbsterzieherische Lebensgeschichte zu erfinden. Vielleicht war es ein zaghafter Versuch, der Beschäftigung mit dem Selbst einen Raum zu geben, der nirgendwo anders außer auf Papier zu öffnen schien. Korb zuckt mit den Schultern. Irgendetwas musste ich schließlich tun. Besser als Kiffen und Scheiße bauen war es allemal.

Ein bis zwei Jahre später entwickelten sich aus diesen formelhaften Dokumentationen etwas Neues.

„Ferientagebücher…", murmelt Korb.

Ich schrieb jetzt nur noch während Reisen und im Urlaub. Empfand ich den Rest meines Lebens, den Alltag, als freudlose Einöde und nicht mehr erwähnenswert genug? Hatte ich mein Leben aufgespalten in bedeutungsvolle und bedeutungslose Zeit?

Auf diese Weise füllten sich auf jeden Fall einige Bände, durchweg kleine, handliche Notizbücher, ein bunt zusammengewürfeltes Sammelsurium von Gebundenem. Ich habe sie alle ordentlich nummeriert, und diese persönliche Enzyklopädie umfasste etwas acht oder neun Bände. Nachdem diese Niederschriften mitsamt der Handvoll Büchlein, die noch folgten, etwa fünfundzwanzig Jahre lang immer irgendwo in einem Regal oder einer Kiste aufbewahrt waren, entschied ich eines Tages, dass ihre Zeit nun abgelaufen sei. Ich habe sie fast alle verbrannt. Korb atmet hörbar aus, als könnte er den Rauch noch vor sich sehen.

Natürlich habe ich jedes nochmal durchgelesen oder es zumindest versucht, denn vieles war vergilbt, nicht zu entziffern oder schlichtweg verworren und nicht mehr nachvollziehbar. Aufgehoben habe ich zum Beispiel aber Band 3, denn in diesem Buch befindet sich nämlich irgendwo in der Mitte ein rot umrandetes Datum und dort heißt es, „Ein Tag in den Osterferien…".

Es folgt kein chronologischer Ereignisbericht dieses Tages im Jahr 1987 wie bisher üblich, sondern dieses Datum stellte so eine Art Wendepunkt in Korbs Funktion als Berichterstatter seiner eigenen Existenz dar.

„Ich habe mir oft überlegt", raschelt es da in einer krakeligen Handschrift, welche kaum noch zu entziffern ist, aus den Seiten hervor, "ob ich wohl mal aufschreiben soll, wie es mir geht, und da ich niemanden habe, um darüber zu reden, schreib ich es eben hier rein."

Sauklaue. Daraufhin folgen einige dicht beschriebene Seiten, auf welchen meine unglückliche Lebenssituation während der letzten paar Monate vor meinem achtzehnten Geburtstag hingekritzelt ist.

Ich begann an diesem Tag also mit einer Verschriftlichung meines gordischen Innenlebens.

Ich fühlte mich damals grundsätzlich Scheiße. Ich empfand mich als stotterstartenden Spätzünder. Blickte ich in den Spiegel so sah mich ein unattraktiver, pickelig und muskelschwacher Schlaffi mit einem überdimensionalen Kassengestell auf der Nase an. Mein Spiegelbild war außerdem interessenlos, einsam, dumm und unreif.

Ich erlebte die Welt als total fragmentarisch, als sinnlos, und hatte einfach keinen Plan was das alles bedeuten sollte. Navi gab es nicht. Korb seufzt.

Natürlich hatte ich damals Freunde und war auch nicht die trübste Kerze im Leuchter. Im Gegenteil, ich war eigentlich durchaus beliebt, keine Ahnung wofür.

Ok, ich hatte mir in der Grundschule als Klassenclown einen gewissen Namen gemacht. Das ging aber auch irgendwie nach hinten los, weil die Lehrer mich daraufhin als hoffnungslos unreif einstuften. Meine geistigen Leistungen standen einer Versetzung nicht im Weg und trotzdem musste ich die vierte Klasse *freiwillig* wiederholen.

Freiwillig, dass ich nicht lache, Korb grunzt, gefragt hat mich keiner. Alle gingen auf die weiterführenden Schulen und ich blieb kleben wie Hänschen Doof und durfte eine Ehrenrunde drehen.

Immerhin kam ich dazu auf eine andere Schule, aber in der neuen kannte ich dafür keinen Mensch. Auch nicht toll, wenn man da am ersten Tag ins Klassenzimmer geschoben wird und alle gaffen einen an, weil man da steht wie ein begossener Pudel, der noch dazu einen Kopf größer ist als alle anderen und dadurch jeder sofort weiss, was Sache ist. Sitzen geblieben.

Looser.

Aber ich hatte Schwein an diesem Tag. Es gab einen Leidensgenossen. Da war noch ein Neuer mit gleichem Schicksal rekrutiert worden und die Lehrerin setzte uns prompt in die gleiche Bank.

Er hieß Luigi, war Italiener, und er hatte tatsächlich am selben Tag Geburtstag wie ich. Für uns war die Sache damit klar. Wir wurden beste Freunde.

Und ich würde sagen, bis kurz vor dem Abitur ging es mit unserer Beziehung gut. Für ihn wäre ich fast ein bisschen schwul geworden.

Aber das ist jetzt echt eine andere Geschichte.

Es ist nie irgendetwas total Heftiges zwischen uns passiert oder so, nichts worüber man nicht reden könnte. Ich bin jetzt auch nicht homophob geworden oder so.

Im Gegenteil.

Ich war schon auf vielen Schwulenpartys, weil die echt gut feiern können. Nur auf die Toiletten bin ich nie gegangen. Das war mir dann doch zu heikel. Da bin ich lieber raus ins Gebüsch.

Ha, könnte man da denken, da ist es doch rund um so eine Gay Party auch nicht viel sicherer, Kondome überall und so weiter. Aber immer noch besser, als sich da im engen, feuchten und leidenschaftlich überfüllten Pissoir, Arsch an Arsch, an den pinkelnden Kerlen mit runter gelassener Hose vorbei zu schieben.

Nein danke.

Außerdem hatte ich immer eine große Flasche Wasser draußen versteckt. Wer viel tanzt und reichlich Alkohol konsumiert, muss auch viel Wasser trinken, und ich zahle bestimmt keine fünf Euro für irgend so ein klitzekleines französisches Importwässerchen.

Korb stutzt und hustet als in eine Erinnerung anfällt.

Oh Gott, dieser Club in dem ich mal war. Da hatte mich ein Freund hinein geschleift. Ein rotlichtiger Stadtteil von San Francisco. Ich war völlig unvorbereitet gewesen und dachte, wir gingen nur mal irgendwo ganz entspannt ein Bier einnehmen. Im Dämmerlicht merkte ich aber sehr bald, dass in diesem Etablissement etwas nicht stimmte. Ich glaube, da drin war ich geschlechtlich gesehen der einzige Normalo gewesen. Na ja, von außen sah man mir das zwar nicht an, denn schließlich wusste niemand was ich in der Unterhose trug und ob es die Arbeit eines Chirurgen war oder nicht. An der Theke und den Tischen drängt sich nämlich eine Masse von Conchitas und Conchitos jeglicher Couleur. Das heißt, es ging um die Wurst. Herren mit Titten und Chicks with Dicks. Das war hier der Hauptbahnhof für Gender Fluidity, und wer mit wem was tun wollte, überstieg meine Vorstellungskraft. Es roch eindeutig nach Sex, natürlich nicht wirklich, denn dazu war es viel zu verraucht, aber die Intentionen waren eindeutig und sprichwörtlich zum Greifen nah.

Mein Freund zog mich sofort zu einem der Tische, an dem zwei dieser jungen Mischwesen saßen, und stellte uns ohne Umschweife vor. Asiatisch anmutende Augenpaare unter gelocktem blondem Haar musterten mich. Auch ethnische Verschmelzung also.

Oder waren die rechts und links der Nase genauso operiert wie zwischen den Beinen; die Haare gefärbt?

Ich wurde unruhig, denn mein Freund wollte hier offenbar richtig anbandeln. Ich verlor zusehends an Gesichtsfarbe, während er weiter in Fahrt kam. Die folgenden fünf Minuten hielt ich es in dieser Situation zwar aus, wusste aber nicht wo ich hinsehen sollte, um all den Blicken auszuweichen welche ausschließlich mein Gesäß und Schritt zu taxieren schienen. Schließlich murmelte ich eine Entschuldigung und türmte auf einer Welle von Panik und Verwirrtheit aus diesem Geschlechterschmelztopf wieder hinaus und machte, dass ich heim kam.

In der Nacht hatte ich Alpträume, in denen die verschiedensten Weichteile und Körpersäfte prominent vertreten waren.

Mein Klassenfreund Luigi war übrigens zu allem Überfluss auch noch der Klassenschönling und Schwarm aller Mädels. Ganz klassisch. Südländischer Typ halt. Er hatte ein museumsreifes Sixpack, prachtvolle Oberarme und stramme Schenkel.

Ich weiß gar nicht, wo der diesen Adoniskörper herhatte.

Ok, er spielte ein wenig Tennis. Das war an sich schon total snobby und reicht ja wohl auch keinesfalls, um solche Formen zu entwickeln. Ich war total neidisch auf sein Erscheinungsbild. Wahrscheinlich hatte da Mendel seine Hände im Spiel gehabt. Es handelte sich einfach um gute Erbmasse. Seine Eltern waren optisch nicht gerade besonders, also musste irgendein Opa durchgeschlagen haben. Mit dem Abitur war dann endgültig Schluss zwischen uns. Gemeinsam langweilten wir uns nur noch zu Tode. Und seitdem: ciao Mimi, ciao Mami. Ich habe ihn nie wiedergesehen. Ich weiß nur, dass er Ingenieur geworden ist, zwei Häuser besitzt, aber weder Frau noch keine Kinder hat.

Korb fühlt sich schlecht, denn er verspürt beinahe so etwas wie Genugtuung bei diesen Gedanken.

Tja, Körper vergeht, Familie besteht. Nun denn.

Auch wenn ich selber absolut kein Charmebolzen war, so hatte ich im Jahr zuvor zumindest schon meine erste, feste Freundin gehabt. Und immerhin verließ nicht sie mich, sondern ich sie. Dieser feine Unterschied ist ja fundamental wichtig für das labile Ego und somit wegweisend für die gesamte weitere Entwicklung. Aber anstatt ihr irgendwann einmal richtig an die Wäsche zu gehen, zeigt ich ihr im Hinterhof ihres Elternhauses lieber meine selbstgebauten Schwarzpulverpistolen.

Sie hieß Yvette und ihre Eltern hatten auf dem Land, in einem etwa fünfzehn Kilometer entfernten Ort ein großes Möbelhaus. Es befand sich gleich am Dorfanfang und machte einen geradezu großstädtisch pompösen Eindruck. Wie konnten die sich dort halten, und wo kam eigentlich deren Kundschaft her? Das war ja noch nicht wie heute, wo man erst einmal stundenlang durch belebte, vorgelagerte Industrie- und Shoppinglandschaften mit Penny Markt, Mc Donalds und Tankstellen fährt, bevor man in den eigentlichen Ortskern vordringt, sondern außer einer Bäckerei, einer kleinen Sparkassenfiliale und einer Apotheke gab es in diesem Ort keinerlei weitere Gewerbe. Dazu nur Omas in Kittelschürzen, die am Fenster saßen und Geranien pflegten, sowie ein paar andere Rentner die die Vorgärten harkten. Da brauchte gewiss niemand jeden Tag ein neues Sofa.

Meinen ersten richtigen Kuss durfte ich allerdings mit diesem Mädchen erleben.

Korb erinnert sich sehr gut daran. Wir waren spazieren gewesen, oder besser gesagt wandern.

Ich glaube, es war Herbst oder vielleicht eher später Sommer. Da waren Wälder um uns herum, Tannen und Fichten, goldgelbe Blätter und die Sonne stand schon recht schräg am Himmel. Wir gingen auf einem Weg, der schnurgerade durch abgeerntete Felder und über gemähte Wiesen führte. Irgendwo mitten auf dem Weg stand einfach so, frei in der flachen Landschaft und ohne ersichtlichen Grund, eine Bank. Sie war rot angestrichen. Eine merkwürdige Szenerie. Da war kein Baum und kein Strauch, nicht einmal eine Abzweigung mit einem Wegkreuz inklusive aufgenageltem Jesus, welches zur Kontemplation eingeladen hätte. Und doch stand dort diese Bank, als sei sie eben von irgendeinem Lastwagen herunter gepurzelt. Wir setzten uns. Wir waren allein. Keiner unterwegs. Weit und breit nur wir beide auf dem einsamen Sitzmöbel. Freier Himmel, freie Herzen, mitten in der Natur.

Dort geschah es. Korb spürt, wie es warm wird in seiner Brust, und er rutscht etwas tiefer. Muss wohl sehr schön gewesen sein.

Ein einmaliger Moment im Leben. Eine erstmalige, sanfte Verbindung zwischen zwei fremden Menschen.

Trillionenmal durchlebt auf dieser Welt und doch stets wieder ein Wunder. Bestimmt auch gerade in diesem Augenblick, irgendwo. Gerade jetzt, während ich hier liege und retrospektiv in der Nase bohre. Korb streckt den Nacken durch. Schön zu wissen.

Ich habe übrigens meine Tagebücher durchforstet nach diesem bedeutungsschwangeren Tag. Dass musste doch einen Eindruck hinterlassen haben, sollte man meinen. Es war aber nichts zu finden.

Die Bücher hüllen sich in achselzuckendes Schweigen.

Aber auch Yvette schaffte es nicht mein gut gerüstetes Herz zu öffnen und so blieb es vorerst weiterhin nur beim Vertrauen zum Papier. Ich verharrte in meinem emotionalen Selbstversorgertum und brauchte noch viele Jahre bis ich die Grundstrukturen des intermenschlichen Einmaleins begriffen hatte.

Tagebücher zu schreiben ist eine eigenartige Art und Weise, die Erlebnisse mit seiner Umwelt zu verarbeiten.

Da entsteht unter Schutzatmosphäre eine gefahren- und angstfreie Zone, in der sich Türen und Tore im Inneren öffnen. Papier ist ein störfeldfreier Partner, der nicht widerspricht, nicht verletzt, nicht reizt oder fordert. Ein Gegenüber, der nicht nachfragt und der nicht mehr wissen will, als was man zu geben bereit ist. Ein stiller Zuhörer ohne eigenes Interesse am Geschehen. Ein stoischer Vertrauter, der allzeit habhaft ist, allzeit bereit, schweigend aufzunehmen, und der dabei selber nicht mehr bietet als die Gewissheit, das Anvertraute sicher zu bewahren. Papier ist ein mattes Seelengefäss, ein Spiegel, der nichts reflektiert, nur Zeugnis liefert eines Moments, welcher schon überholt ist, noch während die Tinte trocknet.

Im Nachhinein hofft man auf die magische Wirkung der Zeichen, doch aus den nebulösen Ebenen der Seiten erhebt sich nur ein Jetzt von damals, ein Augenblick, welcher einmal genau so warm war wie der soeben zerfließende, welcher bereits dem folgenden weicht.

So reihen sich alle Jetzt aneinander, einer endlos in die Äonen der Vergangenheit zurückreichenden Perlenschnur gleich. Ich halte die Spitze dieses Fadens und reihe Sekunde um Sekunde auf, so wie sie mir in den Schoß fallen. Irgendwo weit draußen im endlosen Nirgendwo erreicht das Ende der Perlenschnur wieder seinen Anfang und dort entgleiten die schillernden Kügelchen dem Faden, fallen erneut in meine Hände und werden wieder aufgereiht. Vor meinen Augen gleitet das Geschmeide in einer gleichmäßigen Bewegung durch das Hier und Jetzt. Es verschwimmen die einzelnen Momente, laufen ineinander über und formen ein weiches, weißes Band, welche sanft vorüberfließt. Doch versuche ich zu sehen, zu halten und greife danach, so bleibt wiederum nur ein einziger voller Augenblick zwischen meinen Fingern bestehen. Ein funkelndes Rund, in dessen schimmernder Oberfläche der darunter fortrauschende Strom des Lebens leuchtet, und ich lasse wieder los, und es taucht wieder ein.

Korb blinzelt als würde ihn etwas blenden. Er schwitzt unter der Decke.

Bis ich Anfang dreissig war, trug ich meine Geliebte aus Papier fast ständig bei mir. Meine Frau kennt sie noch. Doch sie kennt sie nicht so gut wie ich, denn es stehen Dinge darin, von denen sie noch nie gehört hat.

Irgendwann jedoch setzte ein mentaler Witterungswechsel ein und diese Liebe flaute ab, sie erübrigte sich, wurde schal, überlebte sich selbst und verschwand schließlich komplett aus meinem Leben.

Ich schätze, dass ich auch die letzten meiner Tagebücher verbrennen werde, sobald die Arbeit an diesem Buch beendet ist, denn dann gibt es darin nichts mehr zu suchen und auch nichts mehr zu finden. Dann haben sie ihren Zweck endgültig erfüllt und werden kein weiteres Mal mehr zu Rate gezogen, und ich kann den Job des Kurators meiner eigenen Vergangenheit endlich an den Nagel hängen. Dann geht es endgültig nur noch um knackige Frischkost.

Korb streckt entspannt die Arme unter der Decke hervor und spreizt die Fingerspitzen, dann muss er unwillkürlich lächeln, denn als er seiner Frau eines Tages aus dem Manuskript für dieses Buch den Abschnitt über die Tagebücher vorlas, schaute sie ihn nur kurz an, und er bemerkte sofort, dass sie sich bereits eine Meinung bildete und noch bevor er den Mund wieder öffnen konnte um weiter zu lesen, unterbrach sie ihn,

„Vielleicht solltest du deinem Buch lieber einen anderen Titel geben."

„Ach ja?"

„Ja wirklich. Wie wäre es mit Autobiographie eines Loosers".

„Wie bitte?", ungläubig ließ ich das Geschriebene auf die Knie sinken und schnaubte. Sollte das ein Witz sein?

„Nein, im Ernst!" fügte sie hinzu, „Denk doch mal nach. Das ist gar kein schlechter Einstieg, das würde die Leute zum Lesen reizen." Sie sah mich auffordernd an und ihre Augen blitzten.

Ich fühlte mich gekränkt und verstand nicht, worauf sie hinaus wollte.

„Hältst du mich für einen Versager, oder was?"

„Nun ja, denk doch mal drüber nach." Sie legte den Kopf schief und betrachtete mich mit dem Anflug eines Lächelns. „Stell dir doch mal vor, wie das dann wäre. Du triffst jemanden und erzählst stolz von deinem neuen Buch und der fragt dich daraufhin, wie es denn heißt, und du antwortest ganz entspannt Autobiographie eines Loosers!"

Jetzt hatte ich verstanden und grinste. Titeltherapie also. Ich ließ mir die vorgesetzte Szene auf der Zunge zergehen, und dennoch.

„Leider gibt's aber eine klare Absage an deinen publikumswirksamen Bestsellertitel, denn das würde voraussetzen, dass ich mit meiner Vergangenheit und meinem Ego vollkommen im Reinen bin. Um solch ein Eigentor zu verkraften, muss man ganz schön locker und echt symptombefreit sein."

Tatjana zog die Augenbrauen hoch.

„Eben!", meinte sie und sah mich fest an.

Nach einer kurzen Pause wandte sie den Blick ab und fügte lächelnd hinzu,

„Dann vielleicht wenigstens als Untertitel."

Korb hält inne. Sie hatte mich ein bisschen provozieren wollen damals, oder nicht? Sich einfach einen Spaß erlaubt, oder? So habe ich das zumindest aufgefasst. Korb runzelt die Stirn.

***

Im Tannbachtal hat dann irgendwann mit unnachgiebiger Handkante das Karma zugeschlagen. So konnte es auf keinen Fall
weitergehen. Es war einfach nicht mehr schön. Unsere Zeit in
diesem Paradies lief ab, und ein hart erkämpfter Entschluss war
gefallen.

Wir hatten uns einige Wochen Aufschub, einige Wochen Be-
denkzeit gegeben für einen großen Schritt, und diese Zeit war nun
verstrichen und jetzt war es so weit. Das Hin-und-her-Überlegen
musste ein Ende finden. Schließlich lagen alle Karten offen ausge-
breitet vor uns auf dem Tisch, und das Ass war zum Greifen nah.
Es musste gehandelt werden, und im Grunde unseres Herzens
wussten Tatjana und ich auch schon, was geschehen würde. Irgendwann verändert sich eh alles. Also, auf was warteten wir
noch?

Wir würden unsere Heimat also wieder verlassen.
Wir würden also wieder weggehen, weit weg sogar. Nicht ganz so
weit wie Amerika, aber immerhin. Wir würden wieder von vorne
anfangen. Wieder auswandern.

Wir mussten ein wunderbares und geliebtes Leben hinter uns
lassen. Wir würden bald Abschied nehmen vom Tannbach, vom
Schwarzwald, von unseren Freunden und von uns selbst, um in
ein Land zu reisen, welches in unserem bisherigen Leben überhaupt noch keine Rolle gespielt hatte.

Den Namen der Region, die wir als neue Heimat auserwählt
hatten, hatte ich vor ein paar Monaten überhaupt zum ersten Mal
gehört. Wir verstanden die Sprache dort nicht, hatten erst vor vier
Wochen begonnen, Kontakte dorthin zu knüpft. Es wartete dort
keine Bleibe und auch keine Arbeit auf uns, und übrigens gab es
auch keinerlei finanzielle Rücklagen für einen derartigen Neustart.

Das einzige, was Korb ursprünglich über dieses Land gewusst
hatte, war seine geographische Lage sowie den Namen der Haupt-
stadt. Daran ließ sich auch nicht mehr viel ändern, denn es sollte

bald losgehen.

Niemand zwang uns zu dem Schritt durch dieses neue Tor. Doch noch während sich die Ereignisse entwickelt hatten, welche zu dieser Entscheidung führen sollten, bemerkte Korb, dass sich hinter den martialischen Gebärden der Vorsehung die Fee des Schicksals verbarg. Als umschleierte Figur trat sie leise und sanft aus dem Dunst der verhärteten Umstände hervor. Sie war es, welche mit ihren dynamischen Veränderungskräften bei uns erschienen war und mit einem verheißungsvollen Lächeln auf den Lippen und weicher, aber sicherer Handbewegung hinaus in die Welt wies und uns einlud, den nächsten Schritt im Vertrauen zu tun.

Dass diese Urmutter es war, welche an unserer Schwelle trat, wäre nicht die einzig mögliche Betrachtungsweise unserer Situation gewesen. Wir hätten auch einem grässlichen, tobenden Dämon Einlass gewähren können. Einem keifenden Rumpelstilzchen, welches voller Wut und Verzweiflung, im kratzigen Widerstand über die Ungerechtigkeit der Welt, die Hacken in den Boden stemmt und sich verweigert. Oder aber es quillt aus dem Bewusstsein ein schlaffer, klammer Fisch mit tränenden, blassen Augen hervor, welcher hilflos zitternd und nach Luft schnappend dem Auslaufen seines geliebten Teichs zusieht. Opferrolle.

Unsere persönliche, im Hier und Jetzt fleischgewordene Schicksalsfee sah jedoch folgendermaßen aus: Sie trug am liebsten Stöckelschuhe, bestellte fast täglich Klamotten online bei Esprit und war Anfang zwanzig. Diese junge Frau arbeitete als Sekretärin im Rathaus ein paar Orte weiter und war stolz darauf, in zwei Jahren Beamtin auf Lebenszeit zu sein. Für uns hörte sich der Titel *lebenslang* eher an wie das Todesurteil *lebenslänglich*.

Unsere Petra setzte auf Sicherheit, Ordnung und zitrusfrische Keimfreiheit. Sie kam aus einem Kaff um die Ecke und war die frisch angetraute Ehefrau des Jungbauern auf unserem Hof. Und somit wurde unser Tannbach auch zu ihrem Tannbach, und das konnte nicht gut gehen. Nach der Hochzeit zog sie mit ihrem

Mann zu uns ins Leibgedinghäuschen, und zwar in die zweite Wohnung dieses kleinen Hauses, welche sich genau unter uns befand. Dort hatte bisher Erika, die unverheiratete, ältere Schwester von Elsa, gewohnt. Sie war eine wunderbare Frau Ende sechzig. Schlank, aufrecht und weißhaarig. Sie war erfüllt von Naturverbundenheit und echter christlicher Nächstenliebe. Wir waren über Jahre hinweg ein prächtiges Team gewesen, welches sich gegenseitig respektierte und schätzte. Außerdem war sie ein wenig schwerhörig, was bei uns jungen Leuten mit drei Kindern über ihr, durchaus nicht schadete.

Der nun anberaumte Umzug war der Anfang vom Ende. Meiner Frau und mir rutschte bereits das Herz in die Hose, als wir zum ersten Mal von diesem Plan erfuhren. Jetzt rückte uns eine Frau Saubermann auf die Pelle.

Eigentlich hätte es allen von vorneherein klar sein müssen, dass das keine gute Idee war, denn unsere Lebensentwürfe, unsere Lifestyles, waren so diametral verschieden wie Tag und Nacht. Während Erika und wir die gemeinsame Haustür seit Jahren nicht mehr abgeschlossen hatten, drehte sie den Schlüssel um, sobald es anfing zu dämmern und zwar so oft, dass man, falls man noch mal raus wollte, vom Wiederaufschließen beinahe einen Tennisellenbogen bekam.

Wir liebten die Dunkelheit, sie installierten Flutlicht. Wir bewunderten wilde Blumenwiesen, sie rasierte den Rasen, sobald er fünf Millimeter lang war. Ich saß im Tipi am Lagerfeuer und briet Forellen, sie schrubbte das Treppenhaus mit Ajax, vergiftete den Garten mit Schneckenkorn und tatsächlich jeden einzelnen Abend drang ein aquariumhafter, bläulicher Lichtschein aus ihrem Wohnzimmerfenster. Sie saßen immer vor der Glotze.

Dabei waren sie und ihr Mann eigentlich nette Leute, aber es passte einfach nur wie die Faust aufs Auge.

Ich bin sicher, dass auch unsere Bäuerin Elsa damals von Anfang an tief im Innersten wusste, dass es nicht funktionieren würde.

„Eine guate Nachbarschaft sollt man eigentlich net auseinander nehme", gestand sie mir einmal ungefragt, als ich wie so oft mit den Kindern den Weg von unserem Haus vor zum Hof ging und bei ihrem Gemüsegarten für ein Schwätzchen Halt machte.

Ich lehnte am Jägerzaun, die Sonne schien auf die prachtvoll gedeihenden Salate in den Beeten und Elsa stand, mit dem blauen Kopftuch und den Gummistiefeln, auf eine Harke gestützt, zwischen den bunten Bauernblumen. Dies war ein typisches Tannbachbild, ein wundervolles Gemälde, welches mit feiner Nadel wie eine Tätowierung in das Fleisch meiner Erinnerung gestochen ist. Die warme Sonne am blauen Mittagshimmel, die gebeugte Bäuerin zwischen den Kohlköpfen und duftenden Blumen, der alte, bemooste Zaun, die tanzenden Schmetterlinge über den Rabatten. Alles war wie immer, aber über unseren Köpfen hing das Damoklesschwert an einem dünnen Faden.

Ohne auf eine Antwort meinerseits zu warten beendete Elsa dann ihre Überlegung und meinte,

„Ja, so isch´s jetzt eben. Machen wir das Beschte draus". Mit diesen Worten nahm sie ihre Arbeit wieder auf. Was sollte sie auch tun. Irgendwo im Familienrat war eben die Entscheidung gefallen, ihren Sohn und seine Neue bei uns einzuquartieren und so zogen wir eben den Kürzeren. Blut ist halt dicker als Wasser. Wie um das unangenehme Thema abzuschließen harkte sie kraftvoll weiter Gras und Unkraut aus den Beeten. Nach einer Weile, während der wir beide schwiegen, warf sie, ohne aufzublicken ein:

„Und Johannes, habt ihr noch genügend Kartoffeln?"
Korb war ihr damals dankbar gewesen, dass sie das angefangene Gespräch wieder in seine gewohnten Bahnen gelenkt hatte.

„Sonst holt euch ruhig welche aus dem Keller, gell.", fuhr sie fort.

In meinem Herzen hatte sich inzwischen ein schweres Kloßgefühl bemerkbar gemacht, gepaart mit einer rauen Trauer über den Verlust unseres Paradieses. Unter diese Keime der Enttäuschung mischte sich leise aber bestimmt auch ein gewisser Vorwurf, dass man uns verraten hatte, und dazu gesellte sich sogar ein Funken schrundige Wut. Ich blickte auf meine Schuhe. Diese Gefühle würde ich Elsa gegenüber niemals offenbaren können. Für Korb trifft sie jedoch keine Schuld. Es war uns einfach nicht bestimmt, hier unsere Kinder groß zu ziehen, so wie wir es uns vorgestellt hatten. Also überführte ich meine zersetzende Tristesse in einen Kühlraum irgendwo tief zwischen meinen Lungenflügeln und antwortete schnell und in versöhnlichem Tonfall,

„Ja, ja Elsa haben wir, danke".

„Dann isch´s ja guat", nickte sie. „Übrigens, die Erika hat euch noch ein paar Setzlinge mitgebracht.", fuhr sie fort.

„Oh, super, die können wir immer gut gebrauchen". Ich wehrte mich gegen einen Stimmungsabfall an diesem wunderschönen Tag, und so führten wir unser Gespräch fort, so wie wir es die letzten sieben Jahre getan hatten, wenn wir uns irgendwo auf dem Hof trafen. Täglich waren wir uns auf den zweihundert Metern Straße zwischen den beiden Häusern begegnet. Dann reden wir immer über die Dinge des Alltags, das Wetter, die Kinder oder den Milchpreis, entweder hier am morschen Gartenzaun oder mit den Kindern zusammen im Stall, oder in der Milchkammer, oder draußen auf der Wiese beim Heumachen. Elsa katte trotz ihrer zahllosen Aufgaben rund um den Hof immer Zeit für ein fröhliches Schwätzchen.

Sie war ein wirkliches Original, eine Bäuerin wie aus dem Bilderbuch. Die Haut ihrer Hände glich der furchigen Borke eines alten Baumes, und vor meinem geistigen Auge sehe ich sie immer mit jeansblauer Latzhose bekleidet. Die Hose war manchmal auch grün, auf jeden Fall endete sie immer in großen Gummistiefeln, an deren Sohle Kuhmist und einzelne Strohhalme klebten. Ihre gute Laune war sprichwörtlich, und wenn sie lachte, wurden zwei Reihen großer, herausragender Zähne sichtbar. Irgendwann ging sie einmal für eine Rundumrenovation zum Zahnarzt und danach sah ihr Gebiss aus wie das von jedem anderen. Ihre Haustür stand den ganzen Tag für jedermann offen, und sie freute sich stets an unseren kleinen Kindern, welche die halbe Zeit ihres jungen Lebens bei ihr in der Küche, der Stube oder dem Stall verbracht haben.

„Ha nein!", rief sie dann begeistert aus und legte die Hände vor der Brust zusammen, wenn unsere beiden Zwillinge eifrig dahergelaufen kamen, um den fröhlichen Hofhund oder die Katzen zu begrüßen.

„Wie die jetzt schon rumlaufe, man sollt´s net glaube!". Schließlich hatte auch sie das ganze Drama um deren Geburt miterlebt und war voller Anteilnahme und Sorge gewesen. Unsere große Tochter war lange Zeit fast jeden Tag bei ihr im Stall zum Spielen und Helfen gewesen, durfte beim Backen und Kochen dabei sein, und hatte häufig mit der gesamten Großfamilie zu deftigen, dampfenden Mahlzeiten mit am Mittagstisch gesessen.

Meine Frau meinte einmal, dass wir eigentlich ein Bild von Elsa auf unserem kleinen Hausaltar aufstellen sollten. Dieser bescheidene Verehrungsort war damals ein Brettchen welches ich auf Brusthöhe in einer Wohnzimmerecke angebracht hatte. Vielleicht dort wo früher einmal der heilige Herrgottswinkel gewesen war, aber statt eines gefolterten Christus befanden sich bei uns einige Kerzen, Räucherstäbchen, ein Foto des Dalai Lama und anderer Krimskrams, welcher für uns von spirituellem Wert war. Dieser Winkel erfüllte sozusagen den Zweck eines geistigen Eselsohrs, diente als ein kontemplativer Inspirationspunkt und als solches hätte auch „Guru Elsa", wie wir sie manchmal liebevoll nannten, dort durchaus einen Platz verdient. Korb lächelt bei dem Gedanken.

Diese Frau hatte für uns echten, alltagstauglichen Strahlungswert bewiesen und bot in ihrer unaufgesetzten und bescheidenen Weise einen bodenständigen und unverputzten Tiefgang auf, der uns immer wieder beeindruckte. Sie vereinte drei Generationen unter dem Dach ihres Hofs, ganz abgesehen von den fast dreissig Kühen und Rindern, einigen Hühnern und anderem Kleinvieh, welches ebenfalls dort hauste. Sie kümmerte sich rührend um ihre über achtzigjährige Schwiegermutter, welche zunehmend an Alzheimer litt, bekochte jeden Tag neun Personen, nämlich ihren Mann, Werner, dem der Hof gehörte, dessen unverheirateten jüngeren Bruder Helmut, die Eltern ihres Mannes, ihre Schwester Erika und zu guter Letzt ihre eigenen drei erwachsenen Kinder.

„Ha ja!" begann sie schelmisch, „Wenn ich morgens scho´ an all die Sachen denken würd´ die ich zu tun hab, da wär ich ja ganz müd´ nur vom drüber nachdenke´ und hät dann erscht noch nix geschafft!". Dabei strahlte sie dann dermaßen über das ganze Gesicht, dass man selber mitlachen musste.

Der Tannbachhof existiert seit dem Jahr 1604 und ist seither ohne Unterbrechung im Besitz derselben Familie geblieben. Was für eine ungeheuerliche Stabilität, was für eine rekordverdächtige Tradition! In die momentan amtierende zwölfte Generation heiratete Elsa nun vor über dreißig Jahren ein und zog von ihrem eigenen Hof, aus einem Nachbartal in tieferer Lage, hierher. Seitdem stand sie hier und war tagein, tagaus am Melken, kochen und kehren. Selten ging sie in den nahen Ort, noch seltener in die nächste größere Stadt und kaum einmal ins Ausland.

„Da isch man doch grad froh, wenn man wieder daheim isch", bestätigt sie, wenn ich erzählte wie mich die Menschenmengen beim letzten Ausflug in der Fußgängerzone von Freiburg beindruckt und gleichzeitig überfordert hatten.

„Mir sind ja grad froh, dass es net allen so gut hier draußen gefällt wie uns, gell. Sonst wär ja hier viel zu viel los".

Ich nickte dann zustimmend, und wir waren uns einig, dass das Tannbachtal der schönste Ort auf Erden ist.

Ich glaube, dass die Bauersleute uns auch deshalb so gut leiden konnten, weil wir von ihrem Hof so begeistert waren und alles dort so zu schätzen wussten.

Aber nun hatte ihr Sohn diese Zuckerpuppe geheiratet und würde bald den Hof übernehmen. Es war für alle eine Zeit des Umbruchs gekommen, welcher fast jeden im Tal einige Tränen kostete.

Da ist sich Korb ganz sicher, auch wenn er es nicht bei allen wirklich gesehen hat, aber das gehört jetzt nicht hierher.

***

Korb hebt einen Arm in die Luft und lässt die Hand kreisen. Die Gedanken stocken. Wachsende Stille im Kopf.

Was soll man denn nur machen, wenn sich die Dinge verändern? Korb lässt die Hand wieder sinken und presst sich den Zeigefinger auf die Stirn, dass er sich durchbiegt. Er will nach weiteren Bildern bohren, doch alle Eindrücke verlaufen wie ölige Schlieren in einer Pfütze. Er gähnt. Der auslaufende Rest scheint sich in sandigem Boden zu verlieren.

Im Großen wie im Kleinen bleibt doch einfach nichts so wie es ist. Nichts ist beständiger als der Wandel.

Korb verdreht die Augen - das ist so abgedroschen!

Obwohl, wenn ich genau drüber nachdenke, ist das eigentlich das Gigaliner-Sprichwort überhaupt, denn mehr als diese Urweisheit braucht es eigentlich nicht. Nun ja, vielleicht noch: Was du nicht willst was man dir tut... Aber dann ist man wirklich ausreichend bedient mit kraftvollen Merksätzchen für den Alltag, und wer diese beiden Verslein wirklich verinnerlicht und auch tatsächlich anwenden kann, für den erübrigen sich eigentlich alle anderen Lehren und Weisheiten und man kann getrost die Bereiche, Esoterik, Selbsthilfe, Lebensberatung und vergleichende Religionswissenschaften, im Bücherregal oder auf der Festplatte leerräumen und stattdessen Kakteen hineinstellen.

Korb schmunzelt, denn die Fragmente seiner Imagination sind inzwischen in einem kleinen Priel zusammengelaufen und vom Grund dieses Sammelbeckens schimmert ihm bereits etwas Neues entgegen.

Eigentlich passt die ganze Gebrauchsanweisung für ein wahrhaftiges Leben auf ein einziges Blatt Papier. Genau genommen kann man sich sogar dieses Stück verleimter Holzfasern sparen,

Korb richtet sich etwas auf, denn plötzlich erhebt sich vor ihm ein gänzlich schriftbefreiter Lehrmeister zum Leben:

Ein wahrer Guru-Papst von geradezu biblischem Alter, wundert sich Korb und kneift die Augen zusammen, einer also, dem der Mensch bereits in der tiefsten Urzeit huldigte, lange bevor er begann, vornüber gebeugt auf das Mühsamste gelehrige Sinnsprüche in Steinplatten zu meißeln oder diese auf irgendwelchen Bergkuppen einzusammeln.

Korb strahlt und verfolgt mit dem geistigen Auge den aufsteigenden Schemen.

Dieser unfehlbare Weise, dieser allmächtige Herrscher und ungreifbare Mover und Shaker hat auch heute nichts von seiner Autorität eingebüßt. Tagtäglich ist er in aller Munde und genießt sogar eine enorme Medienpräsenz, obwohl er sich einen unbestechlichen Dreck um Publicity schert. Doch auch ihm widerfährt das gleiche Schicksal wie vielen anderen großen Meistern, da ist sich Korb sicher, denn der liederliche und blinde Mensch verkennt die Weisheit. Heerscharen von Wissenschaftlern und Professoren sind darauf aus, seine nächsten Schritte vorher zu orakeln. In all unserer kleinlichen Hybris, bemühen wir sogar unsere emsigen Handlanger aus Chemie und Technik, um ihn in die Knie zu zwingen und unserem Willen gefügig zu machen, Korb kichert in sich hinein, so viel Unvernunft. Die weltweit verbreiteten stündlichen Berichterstattungen über seine zu erwartenden Schritte kommen Verleumdungskampagnen gleich und schießen auf das Sträflichste an dem vorbei, was dieser luftige Herr uns zu bieten hat. Doch er zürnt uns selten, und wer es wagt, ihm ein offenes und unschuldiges Gesicht zuzuwenden, um hinter seinem windigen Agieren den wahren Kern zu schauen, den entlohnt er auch heute noch auf das Köstlichste mit seinen Lehren.

Auch er bietet, wie viele große Meister, nur eine einfache Erkenntnis an, welche ein jeder lesen mag, der sein Antlitz hebt und zum Himmel sieht.

Ja, es ist der Himmel! Korb presst erfreut die Hände zusammen und öffnet erleichtert den Mund, denn wahrhaftig, er sieht diese endlose, tiefenscharfe Mattscheibe genau über sich.

Kopf hoch, da oben ist die Realität! Da bläst es und pfeift es, da treibt und schiebt es, da leuchtet und rumort es. Korb rutscht aufgeregt hin und her, denn alles bewegt sich, gerät in Fahrt, blitzt auf und verdunkelt sich. Es sabbert und poltert, heizt auf und lässt frieren. Alles ist ständige Metamorphose.

Täglich kriegt jeder eine neue Chance für einen Einblick, doch die wenigsten haben die Message wirklich begriffen, Korb starrt ins Leere und beginnt sich auszumalen, wie er zum Beispiel an irgendeinem Samstagmorgen aus dem Fenster schaut und sieht, dass es regnet. Scheiße, denkt man da, dann wird ja wieder nichts mit draußen Frühstücken, und auf dem Weg in die Küche haut man sich deswegen auch gleich noch den Fuß an der Türkante an. Der Zehennagel rollt sich beinahe auf, Korb flucht verhalten. Doch wenig später noch beim Abräumen des Tisches hellt es draußen auf und die Sonne kommt hervor. Toll, denkt man nun erleichtert, das hätte zwar auch echt etwas früher kommen können, aber immerhin, für mittags war das eigentlich gar nicht vorhergesagt. Aber egal. Das Gute-Laune- Barometer steigt also. Pfeifend öffnet man das Fenster. Doch dann fällt einem plötzlich siedendheiß ein, dass man Tante Gerda heute Nachmittag bei ihrer Steuererklärung helfen wollte. So ein Mist. Stimmungsbarometer wieder im Sinkflug. Bei dem herrlichen Wetter im barocken Wohnzimmer hocken und Papiere shuffeln, während alle anderen schön an den Baggersee gehen. Doch in den folgenden Stunden zieht sich der Himmel zu. Ätsch denkt man, voll Genugtuung. Am Abend dann, endlich auf dem Fußweg nach Hause, das staubige Wohnzimmer liegt hinter einem, türmen sich dann allerdings gewaltige Wolken auf. Es wird schwarz. Oh nee, das wird knapp. Bei Gerda steht ein Regenschirm in der Diele neben der kniehohen Sarottimoor-Figur aus Porzellan, so erinnert man sich, doch zwei Sekunden später schüttet es dann wie aus Eimern. Klitschnass bis auf die Unterhose ist man geworden und noch dazu auf den letzten hundert Metern von Zuhause. Was für ein blödes Affentheater das heute wieder ist. Entnervt wringt man das Hemd und die Socken in der Badewanne aus und entdeckt dabei den inzwischen blau unterlaufenen Zehennagel von heute Morgen wieder. Aber na ja, kann nur besser werden. Mal sehen, was der Wetterbericht für morgen bringt. Also im Bademantel, mit dem Bier und den Pringels in der Hand aufs Sofa plumpsen, Flimmerkiste anschalten und endlich loslassen. Während man sich zappend im Senderdschungel zuckenden Bildgewittern hingibt und die Stunden dahinplätschern, sind draußen die Wolken weitergezogen und man verpasst auf der Leinwand eines herrlichen Sternenhimmels den buttergelbsten Mondaufgang der Saison.

Korb kichert in sich hinein, er würde am liebsten Kreischen vor Vergnügen, denn - Oh Mann so ähnlich geht es doch wirklich täglich ab und eben nicht nur beim Thema Wetter.

Anderseits, er klappt den Mund wieder zu, bei manchen meterologischen Vorgängen ist man wiederum ganz entspannt und im Flow. Niemand käme zum Beispiel auf die Idee, das kostbare, zartrosa Leuchten, welches sich morgens kurz nach der Dämmerung auf dem wolkigen Firmament abzeichnet, für immer festhalten zu wollen. Denn zum Mittagessen bei Tofuburgern oder Kalbsleber will doch niemand mehr dieses Phänomen des erwachenden Tages über sich prangen sehen. Das wäre ja geradezu gruselig.

Auch das Treiben der Wolken, ihr Vorübergleiten und ständiges Verformen, das Ineinanderübergehen und Auseinanderfließen nehmen wir gelassen hin. Es erfreut und inspiriert uns sogar. Ein brodelnd, schwarzer Himmel mit gepeitschten Gewitterwolken, welche am Firmament vorüberhetzen wie Odins Heerscharen, wäre geradezu grotesk, wenn ihm die Bewegung entzogen würde.

Wandel und Erneuerung in der Natur sind akzeptabel und manchmal sogar ganz romantisch, aber nur, wenn sie nicht gerade mit unserem vollen Terminkalender kollidieren.

Korb tippt ein paar Mal mit dem Zeigefinger auf die Sofakante, denn, klaro, folgt auf den Morgen der Mittag und danach der ersehnte Feierabend und schließlich die Nacht. Doch diese gechillte Lässigkeit schmilzt so schnell dahin wie Butter auf dem heißen Toast, wenn es gilt, etwas Transferdenken aufzubringen und die eigene Lebensspanne über dieses Bild zu legen. Da wird es nämlich bereits am runzeligen Nachmittag so unangenehm warm im engen Anzug, weil wir bereits dabei sind, nägelkauend auf den herandämmernden Abend zu schielen. Geradezu kalter Schweiß bricht aus, wenn die unvermeidlich kommende Nacht in unser Bewusstsein dringt. Denn es steht zu befürchten, dass darauf nur endlose Finsternis folgen könnte. Die Vorstellung eines weiteren Morgen verliert sich in unvorstellbar dunkler Ferne und alles gräbt die Hacken ein und schreit-Halt, da will ich nicht hinein!

Ja, ja. Korb nickt theatralisch mit dem Kopf, da lächelt der metereologische Lehrmeister gütig.

Doch dann hält er inne, denn ihm fällt auf, dass der himmlische Guru in seiner momentanen Heimat anders gestrickt ist als gerade visioniert.

Hierzulande geschlagene sechs Monate ständig nur Sonne, murrt Korb, wie um Himmels Willen soll denn da einer etwas über den Wandel lernen.

Vielleicht sind die Leute hier im Süden auch deswegen etwas relaxter, weil sie gar nicht so viel zum Aufregen haben, rein wettertechnisch. Entweder es ist immer schön oder eben immer nicht.

Nun denn, Korb räuspert sich und gähnt, denn seine Witterungsgleichnisse fangen an ihn zu langweilen.

Ist jetzt auch einfach ausgereizt, da gibt es nichts mehr zum Zusammenklauben. Er starrt an die Zimmerdecke, wo das Kalkweiß zu unregelmäßigen Formen verschwimmt.

Wahrscheinlich, setzt er noch einmal an, beeinflussen sich Wolkenbildung und menschlicher Bewusstseinszustand irgendwie sogar multikausal wechselwirkend oder so, denn bestimmt kriegt jeder genau den Himmel, den er verdient.

Korb bläht die Backen wie ein Kugelfisch und lässt die Luft stoßweise entweichen. Trotzdem bleibt die ursprüngliche Frage, wie man sich denn angesichts des erwähnten Vanitas-Fakts verhalten könnte.

Wie soll man damit umgehen, dass einem ständig der Goldanstrich flöten geht und alles wie Sand zwischen den Fingern zerrinnt.

Das ist eine ganz zentrale Frage, auf die es eine befriedigende Antwort zu finden gilt. Häufig tendiert diese Suche allerdings dazu, das Pferd vom Hintern her aufzuzäumen. Mal ganz ehrlich, gibt es da nicht eine Tendenz, verstärkt darüber nachzusinnen, wie man es bewerkstelligen könnte, die unbestellten Reformen des Lebens und seine ständigen Mutationen, vielleicht lieber ein klein wenig abzubremsen, beziehungsweise in Schach zu halten oder am besten gleich komplett aus dem Weg zu räumen? Einfach umlegen, unter den Teppich kehren, runterspülen, weg klicken. Korbs Daumen zuckt, dieser leidenschaftliche Lösungsansatz ist zwar begreiflich und weit verbreitet, erweist sich jedoch als völlig unzureichend und müßig, denn schließlich handelt es sich bei den ständigen Umwälzungen, dem Kommen und Gehen, dem Knospen und Vermodern, um eine universale Richtkraft - ein Urgesetz des Kosmos sozusagen und wer wird sich schon mit einer derartigen Autoritäten ernsthaft anlegen wollen.

Und trotzdem erlaubt sich der Mensch ein zaghaftes Hoffen auf echte Beständigkeit, verspürt ein Sehnen nach Stabilität und Sicherheit und wirft deswegen Versicherungen, Rostschutzmittel und Mottenkugeln auf den Markt.

Das ist ganz natürlich, denn das ist unser Schicksal als Asyl suchende Menschen seit der Aussiedlung aus dem Paradies. Wir stehen im Spannungsfeld zwischen diesen beiden magnethaften Polen, dem beharrlichen Halten und dem floatigen Loslassen und normalerweise schieben wir dem einen etwas mehr Gewicht in die Waagschale als dem anderen.

Korb stöhnt, denn sein persönliches Stabilitäts- und Sicherheitsbedürfnis ist auf jeden Fall enorm gewesen.

Heute bin ich mir dessen zumindest weitgehend bewusst und kann die stacheligen Reaktionsweisen, welche ich diesbezüglich gelegentlich an den Tag lege, wenigstens entsprechend zuordnen.

Jahrelang oder besser gesagt jahrzehntelang, war ich jedoch auf der einbahnstraßigen Suche nach etwas ganz anderem gewesen, und zwar dem finalen Endzustand im Leben. Das mag zwar etwas drastisch klingen und wer bei dieser Wortschöpfung an eine Vereinigung von Begriffen wie "Finaler Rettungsschuss" und "Endlösung" denkt, der hat durchaus richtig assoziiert, denn als so radikal und endgültig war dieser Zustand tatsächlich gedacht.

Korb hatte erwartet, dass sich irgendwann einmal eine grundlegende Ordnung seiner Lebensumstände einstellen müsste, dass sich eine gewisse unveränderliche, feststrukturierte Basis herauskristallisieren würde.

Ha, er schnaubt resigniert, schön wär´s!

Dieser Zustand sollte dann eine Verfestigung aller plastischen Grundsubstanzen des Daseins in ihm selbst und in seiner Umgebung bewirken und damit Ruhe und Klarheit in den Alltag bringen. Auf diesem sanften Ruhekissen würde er dann gleich einer Seerose auf dem stillen Teich dahingleiten, um sich schließlich an den angenehmen Dingen des Lebens erfreuen zu können.

Diese monochrome Vorstellung mit ihrer festgesetzten Kodierung lagerte irgendwo fest verankert in meinem Stammhirn und glich alle einströmenden Daten ab.

Ich wusste aber nicht einmal, dass dieser Überwachungsvorgang überhaupt existierte, sondern spürte lediglich was er forderte. Da dieser geistige Blockwart ein integrativer Teil meiner selbst war, der schon immer da gewesen zu sein schien, wie meine Füße und mein Stuhlgang, kam ich nie auf die Idee nach ihm zu fahnden, geschweige denn seine Position in Frage zu stellen oder - Gott bewahre - ihn womöglich sogar irgendwie entmachten zu können.

Korb wird unruhig bei diesen Gedanken, denn das würde er

jetzt wirklich gerne jemandem erzählen.

Aber, wie dieser Controller an seinen Platz in meinem System gekommen ist, weiß ich nicht. Aber schließlich habe ich während meiner Jugend die Ergebnisse seiner anscheinend sehr weit verbreiteten Software überall in meiner direkten Umgebung wahrgenommen.

Das begann ja schon bei der chronometrischen Unisex-Rhythmisierung des Alltags, bei der nationalen Zeitverordnung für Jedermann.

Korb tut als zähle er etwas an den Fingern ab.

Sechs Werktage und fünf Arbeitstage die Woche. Sonntags Ruhetag - Rasenmähen verboten. 12 Uhr 30 Mahlzeit. Zwischen 13 Uhr 30 und 14 Uhr 30 Mittagsruhe in der gesamten Nachbarschaft, beziehungsweise in ganz Deutschland - Geschäfte geschlossen. Zu Beginn der republikweiten Sommerferien stramm stehen auf der Autobahn. Freitags immer Fisch und an Weihnachten pünktlich um 17 Uhr zum Krippenspiel in die Kirche. Kaffeeklatsche beginnen grundsätzlich um 15 Uhr und eine Schulstunde ist gleich 45 Minuten. Samstags 20 Uhr 15 der Tatort im Fernsehen und um 22 Uhr ist Nachtruhe und bald darauf folgt die gleitzeitlose Sperrstunde und übrigens, nicht vergessen, eine Haftpflichtversicherung braucht jedermann und die Unterwäsche ist täglich zu wechseln.

Natürlich waren viele diese festen Koordinaten auch hilfreiche Ankerpunkte und gern gesehene Rituale, mit denen ich durchaus Geborgenheit und Wärme verbinde. Das große *aber* bei der Sache ist, dass da anscheinend nicht nur ein bestimmtes Konstrukt aus einer Handvoll von stabilisierenden Eckpfeilern existierte, welches ansonsten vom freien Fluss des Lebens ungehemmt umspült wurde, sondern das war lediglich das Grundgerüst. Verfeinert wurde dieses Sicherheitssystem nämlich mit vielen weiteren großen und kleinen Stangen und dazwischen steckten unzählige, kaum wahrnehmbare dünne Stäbchen. Alle diese öffentlichen und privaten Verstrebungen zusammen genommen glichen dem statisch übersicherten Geflecht eines gewaltigen Staudamms, ein dämmernder Filz, welcher den drängenden Strom aufstaute, um nur ein schmales, kontrolliertes Rinnsal ins Freie zu entlassen.

Meinem Werkzeugkasten entnahm ich daher Senkblei und Schieblehre, Hilfsmittel genug diese beeindruckende Struktur, welche ich nun für die Realität hielt, abzutasten und auszuloten um, mir die Gesetze ihres Aufbaus zu Eigen zu machen. Später betrachtete ich über Jahre hinweg, die sich entwickelnde Blaupause meines eigenen Lebens in der unerfüllbaren Hoffnung, dass sich da doch nun schlussendlich eine ähnliche Art konkreter, fester Form herauskristallisieren müsse. Aber so ein Menschenleben besitzt eben nicht die Dramaturgie eines ordentlichen Deutschaufsatzes mit Vorspiel, Höhepunkt und Schluss.

Dabei ging es mir zu der Zeit ja gar nicht um die fossilen Big Five des bürgerlichen Lebens, wie eine vielversprechende vierzigjährige Karriere anleiern, kräftig Riestern und Bonität kreieren, ein Eigenheim mit Doppelgarage in ein Neubaugebiet setzen, dann 1,41 Kinder kriegen und jedes Jahr die gleiche Feriensiedlung auf Mallorca anfliegen, weil man da schon weiß, wo man die Windeln für den Nachwuchs kaufen kann.

Nein, so hatte ich mir mein Leben ja ohnehin nicht gestaltet. Es waren nicht die äußeren Rahmenbedingungen einer klassischen Knigge-Vita welche ich um Halt anbetete.
Die Anziehungskraft dieses sämigen Bratlings hatte ich noch nie verspürt, und natürlich mit jugendlicher Vehemenz schon früh abgelehnt. Korb verzieht angewidert das Gesicht.

Trotzdem, da waren immer noch die gleichen, minutiös applizierten Energien am Wirken. Auf ganz feine und subtile Weise kokelten in meinem inneren Meiler noch immer die ererbten Brennstoffe weiter, welche Ordnung, Sicherheit und Stillstand forderten, und ihr brenzliger Geruch wehte noch eine halbe Ewigkeit durch mein Gemüt.

Inzwischen hatte Korb längst den Mittelscheitel gegen einen Irokesen getauscht, hatte nie einen Fernseher über die Schwelle seiner Behausungen getragen, hatte seit Jahrzehnte kein pharmazeutisches Produkt mehr konsumiert, hatte provozierend laute Kunst gemacht, triefende Häute von toten Tieren im Wohnzimmer gegerbt, war monatelang Autos ohne TÜV und Versicherung gefahren, hatte jahrelang keine Steuererklärung eingereicht und war mit seiner Familie mit derart bescheidenen finanziellen Mitteln ausgekommen, dass es jedem Hartz4-Empfänger die Tränen in die Augen treiben würde.

Es ist nicht unbedingt erstrebenswert oder notwendig auf Dauer so zu leben, und objektiv gesehen sind das natürlich auch keine federführenden Heldentaten. Es braucht auch nicht jeder eine monatelange Arktisdurchquerung mit nur einem treuen Schlittenhund, eine Käfer fressende Survivaltour durch das Amazonasbecken oder eine Einkerkerungen in irgendeinem neobuddhistischen Kloster vorweisen. Theoretisch ist noch nicht einmal eine neue Frisur notwendig um im Leben etwas ins Rollen zu bringen.

Es kommt eher auf die Anzahl der Federn an, die man bei jedem Schritt lässt. Sind es eine Menge und man steht nach der persönlichen seelischen Mauser arg zerrupft oder gar nackt sich selbst gegenüber, dann war es eine Heldentat und man kann stolz sein, selbst wenn man nur vom dritten in den vierten Stock umgezogen ist.

Bei diesen Gedanken fällt Korb jemand ein. Eine alte Freundin aus seinen Teenagertagen.

Während ich über die Jahre durch die halbe Welt gejettet bin und hier und da wohnte, heiratete und Kinder bekam, lebt sie über Jahrzehnte hinweg immer noch solo in der gleichen Wohnung und zwar in der Nähe jener Kneipe, in der wir uns kennen gelernten hatten.

Die Kneipe ist inzwischen längst abgerissen, der ganze Stadtteil gänzlich umgekrempelt und aufgehübscht, doch sie verharrt, Abrissbirnen und Stadtplanung zum Trotz, standorttreu immer noch in genau der selben Bude im zweiten Stock. Wenn wir uns gelegentlich wiedersehen oder telefonieren, merke ich, wie viel sich bei ihr dennoch getan hat und wie viele Leichen sie aus ihrem Keller heraufgeholt hat und dass sie mir in einigem sogar weit voraus ist. Irgendwie mahnen mich unser Kontaktaufnahmen dann immer wieder zu mehr Bescheidenheit, und mich beindruckt die Kraft der Beständigkeit, über deren borniert Kehrseite ich mich so oft selbstgefällig lustig mache.

Korb weiß, dass er auf jeden Fall einiges an Federlesen nötig hatte, um dem würgenden Griff der Sicherheitsleinen, welche ihn einem Gulliver gleich fest am Boden verankert hielten, zu entkommen.

Ist ja auch keine Schande. Erst allmählich konnte ich mich aus der betäubenden Horizontalen erheben, um vorsichtig und oft mit weichen Knien, eine atmungsaktive Bewegungsfreiheit zu gewinnen, von der ich vorher nichts gewusst hatte.

Dennoch gibt es Tage, an denen es scheint, dass alle Rettungsversuche erfolglos waren, dass mein vermeintlich modernisiertes Innenleben lediglich eine Farce ist, worauf hin ich mich willenlos fallen lasse und warte, dass irgendwelche Männerchen daherkommen, um mir mitzuteilen, dass es so nicht weitergehen könne und, dass sie die Macht übernehmen und mich flugs wieder festbinden würden. An diesen Tagen stampfe ich mit erhöhtem Blutdruck durch das Wohnzimmer und rege mich tierisch darüber auf, dass der Teppich wieder so schief vor dem Sofa liegt, die Kinder ihre Jacken und eigentlich überhaupt nichts dorthin räumen wo es hingehört, Nachbars Hunde schon wieder seit einer Stunde bellen wie verrückt oder eine Hausratsversicherung vielleicht doch das ist, was mir noch zum Glück fehlt.

Korb lächelt, denn er sieht sich nach solchen Momenten wie ein Tröpfchen Elend erschöpft auf dem Sofa liegen und beklagen, dass es außerdem kaum noch aufregende Off- Road-Erlebnisse in seinem Leben gibt und dass überhaupt das Einzige, was er diese Woche Nennenswertes zustande gebrachte habe, war, einen neuen Halter für Klopapierrollen auf Kniehöhe neben der Toilette festzuschrauben. Aber egal, das stört doch keinen großen Geist.

Aber unter der Oberfläche, jenseits von Denken und Willen, da wo aus dem unergründbaren Humus die treibenden Kräfte in die Welt zu dringen bemüht sind, bin ich immer noch damit beschäftigt, mir Veränderungen mit Feuer und Schwert vom Hals zu halten oder zumindest ihr zwangsläufiges Auftreten so zu verarbeiten, dass sie möglichst zügig zu Stabilität erkalten, um gleichzeitig noch genügend Kräfte zu sammeln um, neuen Fluktuationen entgegenzutreten.

Die Macht der Verfestigung ist enorm und sie tritt, amöbengleich, in sich endlos wandelnder Form, immer wieder mit den gleichen verheißungsvollen Versprechungen auf.

Doch Gott sei Dank wurde auch jener andere Keim in mir lebendig, welcher darauf dringt, Erstarrungstendenzen und Verknöcherungen zu durchbrechen, aufzuschmelzen und zu entformen.

Woher kommt denn diese heimliche Power dazu eigentlich, überlegt Korb.

Keiner weiß es, auch wenn es viele behaupten. Doch von irgendwo her strömt pausenlos ein mächtiger Sanftmut, welcher ungebrochen mit leiser Stimme zur Entfaltung drängt. Woher nimmt man aber die nötige Gelenkschmiere, um sich diesem pulsenden Raunen anzuvertrauen?

Keine Ahnung, Korb runzelt die Stirn, aber bleibt einem etwas anderes übrig, wenn man nicht zum Zombie werden will?

Selbst heute rumort irgendwo an der Rückwand seines Bewusstseins noch eine Vision aus der persönlichen Urzeit herum, welche gelegentlich spontan und ungefragt von seinem geistigen Himmel Besitz ergreift. Es ist eine Art reingewaschene Mutation der alten Fallensteller-Vision.

Ich sehe ich mich als einfachen, alten Knacker in einer kleinen, simplen Holzhütte hausen, nicht senil, nein, im Gegenteil blitzgescheit und randvoll mit Lebensweisheit. Ich sitze weißbärtig und zufrieden, gleich dem Alm Öhi, auf einem Schemel vor der Tür, nur umgeben vom prallen Nichts der Natur und ich rede leise lächelnd mit den Meisen, die in meinem greisen Haupthaar nisten. Gelegentlich kommen junge Menschen den langen Fußmarsch zu meiner abgelegenen Klause gelaufen, um mit dem weisen Alten zu reden und seine gelassene Präsenz zu genießen.

Ist dieser wiederkehrende Tagtraum im Selbstläufermodus eine pathetische Ersatzbefriedigung für meinen turbulenten Familienalltag, also Kompensation und Ausweichmanöver, oder aber tatsächlich eine hellseherische Schau in die Zukunft?

Korb weiß es nicht. Ich denke mir diese Bilder ja nicht aus wie eine Gute Nacht-Geschichte für die Kinder. Die poppen einfach ungefragt auf. So wie Werbung auf dem Computerbildschirm. Ich steige nicht dahinter, was es damit auf sich hat. Außerdem verursacht die Vision regelmäßig ein schlechtes Gewissen, welches sich, kaum dass sich die Schau vollends aufgebaut hat, in eine kriechende Angst verwandelt. Dabei verhält es sich nämlich wie beim Öffnen einer Dose Hundefutter. Noch während man den Zeigefinger im Aluminiumring verhakt und den sich aufrollenden Deckel mit einem federnden Schnappen abzieht, um die beige Masse mit dem gallertigen Überzug in den Napf zu leeren, da verengen sich einem bereits die Nüstern in Erwartung des vom Fleischgemenge aufsteigenden widerlichen Geruchs.

Doch egal, auf jeden Fall sind die Schuldgefühle dieser wiederkehrenden Halluzination aus einem ganz bestimmten Grund im Spiel und zwar, weil in dem Szenario meine Frau keine Rolle spielt. Sie ist einfach nirgends zu sehen. Und daher verursacht diese Vision immer einem Anflug von Angst, weil es konsequenter Weise bedeutet, dass ich Tatjana irgendwo auf dem Weg dorthin, auf unbekannte Weise, verlieren werde.

Korb schluckt. Er ist nicht besonders glücklich mit der Richtung die seine Gedanken nehmen.

Doch egal, denn Gott sei Dank bleibt ja noch viel Zeit, sollte ich tatsächlich einmal in dieses hoch gesteckte Ziel vom wissenden Eremiten hineinwachsen müssen. Also, das gehört noch nicht hierher.

Denn wehe, Korb verdreht die Augen, denn wehe würden zum Beispiel, statt der ehrfürchtigen Pilger, mein inzwischen erwachsener Sohn mit seiner Frau und den vier Enkelkindern in ihrem nagelneuen Minivan angebraust kommen.

Aus wäre es mit der selbstzufriedenen Seligkeit. Die Kleinen springen freudig lärmend aus dem Wagen um ihren Opa zu begrüßen. So weit so gut, da öffnen sich noch die Arme, obwohl dabei schon meine mühselig aufgeschichteten Steinkreise durcheinander kollern und die Meisen erschreckt davonfliegen. Im Häuschen geht es dann natürlich erst richtig ab. Alsbald Marmeladeflecken auf dem Schaffell und umgeleerte Topfpflanzen auf dem Sofa. Der Kleinste schreit wie am Spieß, weil der Schnuller nicht da ist, und aus dem Mülleimer stinkt es nach vollgekackten Windeln. Im Nu ist Schluss mit der selbstverliebten Buddhahaftigkeit und mir schwillt der Hals. Zumal wenn ich, auf den Knien rutschend, meiner jungen Schwiegertochter die Wischtücher reichend, verschämt aus den Augenwinkeln blickend, mit ansehen muss, wie schmerzhaft stramm sich ihr neues lila Kleid um die vollen Hüften schmiegt, worauf mir die Schwellung nun unversehens vom Nacken zwischen die Beine rutscht.

Korb lacht entsetzt auf. Maria hilf!

Dann brausen die wieder ab und ich bleibe in diesem einsamen und erotisch aufgeladenen Durcheinander zurück und gebe eine Figur ab wie ein notgeiler Sam Hawkins. Das darf so niemals passieren.

Da gibt es nur eins - wenn ich mich nicht irre - sofort zurück aufs Meditationskissen!

***

Vertrauen war immer ein Fremdwort. Vor allem Urvertrauen, ein Begriff wie aus dem Chinesischen.

Da war nix im Koffer, als ich ankam, und auch im Gitterbettchen erwartete mich unter dem Kopfkissen kein geblümtes Paketchen mit rosa Schleife um den kostbarem Inhalt. Schade eigentlich. Dieser Süßstoff war einfach nicht in mein Fundament geraten.

Da es sich aber um ein lebensnotwendiges Spurenelement handelt, ohne dessen Zirkulieren im System die Haut auf Dauer schlaff und grau und der Atem faulig wird, musste ich es mir eben immer wieder, quasi auf Rezept, von außen zuführen. Manchmal vergesse ich meine Pillen zu nehmen, dann sehe ich alt aus.

Korb grinst und lässt demonstrativ die Schultern hängen.

Dieses Gefühl des Aufgehobenseins im Leben ist für jene, die es nicht von Geburt an kennen, vergleichbar mit der schreckhafte Begegnung mit einem Fremden auf der Straße.

Ich hatte lange Zeit krampfhaft gehofft in meinem Reality-Kasten noch irgendwo einen Steckbrief zu finden, um diesen Menschen auf der Straße vorzeitig identifizieren zu können, denn die Gewissheit um seine Existenz ist angeboren wie Harndrang oder Juckreiz.

Doch so systematisch läuft es halt nicht ab. Außerdem sieht der Typ jeden Tag anders aus.

Es passiert unerwartet, wenn du in Gedanken durch die Stadt eilst. Du checkst dein Handy, head down, biegst um eine Ecke, schaust nicht hin und dann geschieht es. Zusammenstoß. Da ist mit einem al jemand dem du unversehens so nah bist, dass du seinen Körpergeruch wahrnimmt und deswegen den Atem anhälst. Ups, denkst du und prallst zurück, hälst verunsichert den Blick auf den Boden geheftet, murmelst eine Entschuldigung, dann huschst du schnell weiter.

Tja, wenn man so unterwegs ist geschieht eben weiter nichts und im Kopf bleibt später, wenn du daheim mit einer Tasse Kaffee am Tisch sitzt, die vage Befürchtung zurück, in der Stadt irgendetwas Wichtiges vergessen zu haben.

Doch nutzt du die Viertelsekunde, die du hast, hältst vor dem Gegenüber inne und hebst den Kopf, dann blickst du vielleicht, während deine Gedanken noch hin und her flitzen, wie Ratte in einem Käfig, unversehens in eine neue Dimension. Knurren oder Lächeln? Aber zwischen diesen beiden Polen liegt etwas verborgen, denn irgendwo im Blick des Gegenüber blitzt etwas auf. Jetzt musst du dich entscheiden!

Korb hält inne und schnauft, ich habe schon gelegentlich aufgeschaut, aber der Fremde hat nie etwas gesagt.

Obwohl, er schien schon etwas zu sagen aber ich habe eben nichts verstanden, nichts gehört. Es war wie bei einem Fisch unter Wasser, der Mund klappte zwar auf und zu aber es kam nichts heraus.

Wenn du genug Mut aufbringst, den Kerl zu dir nach Hause einzuladen, dann folgt eine wunderbare Zeit.

Selbstvergessen sitzt ihr stundenlang zusammen am Küchentisch, und er erzählt in Worten oder Bildern oder was auch immer du verstehst.

Seine Geschichten sind so wundervoll, dass du darüber alles andere vergisst und im Nachhinein glaubst, das Gehörte alles selbst erlebt zu haben. Jetzt hast du deine erste Dosis intus. Doch irgendwann ist es soweit. Er steht auf und nimmt seinen Mantel. Es ist Zeit. Ihr verabschiedet, euch und er geht. Nun ist er fort.

Korb lässt die Schultern hängen. Es bleibt nur Leere und ein süß-herber Nachgeschmack. Jetzt bist du auf Entzug.

Du fühlst dich erst mal Scheiße, und das Leben erscheint auf einmal grau und nichtig. Er aber ist weg, ist nirgends zu erreichen und meldet sich auch nicht. Doch aus dem Fremden ist immerhin ein Bekannter geworden, und das ist dein Trostpflaster. Eines Tages taucht er plötzlich unangemeldet wieder auf, dann ist alles so wunderbar wie zuvor. Doch auch dieses Mal verschwindet er wieder, bleibt lange Zeit weg. Aber mit den Jahren schaut er immer öfter vorbei und wird langsam zum guten Freund und seine Message kommt an auch wenn er gar nicht da ist.

Korb faltet die Hände hinter dem Kopf und blickt an die Zimmerdecke. Ja, so ist das mit der Gewissheit.

Der Typ benutzte bei mir die wortlose Sprache der Natur. Er knackte mein Ego durch meine Liebe zur Natur. Das war eine Wunderpille voll herrlicher, reflektierender Bilder und Visionen.

Wenn ich jetzt hier auf dem Rücken liege und mich frage, was wohl die großartigsten und wunderbarsten Momente in meinem Leben waren, dann ergießt sich auf einmal, wie durch einen stillen Befehl ausgelöst, eine immense Flut lebendiger und kraftvolle Bilder in mein Bewusstsein. Ich muss nichts dafür tun, muss mich nicht anstrengen oder mein Gehirn strapazieren. Es geschieht von selbst. Es geschieht, weil ich bis oben hin voll davon bin. Es fließt einfach über. Der leere Raum und das gesamte Zimmer erscheinen plötzlich angefüllt mit einem lichtvollen Konzentrat aus wunderbaren, grünen Wäldern, duftenden, summenden Wiesen; endlos blaue Himmel weiten sich vor mir aus und enorme schneebedeckte Gebirgsketten türmen sich im Schein der untergehenden Sonne.

Korb verspürt ein Kribbeln im ganzen Körper vor Begeisterung, ein wohliges Schaudern.

Das wahrnehmende Berauschen an einer belebten und wundersamen Umwelt aus Pflanzen, Steinen und Tieren ist nach wie vor die kraftvollste, entspannendste und inspirierendste Erfahrung die es gibt.

Das war die erste Message dieses Vertrauensvertreters an mich. Das war mein personalisierter double shot Kaffee Latte mit vollfetter, laktosehaltiger Milch und Sahne oben drauf.

Zum seelischen Aufladen mit Grünkraft brauche ich keine menschenleere Wildnis, obwohl das natürlich das Ultimative wäre. Eine hundsgewöhnliche, deutsche Blumenwiese am Stadtrand tut es auch, oder etwa ein alter Friedhof, mitten in der Stadt, voll mit dicken, knorrigen Bäumen und frechen Eichhörnchen. Eigentlich reicht schon der Blick auf ein trockenes Grasbüschel im Straßengraben.

Korb kneift die Augen zusammen.

Horizontal beschränkte Spielfilmoptik, ein schwarzer Balken oben, einer unten.

Dann wische ich den Staub und die Zigarettenstummel beiseite und pixele mir solche bescheidenen Mauerblümchen mit mentalem Photoshop hoch. Halm für Halm und Büschel um Büschel entsteht da ein saftiges und unberührtes Savannenpanorama. Gänzlich asphaltfrei, ohne Hochspannungsleitungen oder Camtrails.

So wie bei Heinz Sielmann nur noch satter und archaischer. Enorme Tierherden füge ich noch dazu, vielleicht Wildpferde oder Hirsche in einer Ebene.

Das ist Erholung pur. Baklonien im Kopf.

Korb blinzelt in ein Licht das nicht da ist.

Doch am besten wirkt immer noch ein echter Wald aus Fleisch und Blut. Der wortlos tiefe Tann als Schreingehäuse. Fichten und Tannen gleich gotischen Säulen und strahlendes Sonnengeflecht im dunklen Nadeldach sowie auf dem feuchten Boden. Dort gibt es Momente, an denen manchmal eine wahrhaft pilgerhafte Ruhe herrscht, in deren stiller Bewegungslosigkeit selbst das Streifen der Hose am Farn wie ein unwürdiges Geräusch zuviel erscheint.

In solchen Momenten möchte ich nicht einen einzigen glitzernden Tautropfen verpassen welcher von den Blattspitzen gleitet, um ins saftige Moss zu taucht. Angeführt vom lichten Grün rundum, verschiebt sich die Welt aus ihren klar umrissenen Konturen hinüber in eine Dimension des Unergründlichen. Ich bemühe mich in solchen Augenblicken, die Natur so zu erfahren, wie sie ist, wenn ich gar nicht da bin. Denn Gottes Sprache ist diese Stille. Alles andere ist eine schlechte Übersetzung.

Korb hebt einen Zeigefinger in die Luft, das mit der Übersetzung hat er einmal irgendwo gelesen.

Und dann entsteht da plötzlich Vertrauen. Und es dringt ganz tief ein.

Sobald meine Schwester und ich laufen konnten, waren wir mit unseren Eltern unterwegs gewesen auf unzähligen, wunderbaren Wanderungen, Kanutouren und Campingurlauben. Es ging über enorme Alpengletscher, durch wilde Rheinauen und karge skandinavische Tundra, denn auch meine Eltern liebten es im Freien zu sein.

Noch heute macht meine Mutter jeden Tag zu einer bestimmten Uhrzeit einen langen, tüchtigen Spaziergang durch die Felder und Rebgärten, welche den Ort umgeben, in dem ich groß geworden bin. Wenn wir gelegentlich einmal zusammen unterwegs sind, dann verbringen wir auf diese Weise meist eine schöne Zeit, da uns die Sprache der Natur vereint.

„Ach, guck doch mal da! Hast du den Eichelhäher gesehen", ruft sie dann begeistert aus und deutet zwischen den Sträuchern hindurch auf einen Baum. „Ich glaube der hat gerade ein Vogelnest ausgeräubert!"

„Machen die so etwas denn wirklich?", ich bin skeptisch und blicke gespannt in die Richtung, in die sie zeigt.

„Ich glaube, der Eichelhäher hat nur einen schlechten Ruf, denn gelesen hab ich über ein solches Verhalten noch nichts", fahre ich dann fort, während wir weitergehen und einen Schwarm Raben beobachten, welcher am wolkenfreien Himmel seine Kreise zieht.

„Ist das nicht herrlich", wirft meine Mutter ein, hält inne und atmet kräftig ein. „Die fliegen immer hier vorbei und setzen sich dann auf den großen kahlen Nussbaum da drüben. Da hocken sie wirklich jedes Mal wenn ich hier vorbeikomme, und fangen dann an zu krächzen."

Mit einem Mal schlägt meine gute Laune um.

„Hm…", mache ich irritiert, denn auf einmal höre ich da zwischen den Zeilen ganz etwas anderes heraus.

Da ist dieses *jedes Mal* und *immer*. Diese Gewichtung auf Berechenbarkeit, auf das Wiederkehrende. Dieses liebevoll gehegte Haschen nach Regelmäßigkeit, das macht mich aggressiv.

Tja, es bleibt eben die Frage, in welche Schale der Waage man mehr Gewicht legen möchte. Welcher Pol bekommt das fettere Futter? Sieht man das Sichere und Stabile, sucht nach Gesetzen und festen Strukturen in der Umgebung und nimmt lieber den Spatzen in der Hand, als dass einem die Felle davon schwimmen? Kann man vielleicht beides gleichzeitig leben?

Ich weiß es nicht und ärgere mich, verdammt noch mal, über mich selbst, wenn ich in einem solchen Moment das zu greifen wähle, was den Augenblick zerstört.

Dass mein Vater eigentlich Förster werden wollte, erfuhr ich erst vor wenigen Jahren. Da war er schon gestorben. Ich war baff. Diese Enthüllung war ein Schock. Wie anders wäre unser Leben verlaufen, hätten wir im alten Forsthaus auf dem Lande gelebt und nicht in einem würfelförmigen Bungalow inmitten irgendeiner Kleinstadt. Mein Vater hatte nie etwas von dieser unerfüllten Hoffnung aus seiner Jugend verlauten lassen oder mir auch nur ansatzweise den Eindruck vermittelt, dass er derartige Vorstellungen je gehegt hatte.

Seine Eltern stellten sich aber gegen diesen ursprünglichen Berufswunsch einer Laufbahn ohne großartige Aufstiegschancen, und so gab er nach und schlug einen akademischen Weg ein.

Ich hatte in ihm immer nur den Herrn Doktor im weißen Kittel gesehen und war nie auf die Idee gekommen, dass er eventuell noch einen Lodenmantel darunter trug.

Aber der eigentliche Hit ist, Korb macht eine Grimasse und verschränkt die Arme vor der Brust, dass ich ja ganz ähnliche Tendenzen und Entwürfe in mir trage.

Er überlegt. Dieses verkappte Trappertum ist also Teil der eingeführten Erbmasse und gar nicht auf meinem eigenen Mist gewachsen.

So habe ich also tatsächlich, außer der Form seiner Nase und der emotionalen Verschlossenheit, auch bestimmte Aspekte eines ungelebten Berufswunsches geerbt, bemerkt Korb, und ihm wird etwas klar aber es behagt ihm nicht.

Wer war dieser Mann eigentlich?

Er war ein Mensch den ich gar nicht richtig kenne, Terra

Incognita, ein weißer Fleck. Und das ist irgendwie ätzend. Trauer und eine gewisse Mutlosigkeit vermischen sich bei diesem Gedanken.

Was bewegte diesen Mann, der mich in die Welt setzte, und mit dem ich fast zwanzig Jahre zusammenlebte? Wer zum Kuckuck steckte hinter dieser Fassade, wer war das, der mich da in seinen Armen hielt, als ich klein war, der das Geld verdiente für meine Klamotten, uns den Kühlschrank füllte und die Urlaubstickets buchte? Was ging tief in ihm vor, Korb tippt sich gegen die Brust, was war da drinnen los? Ich weiß es einfach nicht, keine Ahnung! Dieses Vakuum hinterlässt nur Verwirrung und Resignation, da es eigentlich unbegreiflich und irgendwie falsch ist erkennen zu müssen, dass der größte Held des Lebens nie aus dem Schatten hervorgetreten ist.

Ich nehme an, wenn man nicht darüber spricht, was man fühlt, weiß man es am Ende vielleicht selber nicht wirklich. Trotzdem sind wir beide miteinander verbunden und zwar auf eine so geheimnisvolle und feinstoffliche Weise, wie man es mit dem rationalen Verstand niemals auch nur erahnen kann. Und das muss wohl reichen.

Das Band besteht einfach und muss nicht weiter definiert werden, versucht Korb sich zu überzeugen und zieht geräuschvoll die Nase hoch.

Dass man physische Merkmale und natürlich auch einige Macken und Ticks der Eltern erbt, ist ja nichts Neues, aber wie tief diese Verstrickungen gehen können, um eventuell sogar den gesamten Grundanstrich der Lebensgestaltung zu infiltrieren, dämmerte Korb erst in diesem Moment.

Es ist, als hätte ich endlich verstanden, warum ein Apfel, der vom Baum fällt, auf dem Boden landet. Das liegt nämlich an der Erdanziehungskraft. Ich habe einfach ein neues Naturgesetz verstanden. Irgendwo in unseren Zellen schlummern Aspekte unserer Ahnen weiter. Die sind uns in den Körper eingeschrieben, die sind auf der Festplatte abgespeichert.

Tja, Fett als Informationsspeicher, Korb lächelt, das ist ja wie bei Beuys. Er beschließt, den Gedanken bei Gelegenheit einmal genauer zu verfolgen.

Neu ist das natürlich auch nicht, dazu gibt es reichlich gut ausstaffierte Software zum Nachlesen. Es ist nur für mich neu, denn ich habe es jetzt gerade eben erst begriffen. Die Äpfel fielen ja auch schon von den Bäumen, bevor Newton die Formel dazu fand.

Als neugieriger Mensch ist dann natürlich die nächste Frage: Wie viele andere Naturgesetze gibt es denn noch im Kosmos, die auf mich wirken und von denen ich aber bisher nichts weiß?

Da fällt mir unsere Bäuerin Elsa ein. Ich ging regelmäßig vor zum Hof um frische Milch zu holen, und da kam es gelegentlich vor, dass wir uns in der kleinen Milchkammer zwischen Stall und Misthaufen festquatschten und ins Philosophieren gerieten. Das konnte dann schon mal eine halbe Stunde dauern, und da geschah es, dass sie sich irgendwann mit dem Wischlappen in der einen Hand über den blankgeputzten Edelstahlkessel zu mir hinüberlehnte, laut lachte und mit ihrer natürlichen Leichtigkeit all die offenen Fragen und vermeintlichen Ergebnisse unseres Gesprächs in Relation setzte,

„Ja, ja…" Sie hob dann den Zeigefinger in die Luft, deutete zu einer unbestimmten Stelle in der Höhe und meinte,

„Es gibt halt viel zwischen Himmel und Erde was mir net versteh´n."
Ergo; einfach dranbleiben!

***

Ich habe einmal eine Zeit lang auf einer Burg gewohnt. Das war in Bayern, außerhalb von München.

Nun ja, es war keine echte, alte Burg aus der Ritterzeit, sondern so eine Art Retro-Remake, entsprungen aus dem nostalgischen

Gedankengut der Romantik, ein schlichtes Mini-Neuschwanstein.

Jedenfalls war dieses Gemäuer inzwischen zu einer Jugendherberge umfunktioniert worden, lag etwas abgeschieden in einem stillen Buchenwäldchen oberhalb der Isar und bot einen wundervollen Ausblick bis zu den schneebedeckten Alpen. Vom eisenbewehrten Tor aus führte ein kleiner Weg zum nächsten Sträßchen, auf welchem man in die nahe gelegene Ortschaft gelangte. Entlang dieser kaum frequentierten Straße verlief eine große, übermannshohe Mauer aus schmucklosem, grauem Beton. Kam man nun von der Burg, so ging man genau auf diese Mauer zu. Sie erstreckte sich einiges Dutzend Meter in beide Richtungen und bog dann ab, um ein weitläufiges Gelände zu umschließen. Bald war klar, was es mit dieser abgesicherten Festung der Neuzeit auf sich hatte. Innerhalb dieser Umfriedung befand sich der BND, also der Bundes Nachrichten Dienst, das heißt der CIA Deutschlands. Spione waren also unsere nächsten Nachbarn.

Wenn man bei uns auf den Burgturm stieg, konnte man einen Teil dieses Top Sectet-Geländes überblicken, und das reizte natürlich enorm. Bedauerlicher Weise gab es dort allerdings gar nichts zu sehen. So sehr man den Hals auch reckte, nur einige freistehende, große Bäume, mehrere kahle Gebäude, Parkplätze und dazwischen ein penibel gepflegter Rasen. Enttäuschend. Wo waren denn die riesigen Satelitenschüsseln, die Abhörantennen und das ganze andere High Tech-Gerät? Keine bewaffneten Wachmannschaften, keine schwarz verglasten Limousinen, absolut nichts dergleichen. Stattdessen ein ganz stinknormaler Bürokomplex. Dennoch hat dieser Ausblick meine Phantasie ungemein angeregt und ich war überzeugt, dass sich trotzdem alle Namen der Burgbewohner auf einer roten Liste des BND befinden mussten. Schließlich waren wir ja auch nicht irgendwer, sondern mussten wegen unseres damaligen bürgerrechtlichen Status bereits potentiell verdächtig erscheinen, denn wir waren Zivis, Kriegsdienstverweigerer, langhaarige Bombenleger!

Keine Angst, Korb seufzt und winkt ab, jetzt kommt keine langatmige Tirade über Bürgerarmeen versus Söldnerheere, über deutsche Kampfeinsätze im Ausland oder gar die gute, alte RAF.

Natürlich war ich damals politisch auf dem Laufenden, wenn auch nicht bis ins Mark, und ich wählte noch mit Überzeugung die Grünen, was mir inzwischen schon etwas schwerer fällt. Ich war gesinnungsmäßig links angesiedelt, entsprechend moderat anti-amerikanisch eingestellt, las den Spiegel und schaute all abendlich die Nachrichten im Fernsehen.

Das eigentliche *Was* und *Wie* der politischen Tagesarbeit war nie von Interesse und es zu durchschauen, kann man eigentlich auch von niemandem mehr erwarten. Es ging also eher ums Prinzipielle. Couchphilosophen waren wir, gehobenes Stammtisch Niveau vielleicht. Korb muss lächeln und winkt ab. Somit gehörte ich auch nicht zu den politisch   Engagierten, die kannte ich aber immerhin aus Funk und Fernsehen.

Politische Teilhabe am demokratischen Prozess beinhaltete in meinem Umfeld lediglich gelegentliches Kreuzchen-machen auf Stimmpapier. Obwohl, überlegt Korb, Papa war Greenpeace-Mitglied, natürlich kein Fassadenkletterer, sondern stiller Geldgeber. Zwanzig Deutsche Mark im Monat. Ein Betrag, von dem ich mir vorstellte, dass er direkt in der Kaffeekasse auf der Rainbow Warrior landete. Was mich jedoch am politischen Diskurs am meisten faszinierte, waren gewisse Fernsehbilder. Besonders zum Beispiel Übertragungen von Demonstrationen. Laut und bunt gegen SS 20-Raketen. Großaufnahmen von frenetisch schreienden Langhaarigen vor den Stacheldrahtzäunen von Wackersdorf und Co., denn hier herrschten Aufbegehren, kurzzeitiges Chaos und Gewalt und das in deutschen Innenstädten und am Rande friedlicher Dörfer. Menschen in Eisenketten an Bauzäune gefesselt, Wasserwerfer, Gummigeschosse und brennende Autos.

So krass. Gebannt verfolgte ich die Beiträge auf der Mattscheibe und studierte eingehend die Fotos in der Zeitung.

Dabei ging es mir nicht um die Sache an sich, die ich zwar

passiv unterstützte, sondern ich bestaunte und berätzelte hier etwas ganz anderes. Es waren die sich Bahn brechenden Emotionen und Gefühle. Wie es da abging! Diese Dramaturgie. Derartig aufbrausende Energien und ungezügelte Entschlossenheit betrachtete ich mit unheimlicher Bewunderung und heimlicher Wollust. Woher nahmen diese weißhaarigen Großmütter und jungen Familienväter denn die Entschlossenheit für so stark ausgelebte Überzeugungsarbeit?

Zum Mauerfall war ich übrigens auch nicht nach Berlin gebraust, wie manche abenteuerlustigeren Klassenkameraden. Doch irgendwann wurde auch von mir eine ganz aktive Stellungnahme gefordert, und zwar in dem Moment, wo mein Einberufungsschein zum Kriegsdienst ins Haus flatterte. Zwar hatte ich bereits den demütigenden Vorgang der Tauglichkeitsprüfung durchlaufen, doch wegen meiner schlaksigen Physiologie und relativ starken Sehschwäche taugte ich nur mittelmäßig und wurde mit Stufe 3 ausgezeichnet. Also Kanonenfutter, Korb grinst. Aber plötzlich wurde alles greifbar und konkret, und ich entschied im letzten Moment den Dienst an der Waffe zu verweigern. Wie man als normaler Mensch auch anders entscheiden kann, ist ohnehin ein Rätsel.

Zivildienst ist heute Geschichte, und Panzerfahrer oder Kampfdrohnenpilot sind endgültig wieder als ehrenwerte berufliche Frischkost anerkannt, wie Betriebswirt, Krankenschwester oder Feuerwehrmann. Die Bundeswehr ist inzwischen ein gut aufgestellter und ernstzunehmender Arbeitgeber geworden. Ist sie eigentlich inzwischen auch schon voll durchprivatisiert worden? Gibt es schon Werbung für das gut gefütterte Produkt Bundeswehr, mit dynamisch aussehenden jungen Menschen, die neben turbanisierten Greisen abgebildet sind und ihnen lächelnd zugewandt versprechen: „Wir helfen, deine Welt sicherer zu machen. Für dich und uns alle!". Hängen solche Plakate schon in den U-Bahn-Schächten neben denen von Brot für die Welt oder einem schnelleren Internet?

Korb grunzt, ja leider, denn neulich habe ich tatsächlich einen solchen Anschlag entdeckt. Die Realität ist mir also tatsächlich einen Schritt voraus, ein doppelter Schlag. Auf dem Edeka-Parkplatz eines ausufernden neuen Shopping Areals in einer süddeutschen Kleinstadt. Während man seine Tütenberge mit den Schnäppchen des Tages im Kofferraum des frisch geleasten Wagens verstaut und in Gedanken noch einmal durchgeht, ob die Marshmallows tatsächlich günstiger waren als bei Lidl, und hinter einem der nächste Verbraucher in seinem Auto dringend darauf wartet, dass man den Parkplatz freigibt, konsumiert man beim Einsteigen aus dem Augenwinkel noch das haushohe Werbeplakat der Panzerdivision 343. „Technisch interessiert?", fragt es da frisch geölt von oben herab in großen Lettern. Genauso gut könnte man den Bäckerlehrling fragen „Wie wär´s mit Strychnin in der Fettglasur?".

Warum hält die Politik eigentlich noch an diesem über 60 Jahre alten Begriff der Bundeswehr fest? Wenn ein Hersteller von Kinderspielzeug auf einmal auf Rasierklingen umstellt, könnte man doch auch erwarten, diese Veränderung der Geschäftsidee im Namen des Unternehmens wiedergespiegelt zu finden.

Wahrscheinlich ist es die Romantik, welche uns an dieser altmodischen Bezeichnung verhaften lässt. Aus reiner Sentimentalität bewahren wir noch diesen schlachtreifen Begriff, welcher die wohlige Vorstellung einer starken Truppe suggeriert, die die heimische Territorialität, unser Haus und Hof, gegen eindringende Heere von freiheitsfeindlichen Orks und Goblins verteidigt. Dabei haben wir doch wie die Amis schon längst den Überblick verloren, in welchen Ländern der Erde jetzt gerade wie viele unserer Ausbilder, Aufklärer und Eingreifer aus welchen Gründen genau was auch immer tun.

Korb muss feststellen, wie sich seine Pulsrate leicht erhöht hat. Da könnte ich doch noch ganz schön in Fahrt kommen! Egal, Schwamm drüber. Es geht nicht darum, was Andere machen. Immer schön bei sich selber bleiben, nicht Steine werfend mit dem Finger zeigen, sondern vor der eigenen Türe kehren!

Nun denn, Korb kratzt sich am Kopf und wackelt mit den Zehen, in besagter Burg befand sich also eine Jugendherberge und dort war es, wo einige jungen Männern statt Gewehr tragend stramm zu stehen, lieber beschürzt die Klobürste schwangen.

Die Verpflichtung zum Zivildienst war aber vor allem insofern einschneidend, als dass ich nun zum ersten Mal von zuhause wegzog. Zu meiner Schande muss ich gestehen, dass ich anfangs mit einem Altersheim geliebäugelt hatte, welches sich keine hundert Schritte vom Elternhaus entfernt befand. Ich wollte sicherheitshalber erst einmal kleine Brötchen backen. Mutter verdanke ich es, dass die notwendigen Schritte eingeleitet wurden, um mich aus dem Nest zu stoßen und im bayrischen Ausland unterzubringen.

Ein Onkel meines Vaters war mit dem Herbergsleiter bekannt, der wiederum ihm aus irgendeinem Grunde noch einen Gefallen schuldig war. Mit meiner Berufung auf die Burg war diese Schuld dann getilgt.

So trat ich also mit meinen fast zwanzig Jahren, und einem gehörigen Manko, was Tuten und Blasen betraf, im Reisekoffer, meinen Dienst an. Das Leben präsentierte sich als ein großes Freitextfeld, und alles, was ich dort einzugeben vermochte waren drei große Fragezeichen. Diese drei Symbole führte ich auf Schritt und Tritt in meinem emotionalen Untergewand mit. Sie standen für: Was geht hier ab? Was soll das alles bedeuten? Was soll ich damit anfangen?

Ich stand der freien Marktwirtschaft des Daseins gegenüber wie eine weichgezeichnete Version von Kaspar Hauser. Ich war also aus meinem goldenen Käfig entlassen und trat dem Findelkind gleich sprachlos und mit aufgerissenen Augen in die Welt hinaus. Und es fing nicht gut an in Bayern.

Gleich bei der ersten Party auf der Burg, es war an Neujahr, zertrümmerte ich mir, während eines kleinen feucht-fröhlichen Handgemenges, an der Bierflasche eines Kollegen meine beiden oberen Schneidezähne. Schockiert sank ich auf die Knie und spuckte kleine, weiße Splitterchen in meine zitternde Hand. Verzweifelt kauerte ich auf dem Boden, hielt die Hände vor das geschändete Mundwerk und befürchtete für den Rest meines Lebens auf das fürchterlichste entstellt zu sein. Ich würde nie mehr den Mund aufmachen, geschweige denn irgendjemand anlächeln können, und eine Frau würde ich schon gar nicht abbekommen.

Der Zahnarzt, den ich am nächsten Tag aufsuchte, staunte jedenfalls nicht schlecht, als ich mit aufgerissenem Mund auf seinem Stuhl lag und er vorsichtig die schartigen Stummel begutachtete, die ich ihm darbot. Aber er kriegte mich wieder hin.

Korb kichert. Es erschien wie ein Wunder, als ich kurz darauf die Praxis mit einem völlig renovierten Gebiss verließ. Mit einem Spatel und irgendeiner weißen Paste hatte er die Zähne flugs neu modelliert, als seien es zwei Knetfiguren und während ich starr den Mund offen hielt, deutete er abschließend mit einer Art Kugelschreiber auf sein künstlerisches Werk, aus dessen Spitze allerdings keine Tinte floss, sondern ein violetter Lichtstrahl. Zauberei, hoffte ich, und starrte mit zitternder Kaumuskulatur an das enorme Wimmelbild an der Praxisdecke. Danach war ich tatsächlich ein neuer Mensch und hätte jubeln können. Niemals war ich einem Arzt so dankbar gewesen, denn er hatte mir das Leben eines Aussätzigen erspart.

München war aber eigentlich aus ganz anderen Gründen eine einschneidende Zeit gewesen. Ich war nun auf mich alleine gestellt. Meine Prägungsphase in Elternhaus und Schule war endgültig abgeschlossen. Nachdem ich nun dreizehn Jahre lang die Schulbank gedrückt hatte, um die Reifeprüfung im Jahr der deutschen Wiedervereinigung mit einem Notendurchschnitt im oberen Mittelmässigkeitsbereich zu bestehen, begann nun mein erster und gleichzeitig letzter Full Time Job - der Zivildienst.

Ich stieg aus meinem familiären Frischhaltebeutel aus und wurde auf die Welt losgelassen. Ein eigenes Leben fing an zu beginnen.

Korb seufzt, denn während dieser Zeit unterlag sein gesamtes inneres Wesen grundlegenden, neuen Molekülvernetzungen und erfuhr bisher ungeahnt schwere Herz-Hirn-Verstimmungen sowohl sahnig-goldgelber als auch schmerzend-aschgrauer Natur.

Doch wenn ich jetzt, mehr als fünfundzwanzig Jahre danach, versuche diese Zeitspanne in der Herberge zu erfassen, ihr als einer Einheit habhaft zu werden, um nachzuspüren, was davon übrig geblieben ist, so nehme ich hauptsächlich eine große Trauer wahr.

Korb stutzt, denn das überrascht ihn. Natürlich weiß er sofort, was dahintersteckt, aber dennoch, eigentlich hatte er gehofft, dass diese alte Verwundung endlich abgeheilt sei.

Aber vielleicht gibt es für bestimmte Erlebnisse einfach nie eine volle Genesung, und es können niemals genug Jahre vergehen, um den vollen Abstand zu sichern. Vielleicht bleibt als Trost nur Verdrängung oder aber Hingabe. Dann handelt es sich statt eines dauerhaften Friedens eher um einen Waffenstillstand, eine Oberflächenbehandlung ohne Garantie, denn verschwunden sind weder die Erinnerungen noch die damit verbundenen Gefühle. Das Erlebte bleibt im Körper stecken und wird dort gespeichert, wie alte Akten in unauslotbar tiefen und sicheren Schubladen.

Ha, Korb horcht auf, da ist es wieder, das neue Weltgesetz. Zellen mit Geschichte. Körpersystem mit rotem Knopf. Alles, schlummert friedlich, bis sich irgendwo ein entsprechender Auslöser findet, dann kocht die ganze Suppe wieder hoch.

Zu Beginn des Dienstes wurde Korb ein eigenes Zimmer zugewiesen. Alles, was mir davon in der Erinnerung bleibt, ist, dass sich in diesem Raum ein Bett befand. Der Raum war klitzeklein, eine Besenkammer. Die Wände waren weiß gestrichen und unter dem winzigen Fenster stand ein kastenförmiger Heizkörper aus Metall, mit glatten, weiß lackierten Seiten, auf dem man zwar warm, aber dafür unbequem sitzen konnte. Weitere Möbel gab es nicht. Vielleicht noch ein Schränkchen? Die Klause war elend eng, eine richtige Zelle, aber immerhin meine erste eigene Bude.

Korb und seine Kollegen waren für alle täglich anfallenden Arbeiten zuständig welche den Herbergsbetrieb am Laufen hielten. Zimmer reinigen, Betten machen, Toiletten und Waschräume schrubben. Wir spülten riesige Geschirrberge und fegten den Burghof, wir saßen an der Rezeption und wienerten das Treppenhaus. Als Entlohnung gab es einen Sold von etwas mehr als einer D-Mark pro Tag, also vielleicht sechzig Cent! Entsprechend fiel die Motivation aus. Der Herbergsvater und seine Frau nervten konsequent, und ihren kleinen Pekinesen hätten wir deswegen am liebsten vom Burgturm in die Isar geworfen, denn untereinander kamen wir Zivis gut zurecht und bildeten eine eingeschworene Front gegen die Obrigkeit.

Recht bald entwickelte sich vor allem zu einem meiner Kollegen eine tiefe Freundschaft. Er hieß Fabian und kam vom Lande in Bayern. Er sprach einen für mich gut verständlichen Dialekt und hatte bereits bei seinen Eltern eine Lehre zum Töpfer absolviert. Wir waren bald dicke Freunde, aber nachdem der Zivildienst beendet war, sah ich ihn nie wieder.

Als Korb frisch auf die Burg kam, lebte Fabian mit einem weiteren Zivi zusammen in einer kleinen Wohnung, welche sich am äußersten Ende des einen Burgflügels befand. Als der andere seinen Dienst beendet hatte, fragte Fabian, ob ich bei ihm einziehen wolle, worauf ich mich schrecklich zierte. Ich war strikt auf eine private Rückzugssphäre eingeschossen und so unsicher im Umgang mit anderen Menschen, dass mich bereits die Vorstellung einer derartig unausweichlichen Nähe zum Schwitzen brachte und ausschließlich Beklemmung und Angst auslöste. So druckste ich eine ganze Weile mit der Antwort herum, als ginge es darum, gemeinsam in einem Bett zu schlafen. Doch derart intim kam es mir tatsächlich vor, denn auch diese Wohnung war kein Palast. Immerhin zwei Räume und eine kleine Nasszelle. Ich würde das Durchgangszimmer beziehen müssen. Aber nach einer Weile fasste ich mir ein Herz, kündigte meine selbstverordnete Isolation auf und zog bei Fabian ein.

Wir durchlebten eine wunderbare Zeit intensiver Freundschaft und außer dem Bett haben wir das meiste miteinander geteilt. Gelegentlich musste Fabian mich trösten, wenn ich verzweifelt mit dem Leben war, und dann wieder war er es, der deprimiert in seinem Zimmer lag und keinen Plan mehr hatte. Oft kam Besuch nach Feierabend oder am Wochenende, häufig haben wir dort nächtelang mit unseren Freunden durchgefeiert. Einmal haben wir den ganzen Boden unseres kleinen Badezimmers dick mit rotem und gelbem Herbstlaub bedeckt, es raschelte herrlich unter unseren nackten Füssen. Es war wunderbar gemütlich in meiner ersten WG.

Da gab es einen kleinen verglasten Erker, gerade groß genug für einen jener Heizkörper. Darauf habe ich viel Zeit verbracht, gelesen, Tagebuch geschrieben oder einfach nur in den Wald geschaut, der die Burg umgab.

Fabian war es auch, der einmal den permanent unterschwellig gärenden Konflikt mit der Heimleitung zum Explodieren brachte. Es waren da nämlich außer uns Zivis noch zwei Köchinnen auf der Burg, welche den Herbergsbesuchern und Schülergruppen die Mahlzeiten bereiteten. Die Chefköchin, diesen Namen verdiente sie eigentlich kaum, denn das Essen war bestenfalls drittklassig, hieß Hildegard und war eine große kräftige waschechte Bayerin mit grauem Haar und Kittelschürze. Sie war die Tyrannin der Kombüse, mit einem verkniffenen Gesicht, in dessen herabhängendem Mundwinkel, sogar während der Arbeitszeit am Herd, meist eine kalte Kippe klemmte. Bevor die Heimleitung sie einstellte, hatte sie ironischerweise bei der Bundeswehr gekocht! Für uns Zivis war sie schon deswegen unten durch. Mit ihr den Küchendienst zu teilen, war keine Freude. Was die Zubereitung ihre Semmelknödel betraf wurde das Schlimmste vermutet. Es ging das Gerücht, dass sie nach dem Herstellen des Teigs erst einmal einige Runden schnaufend um die ganze Burg rannte, sich daraufhin einen etwa faustgroßen Klumpen der Knödelmasse in die nackte Achselhöhle klemmte, um diesen dann kräftig, durch eine rotierende Massage des Armes, zu einer Kugel zu formen.

Als Hildegard uns Zivis eines Tages das Mittagessen servierte und lediglich eine magere Schüssel kalten Kartoffelsalat auf den Tisch knallte sowie dazu eine Platte reichte, auf der sich ein Berg halbverkohlter Hühnerflügel türmte, platzte Fabian der Kragen. Er sprang auf, so dass sein Stuhl krachend zu Boden fiel, griff die Platte und schrie mit hochrotem Kopf, „So was esse ich nicht!". darauf hin schnappte er die verdorbenen Geflügelteile und warf sie eines nach dem anderen zurück durch die Anreiche, so dass sie in der Küche wie Geschosse an die gekachelte Wand klatschten. Daraufhin wurde es kurzzeitig etwas besser mit dem Essen.

Natürlich ist viel geschehen während dieser Zeit in München, das leuchtend Große, welches alles andere in den Schatten stellte, war kurz davor, sich zu entfalten.

Das Code-Wort dazu hieß Inga.

Inga war eine junge Frau, die zusammen mit ihrer Freundin Lisa, ein paar Monate nach meiner eigenen Ankunft, auf unserer Burg erschienen war. Die beiden waren aus Schweden und arbeiteten für einige Stunden am Tag für die Heimleitung, um mit Kost und Logis entlohnt zu werden.

Das war nichts Ungewöhnliches in der Jugendherberge. Da gab es junge Leute aus Brasilien, den USA oder Irland, welche für einige Wochen oder Monate auf diese Weise mit uns Zivis auf der Burg hausten.

Ich weiß nicht mehr, wie lange ich schon auf der Burg waren, als die beiden Mädels auftauchten, jedenfalls war es bald um Fabian und mich geschehen. Er verguckte sich in die kleine, dunkelhaarige Lisa und Inga und ich waren auch bald ein Paar. Was für ein grandioses Erlebnis. Diese junge Frau war wie eine Fee aus einer anderen Welt. Eine Schwedin eben, wie aus dem Bilderbuch. Schmal und groß, mit langen, glatten, blonden Haaren und blauen Augen. Sie war so schön. Die Stimme und ihre Hände sanft wie Samt. Eigentlich gar nicht meine Kragenweite. Alles schien auf einmal irreal und exotisch. Sie sprach kein Deutsch und so konnten wir uns nur auf Englisch unterhalten. Inga war überall beliebt, und die meisten Männer waren von ihr begeistert, denn wenn sie lief, dann ging sie nicht, sondern sie wandelte. Dabei war sie weder sexy aufgebrezelt noch machte sie jedermann schöne Augen, sondern sie strahlte Ruhe und elfenhafte Bescheidenheit aus und ihre Natürlichkeit wirkte magnetenhaft. Ich weiß nicht was sie an mir fand. Ich hatte ja kaum Lametta an der Jacke aber, sie wählte mich und bald liebten wir uns.

Inga war so beflügelnd anders als alle Mädchen die ich bisher getroffen hatte. Sie beeindruckte mich, weil sie mit Anfang zwanzig keine Berufsausbildung hatte, in Asien und Indien gewesen war, einfach durch die Welt reiste, sich treiben ließ und ungetaktet in den Tag hinein lebte. Sie nahm mich mit zu Veranstaltungen von Hare Krishna Jüngern und las mit mir Bücher von Elisabeth Kübler Ross, C.G. Jung, Rudolf Steiner und Carlos Castaneda. Sie war aufregend unkonventionell, balsamhaft irrational und unnatürlich offen. Eine schlichte Künstlerin und Poetin, frei von vielen der begrenzenden Belastungen, welche ich mitbrachte.

An ihrer Seite durchlebte ich eine Horizont erweiternde Daseinsvielfalt und entkrampfende Zeitgestaltung, wie ich sie bisher nur ansatzweise hatte erahnen können. Sie wurde meine erste große Liebe und unterzog mich einer süß-sauren Seelenwaschung, wofür ich ihr eine Totalvergoldung verpasste und sie auf einen marmornen Sockel hob, von dem ich sie viele Jahre nicht wieder herunterließ.

Wir verbrachten so viel Zeit wie möglich miteinander und wandelten durch silbrige Raum- und Zeitzonen. Gelegentlich trafen wir bei der Arbeit im oberen Geschoss der Burg aufeinander. Waren dann alle Gäste abgereist und der Heimleiter ausgeflogen, herrschte eine wunderbare Ruhe in der ganzen Burg. Dann ließen wir unsere Putzeimer stehen, öffneten in einem der Waschräume ein Fenster, stiegen auf das Dach hinaus und setzten uns gemeinsam in die Sonne. Von dort blickten wir über die Baumwipfel hinweg bis zu den fernen schneebedeckten Alpen und redeten über alles, was uns in den Sinn kam.

Aber wir waren beide noch zu jung, so unausgereift und heimatlos in uns selbst. Und die Zukunft war alles andere als gewiss. Unser Glück wärte nur kurz.

Inga würde in einigen Wochen wieder nach Schweden reisen müssen, und ich hatte mich darum zu kümmern, was aus mir werden sollte, wenn meine Zeit in der Jugendherberge vorbei war. Doch wir verabredeten, dass ich sobald wie möglich Urlaub nehmen würde, um ihr nach Schweden zu folgen. Dort waren wir wieder vereint und ich traf ihre gesamte Familie und viele Freunde. Aber nach zehn Tagen winkte erneut der Abschied. Es war grausam. Als ich mit dem Zug aus dem Bahnhof rollte, setzte sich eine Frau mit ihrem Hund zu mir ins Abteil, und ich weiß nicht mehr, wer mich mitleidiger betrachtete, die Frau oder der Hund, denn ich hing in meinem Sitz wie ein Häufchen Elend und heulte Rotz und Wasser.

Aber das war noch nicht das Ende der Geschichte.

***

Korb ist es plötzlich unerträglich warm unter der Decke geworden und beengt fühle er sich auch. Wie in einem Backofen ist es hier, er befreit sich aus seiner Umhüllung, die alten Geschichten heizen ein. Ein Glas Wasser täte jetzt gut. Mal durchspülen. Mit einem leichten Seufzer schwingt er die Beine auf den Boden und setzt sich auf. Korb erhebt sich langsam, streckt den Rücken durch und macht einen ersten Schritt in Richtung Küche.

Tatjana blickt von ihrem Bildschirm auf.

„Na, was ist los?" Forschend folgt sie seinen Schritten, „was gibt`s zu Stöhnen am Feierabend?"

„Nun...", setzt Korb an, hält im Rahmen der Küchentür inne und wendet sich nur halb um. Es ist ihm nicht angenehm, dass ihr diese Regung nicht entgangen ist. Manchmal verhält sie sich wirklich wie ein Bluthund, und wahrscheinlich errät sie gerade, woran ich denke. Korb schenkt sich ein Glas Wasser ein, ohne zu antworten. Am einfachsten wäre es abzuwinken, die Frage zu ignorieren und das Gespräch in andere Bahnen zu lenken. Mit dem Glas in der Hand kehrt er langsam ins Wohnzimmer zurück und setzt an, ein ausweichendes Lächeln auf seine Lippen zu bemühen, aber nach zwei weiteren Schritten Richtung Couch entscheidet er sich doch für die Wahrheit.

„Ich hab nur gerade an die Norqvist gedacht."
Es soll allerdings möglichst lapidar klingen, denn damit steckt Korb seinen Finger in eine alte Wunde. Er verachtet sich dafür, aber es schafft auch Nähe, gefährliche Nähe.

Tatjanas Blick trifft den seinen und sie sehen sich eine Weile schweigend in die Augen. Die Pupillen umkreisen einander, suchend, Ausgangspositionen erkundend, wie um hinter den alten Krusten eventuell etwas Frisches zu entdecken. Ein Duell, denkt Korb, aber dann wendet Tatjana den Blick ab und schaut zum Fenster hinaus in die dunkle Nacht.

„Du liebst einfach deine alten Geschichten, nicht wahr?"
Ihre Stimme ist ruhig. Es ist eine Feststellung, nur eine Bestandsaufnahme, denkt Korb.

Er weiß nichts zu erwidern, aber das Unbehagen weicht und eine hoffnungsvolle Erleichterung zeichnet sich ab. Sein Blick folgt dem ihren in die Finsternis. Korb glaubt jetzt zu erkennen, wie weit sie in ihrer Partnerschaft doch vorangekommen sind. Vor nicht allzu langer Zeit hätte solch ein Geständnis seinerseits Tatjana sehr verstimmt und sie beide sofort in eine handfeste Auseinandersetzung geführt.

Korb schweigt und lässt sich befreit auf das Sofa fallen, schließlich hängt an dieser Geschichte ein wahrer Rattenschwanz. Leider war er etwas voreilig mit seiner Einschätzung, denn Tatjana hat mit dem Thema noch nicht abgeschlossen.

Ohne den Kopf zu wenden, fügt sie langsam hinzu, „Du willst davon eigentlich auch gar nicht loslassen, stimmt's?"

Korb spitzt die Ohren, die Angelegenheit mit der Ex ist noch delikat, er bemüht sich dem Ton in ihrer Stimme zu entnehmen, worauf sie hinaus will. Das ist zwei Dekaden her und dennoch; hässliche Grabenkämpfe. Versäumnisse und Enttäuschungen. Gleich wirbelt sie herum. Korb beißt sich auf die Zunge, beinahe bereut er seinen unüberlegten Vorstoß.

„Doch!", bringt er mit so viel Bestimmtheit wie möglich hervor, doch sein Nacken verspannt sich bereits. „Doch. Warum sollte ich das nicht wollen. Diese alte Geschichte bereitet uns nur immer wieder Schmerzen. Ich will das loswerden. Ich hab da nichts mehr von."

Mit einem energischen Ruck richtet sich Tatjana auf, schiebt den Computer zur Seite, schaut ihm ins Gesicht, das Kinn gefährlich hoch in die Luft gestreckt. „Dann pack es doch auch endlich weg. Das ist doch gar nicht mehr unsere Geschichte!"

Ihre Stimme ist schrill geworden. Wie spitze Krallen bohren sich die Worte in Korbs Ohren. „Mach Schluss mit dieser ewigen Trauer!"

„Pah...", brummt er, „Wenn's so einfach wäre. Päckchen packen und wegschicken."

Er betrachtet irritiert seine Füße und klemmt die Kiefer zusammen. Sie fordert mich heraus. Ich positioniere mich jetzt. Doch stattdessen hält er inne und schweigt. Und was noch merkwürdiger ist, denkt Korb, sie schweigt auch.

Das tut gut, unendlich gut. Niemand schießt.

Er blickt auf. Das Wohnzimmer ist in ein Halbdunkel getaucht. Nur in der Küche brennt Licht, dessen Schein schwach und fahl durch die Anrichte fällt. Korb ist unendlich dankbar dafür, nicht weiter reden zu müssen.

Es ist so still, wenn keiner spricht. Er lauscht auf das matte Ticken der Küchenuhr. Draußen bellt irgendwo ein Hund.

Korb schließt die Augen.

Ich warte.

Im Raum des Verstummens wächst etwas. Ein feiner bleiweißer

Nebel. Im diffusen Halbdunkel des Wohnzimmers erhebt sich ein hauchdünnes Gespinst vom Boden. Etwas Seidenes durchwirkt die Leere. Was dort das Damals und hier das Heute voneinander fernhält, zieht sich zurück. Zusammenhänge und Verflechtungen spiegeln sich im matten Zwielicht auf dem bewegten Flies wider.

Korb sackt ab. Tief hinab geht die Reise. Er spürt, wie sein Bewusstsein in Bewegung gerät und sich entfernt. Die Aufmerksamkeit rutscht an der Schädeldecke hinab, den Nacken entlang und über das Rückgrat hinunter ins bodenlose, schwarze Nichts. Sein Mund öffnet sich, die Zunge ist rau wie die eines Leguans und gehorcht nur widerwillig. „Da ist immer noch diese Scharte".

Seine Stimme ist leise und klingt etwas heiser. Korb muss sich räuspern, der Mund trocken und tief wie eine Höhle.

„Diese Trauer, weil etwas verloren ging, weil etwas ganz Wertvolles kaputtgegangen ist. Etwas Großes ist nicht passiert".

Korb rudert schwerfällig im leeren nachtweißen Raum, sucht nach den richtigen Worten zu greifen und finde sie nicht. „Etwas ist nicht geschehen, hat sich nicht entwickelt."
Er stockt, findet den Anschluss nicht, die Antwort entzieht sich, flüchtet ins schattenhafte Dunkel.

Langsam öffnet Korb die Augen wieder, die Lider sind schwer wie Ofenklappen. Es kommt ihm vor, als sei er lange sehr weit weg gewesen. Tatjana sitzt ihm noch immer bewegungslos gegenüber und betrachtet ihn mit ausdruckslosem Gesicht. Über zwanzig Jahre lang mute ich ihr diese alte Verwundung jetzt schon zu.

Dass die Trennung von seiner damaligen Freundin immer noch dermaßen stark an ihm haftet, hat Korb seit Jahren nicht mehr so empfunden.

Da war eine Unruhe in meinem Körper, es vibriert etwas in den Zellen. Es geschah vor so langer Zeit, doch es erwacht immer wieder zum Leben. Genauso wie die Kröten unter dem Eis. Korb schaudert.
Er hatte damals Inga für Tatjana verlassen. Es war schrecklich gewesen, zäh und quälend, wie ein grobmineralisches Peeling der

Seele.

Aber das Leben war dann einfach weitergegangen, Zeit war verflossen und über die Wunden hinweg gestrichen wie Balsam, doch unterhalb der Narbenpflege, unter all dem Auf und Nieder, war im Kern alles abgespeichert geblieben. Inga, aber auch noch etwas anderes. Korb blinzelt. Während er um Besinnung ringt, öffnet sich sein Mund und unaufgefordert springt Gewissheit aus der Tiefe empor. „Aber es ist gar nicht nur mein Schmerz, den ich fühle", verkündet er fest und öffnet die Augen. „Es ist die Trauer meiner Mutter!"

Tatjana beugt sich vor und betrachtet ihn.

„Ja", sagt sie leise, als habe sie auf diese Antwort gewartet. „Deine Mutter hat am Ende vom Krieg ihre Heimat verloren. Sie hat ihren Vater verloren als er in seinem Flieger abgeschossen wurde. Und sie hat sich deswegen ihr Leben lang zusammengerissen und keine Gefühle zugelassen, weil sie sonst zusammengebrochen wäre."

Korb fährt sich mit der Hand über das Gesicht und hustet, als müsse er einen Knebel ausspucken.

Nach meiner Rückkehr aus Schweden verbrachte ich das Weihnachtsfest jenen Jahres ganz alleine auf der Burg. Zum ersten Mal in meinem Leben entschied ich selber, wie und wo ich dieses bedeutungsschwangere Fest verbringen wollte, und ich beschloss, es ohne die Familie zu feiern.

Die Festtage waren für die ganze Verwandtschaft immer von besonderer Bedeutung gewesen und sind für mich mit vielen schönen Erinnerungen verbunden. Meine Eltern hatten sich stets Mühe gegeben, um eine liebevolle und heimelige Atmosphäre zu schaffen. Meine Entscheidung war also mit einigen Opfern verbunden, aber ich sah in ihr einen symbolischen Akt, der Unabhängigkeit und Eigenständigkeit demonstrieren sollte. Ich wollte damit ganz bewusst einen Bruch kreieren, eine Linie im Sand ziehen. Ich wollte meine Ruhe haben.

Eigentlich hatte Fabian ebenfalls auf der Burg bleiben wollen, aber im letzten Moment verließ ihn der Mut und er fuhr heim zu den Seinen, um mich alleine im selbstgewählten Exil zurück zu lassen.

Es waren trostlose Tage, die wider Erwarten so absolut gar nichts Befreiendes an sich hatten. Im Radio liefen, so schien es, ausschließlich wundmachende, melancholische Bach-Kantaten oder salbungsvolle Predigten über den Wert des Miteinanders, egal welchen Sender man wählte. Ich saß am Fenster und blickte gedankenverloren und einsam auf kahle, vom Winter geschundene Bäume und einen stahlgrauen Himmel. Mein Verbleiben auf der Burg wandelte sich vom strahlenden Symbol der Freiheit zum trostlosen Verlies.

Doch einige Wochen, bevor meine Zivildienstzeit zu Ende gehen sollte, wurde alles wieder gut. Inga und Lisa kamen zurück in die Herberge.

Wir vier waren sehr glücklich zusammen. Doch die Zeiten waren wirr und turbulent. Den Ausbruch des ersten Golfkrieges nahm ich nur aus dem Augenwinkel wahr, denn das Leben nach dem Zivildienst musste geplant werden. Wie sollte es im Februar 1991 weitergehen? Was würde aus der Freundschaft mit Fabian werden, was aus seiner Liebe zu Lisa und was aus mir und Inga? Gab es für uns vier eine gemeinsame Zukunft oder würde jeder seinen eigenen Weg gehen müssen?

Zusammen entwarfen wir vier viele Szenarien. Wir schwankten zwischen euphorischer Abenteuerstimmung und dem Gefühl absoluter Haltlosigkeit, da uns theoretisch die Welt offenstand und wir einfach nicht wussten, was wir mit diesem überdimensionalen Möglichkeitspaket anfangen sollten.

Für mich kam jedoch eigentlich nur eine Option wirklich ernsthaft in Frage, und das war, eine Berufsausbildung zu beginnen. Dieser Schritt war es, der auf der Gebrauchsanweisung in meinem Werkzeugkoffer als nächster, ordensheiliger Stichpunkt eingetragen war und zwar zwei Mal rot unterstrichen. Das Potential einer offenen Welt wurde nirgends erwähnt.

Zwar hatte mir die Zeit in der Burg viele neue Eindrücke und Ideen beschert, aber ich blieb trotzdem meinen Grundstrukturen treu und war nicht fähig, andere Möglichkeiten ernsthaft in Betracht zu ziehen, auch wenn sie noch so verlockend erschienen. Deshalb hatte ich mich auch ordnungsgemäß, alsbald nach Antritt des Zivildiensts, um meine Zukunft zu sorgen begonnen.

Korb schnaubt. Mein Vater hatte als niedergelassener Arzt eine Praxis für Orthopädie in unserem Wohnort eröffnet. Dass ich in diesem Metier sein Nachfolger werden könnte, stand für mich niemals zur Debatte, und wenn ich mich recht erinnere, haben meine Eltern auch kein einziges Mal versucht, mir eine solche Übernahme schmackhaft zu machen, was ich ihnen hoch anrechne. So war ich völlig frei, selber zu entscheiden, was für einen Beruf ich ergreifen wollte.

Die Medizin als solche interessierte mich nicht. Jahrelang war ich während der gemeinsamen Mittagessen Zeuge der Gespräche zwischen meinen Eltern gewesen, und hatte diesen entnommen, dass es sich bei dem Beruf des Arztes wohl eigentlich eher um einen sozialen als einen handwerklichen Broterwerb handelt. Das war allerdings ein Phänomen, welches mein Vater nicht wirklich wahrhaben wollte und was ihm daher einige Kopfschmerzen bereitete.

Während meine Schwester und ich also bei Kartoffelbrei und Sauerbraten mehr oder weniger interessiert die Gespräche der Eltern verfolgten, berichtete mein Vater, welcher mittags regelmäßige heim radelte, um mit uns gemeinsam Mittag zu essen, häufig von seinem Arbeitsalltag.

Voll Unverständnis und sichtlichem Unbehagen berichtete er dann, wie doch dieser oder jener Patient, auf die Frage nach seinen körperlichen Beschwerden, schon wieder mit ellenlangen Ausführungen über sein Innenleben und seine Familienverhältnisse geantwortet habe.

Meine Mutter war jedes Mal geduldig bemüht, darauf hinzu.

weisen, dass die Menschen ein Bedürfnis hätten, sich jemandem mitzuteilen, dass sie mit ihren Nöten gehört werden wollten und mein Vater ihnen eben ein Ohr leihen müsse - das gehöre nun einmal dazu. Dies führte bei meinem Vater nur zu einem irritierten Brummen und abwehrendem Kopfschütteln, während er auf seinen Teller blickte, um das Fleisch zu schneiden.

Er wollte den Menschen auf seine Weise helfen und zwar, indem er Gipse anlegte, Wirbel röntgte und Krankengymnastik verschrieb. Über die Wechselwirkungen zwischen Körper, Geist und Seele war in den Unis der sechziger Jahre wohl nicht allzu viel referiert worden. In solchen Augenblicken sehnte er sich wahrscheinlich nur danach, alleine mit Fernglas und Lodenmantel durch den stillen Wald zu streifen.

Meinen ursprünglichen Berufswunsch des Pelztierjägers konnte ich in meinem sozialen und gesellschaftlichen Umfeld in Mitteleuropa am Vorabend des einundzwanzigsten Jahrhunderts natürlich ebenfalls nicht ernsthaft in Betracht ziehen. Außerdem war diese Vorstellung mit meiner erwachenden Adoleszenz zunehmend in Vergessenheit geraten oder, besser gesagt, völlig überlagert worden. Gewisse Aspekte davon dämmerten allerdings weitere Jahre in meinem Unterbewussten vor sich hin, bevor sie sich erneut Gehör verschafften.

Seit längerem schon hatte sich in mir die Vorstellung verfestigt, einen künstlerischen Beruf zu ergreifen. Da ich mich als nicht besonders wortgewandt betrachtete und kaum Zugang zu mir selber fand, hatte ich im stillen Gestalten ein wunderbares Ventil gefunden, um mein Inneres nach außen zu kehren. Seitdem ich den Windeln entwachsen war erwies sich die Phantasie als bedeutendste Heizquelle für mein Dasein und das einzige Schulfach in dem ich es wirklich je zu etwas gebracht habe war schließlich, außer Geschichte, die bildende Kunst gewesen. Eine Kombination dieser beiden Interessensgebiete trat mir irgendwann im Berufsbild des Restaurators gegenüber.

Korb lächelt, als ihm auffällt, dass sich ein weiteres Dauerthema ebenfalls in diesem Metier wiederspiegelt. Es ist der Faktor Zeit. Da ist es wieder; der Hang zum Verflossenen, dieses berätzeln alles Patinierten. Nichts ist ätzender als aalglatte Dauerstrahlerei. Nagelneue Schuhe zum Beispiel, damit laufe ich trotzig direkt aus dem Laden erst einmal querfeldein durch den Wald, um dem gesichtslosen Fabrik-Look ans Leder zu gehen. Erst Abrieb und Verschleiß verleihen Würde und Respekt. Es muss schon zerkratzt, verstaubt und abgeranzt sein. Nur Speckiges, Verknittertes und Gebleichtes nehme ich als seinsberechtigt wahr.

Korb kichert, denn es gibt da diese Momente. Wenn Tatjana, zum Beispiel, stundenlang am Telefon mit einer Freundin quatscht, während ich nebenan in der Küche bei einer erkaltenden Tasse Kaffee sitze. Meine Brille liegt neben der Tasse vor mir auf dem Tisch und da, wo sie eigentlich sitzen sollte, halte ich stattdessen den Griff unseres ältesten Küchenmessers hin. Mein Gott diese Maserung. Feinste Konturen in dunklem Holz. Wie Höhenlinien auf einer Landkarte. Buche wahrscheinlich. Oder Esche? Brauche mehr Licht. Und das da? Zwischen den beiden goldbraunen Messingnieten ist irgendein alter Stempelabdruck. Kaum mehr zu erkennen. Ist mir nie aufgefallen. Ganz klein. Abgerieben. Sieht aus wie ein ´F´ oder ein É´. Könnten aber auch nur zwei Quadrate sein. Seite an Seite. Ich drehe den Griff ein klein wenig. Ein Herstellerzeichen? Oder von irgendeiner Oma eingeritzt? So einer Oma mit roter Kittelschürze und grauem Haardutt mit einem Netz darüber. Obwohl, sieht doch eher aus wie ein Stempel. Ja, bestimmt gestempelt. Oder eingebrannt. Hm, das ginge auch. Aber dann müssten ja zumindest die Ränder noch irgendwie schwärzlich verfärbt sein. Ich kneife die Augen zusammen und zoome noch näher heran. Außerdem, wie riecht das denn überhaupt? Der Messergriff wandert jetzt unter die Nase. Riecht irgendwie nach Fett, nach Gebratenem, leicht ranzig, feinherb. Komisch, bei uns gibt es doch gar kein Fleisch.

„Johannes!"
Ich schrecke hoch.

Tatjana steht vor mir. „Viele Grüße von Marie."

„Hä, wieso? Hat jemand angerufen?"

Meine Frau sagt, ich sei ein Autist. Kann das eigentlich auch ein Kompliment sein?

Nun ja, Restaurator. Auf jeden Fall ein romantischer Gedanke. Nachdem Korb tatsächlich bei einem solchen Menschen vorstellig geworden war, um sich über dieses Berufsbild zu informieren, erfuhr er, dass eine abgeschlossene Handwerksausbildung die Voraussetzung sei.

Über diesen Weg gelangte ich schließlich zu der Idee, Goldschmied zu werden. Daran interessierte mich nicht der edle Chic teurer Materialien, oder der Flair von High Society, geschweige denn die Aussichten einen eigenen Laden zu haben, sondern ich sah mich eher als brütenden Quasimodo. Ein Alchemist, welcher in einer geheimnisvollen Werkstatt hockt und gedankenverloren im Alleingang, auf einen winzigen Punkt vor seinen Augen konzentriert, im anmutigen Zusammenspiel von Geist und Hand etwas Wundervolles erschafft.

Die folgende Berufsberatung, welche das Arbeitsamt anbot und die ich brav in Anspruch nahm, fiel wesentlich ernüchternder aus und man riet mir nachdrücklich von meinem Berufswunsch ab. Goldschmied sei ein Modeberuf und die Aussichten auf Erfolg seien schlecht, hieß es. Doch ich erspürte sofort, dass der gelangweilte Sesselpupser, der mir diesen Vortrag hielt, grundsätzlich für gar nichts zu begeistern war, seine Berufswahl garantiert einem ebenso visionslosen Kollegen verdankte, und so blieb dieses Gespräch absolut bedeutungslos für mich. Selbstverständlich hat sich diese kurzsichtige Prognose auch nicht bewahrheitet.

Die Zeit nach dem Zivildienst erscheint mir heute wie ein kaum mehr zu entwirrendes Durcheinander, was den Wechsel der Aufenthaltsorte, aber auch der Gefühle betrifft.

Während Fabian seine letzten Wochen auf der Burg ableisten

musste, verbrachten die Schwedinnen und ich einige Zeit in Berlin. Ich besah mir die dortige Kunstakademie und wir spielten mit dem Gedanken, im neu eröffneten Osten der Stadt eine der damals noch vielen leerstehenden Wohnungen zu besetzen. Doch es war Februar und bitterkalt. Die kahlen, grauen Appartmentblocks der frisch gebackenen Ex-DDR traten uns auf unseren Streifzügen ausschließlich mit mürrischer Ablehnung gegenüber, so dass wir diese Idee recht schnell wieder verwarfen.

Während Inga weiter nach Dresden reiste, absolvierte Korb ein erfolgloses Vorstellungsgespräch für eine Lehrstelle und verbrachte anschließend einige Zeit bei seinen Eltern, um Bewerbungen an die Goldschmiedeschulen in Hanau, Kaufbeuren und Pforzheim zu verfassen. Fabians Beziehung zu Lisa war in der Zwischenzeit in die Brüche gegangen. Kurz darauf traf Korb seine Geliebte wieder und tingelte einige Zeit quer durch Spanien. Dort erreichte ihn die Nachricht, dass er zur Aufnahmeprüfung in Pforzheim zugelassen war. Somit reiste Inga wieder nach Schweden zurück, um Formalitäten für einen eventuellen, verlängerten Aufenthalt in Deutschland in die Wege zu leiten, und er absolvierte die Aufnahmeprüfung in Pforzheim. Einige Wochen später traf sich das Paar wieder. Diesmal in den Bergen Österreichs in einer Künstlerkolonie auf dem Lande. Dort hatte Inga sich für einen Kurs eingeschrieben und sie verbrachten sechs kurze Tage zusammen, geprägt von Gefühlen des Glücks, aber auch der Unsicherheit, bevor sich ihre Wege erneut trennten.

Kurz darauf erreichte Korb die frohe Nachricht, dass er an der Goldschmiedeschule in Pforzheim angenommen war.

Somit war zumindest klar, wo ich mich, rein körperlich, die nächsten drei Jahre befinden würde. Anschließend reiste ich mit Fabian für drei Wochen nach New York, danach trennen sich unsere Wege für immer. Einmal noch würden wir ein für mich entscheidendes Telefonat führen, aber wiedergesehen haben wir uns nicht mehr. Wir haben uns nicht zerstritten, unser gemeinsamer Lebensweg war einfach zuende.

Im Anschluss verbrachte ich wieder einige Zeit in meinem Elternhaus und ging von dort aus auf Wohnungssuche nach Pforzheim. Mitte Juni reiste ich schließlich nach Schweden, um Inga nach zwei Monaten Trennung wieder zu sehen. Wir vagabundierten umher und wohnten bei Freunden in Lund, Helsingborg und schließlich in Stockholm. Nach sechs Wochen ging es dann gemeinsam zurück nach Deutschland und über Berlin nach Pforzheim, wo ich ab dem ersten August ein Zimmer in einer WG für uns gefunden hatte.

Am Ende desselben Monats begann ich an der Goldschmiedeschule Pforzheim im dreijährigen Berufskolleg meine Ausbildung zum „Staatlich geprüften Formgeber für Schmuck und Gerät", wie es damals hieß. Korb kratzt sich. Heute erhalten die Abgänger der Schule eine Urkunde, auf der klip und klar Designer steht.

***

Tatjana hat inzwischen den Computer beiseitegelegt, die kleine Stehlampe angeknipst und es sich mit einem Buch gemütlich gemacht.

Korb verweilt schläfrig auf dem Rücken und betrachtet ausgiebig die Zimmerdecke. Dabei fällt ihm etwas auf, er blinzelt. Mit dem Blick nach oben gerichtet, scheint es, als sehe er diesen Ausschnitt über sich zum ersten Mal. Dort hat irgendjemand einmal mit dem Verputzen angefangen, die Arbeit aber nicht zu Ende gebracht. Etwa in der Mitte des Raums, also da, wo sich der Haken für die Deckenlampe befindet, ist Schluss und auf dem Rest der Fläche bleibt der rohe Beton sichtbar. Inzwischen ist alles mit mehreren Lagen weißer Farbe überpinselt, so wie auch der Rest des Raums, und dieser feine Unterschied fällt kaum mehr auf.

Korb runzelt die Stirn. Habe ich noch nie bemerkt. Tja, das lässt Raum für Spekulationen. Geld ausgegangen? Oder hatte der Erbauer dieses Hauses einfach keine Lust oder Zeit mehr gehabt? Auch danach hat sich anscheinend niemand gefunden, der diese

Arbeit zu Ende bringen wollte. Korb folgt mit halb geschlossenen Augen der Linie zwischen Fein- und Grobgemörteltem wie einem Weg auf der Landkarte. Also ich werde das bestimmt auch nicht mehr anrühren. Ist ja auch nur ein klitzekleiner Schönheitsfehler.

Apropos, denkt er und dreht den Kopf. Was ist eigentlich mit dem großen Riss da in der Hauswand? Genau da, zwischen Bullerofen und dem Sessel auf dem Tatjana sitzt. Dort verläuft ein etwa fingerdicker Zick-Zack Spalt horizontal die gemauerte Backsteinwand entlang. Er beginnt als haarfeine Linie in einer Ecke nahe der Küche, Korb wendet den Kopf nun in die andere Richtung, zieht sich über die gesamte Länge des Wohnzimmers und endet als Miniatur Grand Canyon direkt bei der Haustür. Als Korb bereits heute Morgen hier mit eine Tasse Kaffee lag, konnte er den Sonnenaufgang durch diese Ritze beobachten! Ist so etwas auch nur ein Schönheitsfehler?

Korb brummt. Ich glaube eher, dass unser Häuschen langsam aber sicher den Hang hinunter surft. Die im Tal sagen, das hier oben vor zwanzig Jahren nur ein alter Taubenschlag stand und dann kam irgendwann ein alter Mann aus der Kreishauptstadt und hat den Verschlag Stein für Stein zu einem ersten kruden Wohnraum erweitert. Klar hatte der keine Peilung von Statik.

Korb kneife die Augen zusammen, aber es ist zu dunkel. Er kann den Spalt jetzt nicht erkennen. Na ja, wenigstens sorgt die Ritze für eine ordentliche Durchlüftung. Gutes Raumklima, daher auch die vielen Fliegen und Spinnenweben. Er lässt den Blick schweifen. Im Schuppen gibt es eine Schaufel und eine Spitzhacke und irgendwo steht auch eine löchrige Schubkarre. Ob das Gerät genug ist, um so eine Hanglage zu stabilisieren? Aber Korb fürchtet, dass der alte Herr immerhin noch mehr Ahnung vom Häusle bauen hatte als er selbst. Wenn es dann halt irgendwann so weit ist, dass hier drin alles schräg steht wie auf der Titanic, dann ziehen wir eben in unser kleines Gartenhaus unten am Brunnen. Etwa zwölf Quadratmeter sind das. Immer noch grösser als der alte Wohnwagen. Und außerdem wachsen Trauben und Feigen dann genau vor der Haustür und das Wasser müssen wir dann auch nicht mehr hochpumpen. Da sparen wir schon wieder Benzin für den Generator, freut er sich. Na also, fast nur Vorteile. Korb kratzt sich und legt damit die Sanierungspläne beiseite.

Sein Blick wandert langsam wieder nach oben. Und während er so bei den Ungereimtheiten der Zimmerdecke verweilt, fällt ihm jetzt erst auf, dass das Klickern der Computertastatur verstummt ist. Durch dieses akustische Manko sensibilisiert, bemerke er auch, dass das Knistern des Feuers im Bullerofen nicht mehr zu hören ist. Er bewegt abermals den Kopf. Tatsächlich, nur noch das schwache, rötliche Leuchten der verlöschenden Glut fällt durch das verrußt Glas in der Ofentür. Ich sollte mal ein Scheit nachlegen. Sein Blick gleitet jedoch langsam wieder an die Decke und bleibt träge dort oben kleben. Diese Schnittstelle zwischen rau und fein.

Es gibt jetzt nur noch ein einziges Geräusch im ganzen Raum. Das ferne Ticken der Uhr in der Küche. Korb lauscht. Dieses Pulsen. Es ist irgendwie merkwürdig, es kommt mir immer so vor, als seien es zwei verschiedenartige Töne die da aufeinander folgen. Ein Tick und ein Tack eben. Wie ein Ein und Aus gleicht es der Hin- und Her Bewegung eines Metronoms. Korb horcht jetzt ganz konzentriert. Ohne Witz, es sind tatsächlich zwei deutlich abgestufte Töne, die da in endloser Reihung, aufeinander folgen. Einer davon ist kaum merklich länger, weicher, irgendwie gedehnter. Der nächste dann anscheinend kürzer, knackiger und etwas betonter. Dann kommt wieder der weichere, dann der kantige und so weiter und so fort.

Aber kann das denn sein? Korb runzelt die Stirn, spielt einem die Wahrnehmung da nur einen Streich? Das muss eine akustische Fata Morgana sein, denn so eine Uhr erzeugt bestimmt nur einen einzigen, immer gleich tickenden Ton, um die Sekunden wegzuklicken, erdacht für einen haarscharf bemessenen, immer gleich langen Zeitintervall.

Wird die Zeit nun eigentlich mit dem Ticken oder dem stillen

Intervall dazwischen gemessen? Korb muss unwillkürlich lächeln, während er so an die Decke starrt und auf etwas lauscht, was eigentlich gar nicht zu hören ist. Was für eine unglaubliche Erfindung des Menschen, eine Maschine herzustellen, welche vorgibt, durch die Rotation vieler kleiner Zahnräder die nicht wahrnehmbare Flucht des Moments, in Form eines Klickens, sowie der kreisförmige Bewegung von Zeigern, sowohl akustisch als auch optisch erfahrbar zu machen. Ist das totale Idiotie oder eine wahnsinnige Leistung? Korb kann sich nicht entscheiden und denkt daran, was für ein chronisches Theater es jeden Morgen bedeutet die Kinder aus dem Bett zu treiben, damit sie pünktlich in die Schule kommen. Dann wohl doch eher ersteres. Denn irgendwie haben wir das Phänomen des Verlaufs ja trotzdem nicht in den Griff bekommen, trotz der märtyrerhaften Aufopferung von Generationen von feinfingerigen Uhrmachern.

Korb sieht die surrende Rhythmik rotierender, kleiner Uhrrädchen vor sich, wie sie eilfertig vor sich hin schnurren. Er sieht die nadelspitzen Enden ihrer Achsen, wie sie in kleinsten, roten Edelsteinchen eingesetzt sind, damit sie leichter laufen. Manche dieser zahnbewehrten Scheibchen bewegen sich furchtbar schnell und andere ganz langsam wie alte Mühlräder. Alles ist dabei ungeheuer präzise aufeinander abgestimmt, suggeriert schnurrende Gelassenheit. Vielleicht doch eine ganz ungeheure Errungenschaft.

Nun denn, so oder so, Korb streckt den Rücken durch, wahrscheinlich ist es weder totale Idiotie noch eine wahnsinnige Leistung, sondern beides zusammen.

Auf Korbs letzten Gedanken folgt nun aber auf einmal kein weiterer. Eine Pause schleicht sich ein, er blinzelt, fortlaufende Leere, welche sich nicht wieder füllen möchte. Ein Rädchen klemmt. Keine neue Begrifflichkeit springt in die entstandene Bresche. Korb greift zu. Gleich einer großen Blase dehnt er die Lücke aus und zieht sie in die Länge. Doch in der entstandenen Inhaltslosigkeit drehen sich die vielen Spulen der Zeit weiter. Korb blickt durch ihre dünnen Speichen hindurch in den tauben

Raum dahinter. Atemlos lauscht er hinein in die Einöde jenseits der Bewegung, horcht auf ihre Atemlosigkeit. Korb schließt die Augen und gleitet durch dieses Vakuum davon. Aus weiter Ferne empfängt er noch den gedämpften Eindruck der tickenden Uhr. Einmal weich und gedehnt, einmal kurz und knapp, nur noch ein sanftes, pulsierendes Streicheln auf seinem Trommelfell. Aber jenseits davon beginnt die volle Endlosigkeit. Dort ist kein Fluss der Zeit, kein Warten oder Starten, kein Dehnen oder Drehen, kein Klopfen oder Klicken. Dort herrscht nur blutleere Ruhe. Dort gibt es nur einen einzigen, orientierungslosen und unhörbar langen Moment.

Dort fängt nichts an, geht nichts weiter und dort hört auch nichts auf. Aber das ist eine andere Geschichte.

***

Pforzheim stellte den Start in ein neues Leben dar.

Dieser Ort ist allerdings deutschlandweit im Verruf, eine der hässlichsten Städte der Nation zu sein. Außer der weithin berühmten, über 300 Jahre alten Goldschmiede- und Uhrmacherschule gibt es dort nichts Erwähnenswertes zu vermerken. Ein massiver Bombenangriff am Ende des Zweiten Weltkrieges hatte die Stadt in einer Nacht dem Erdboden gleichgemacht. Die Pforzheimer hatten nämlich zu der Zeit die traditionelle Schmuckindustrie auf Munitionsproduktion umgestellt, was den Alliierten ein Dorn im Auge war und sie veranlasste, diesem Treiben und damit gleich Tausenden von Menschenleben ein jähes Ende zu bereiten.

Wer sich allerdings für die architektonischen Errungenschaften der fünfziger und sechziger Jahre interessiert, der ist hier bestens aufgehoben und es gibt, was diese Form des Bauens betrifft, angeblich einen regelrechten Touristenstrom in dieses schwäbische Dawson City, die Goldstadt, wie sie sich selbst nennt.

Korb lernte diese Stadt trotzdem lieben. Es gab drei oder vier einschlägige Cafés und Clubs, einen vom Bombenangriff verschont gebliebenen Stadtteil mit schönen, alten Häuserzeilen, den autonomen Jugendtreff Schlauch, in dem er so manche Partynacht durchmachte, dazu eine ausreichende Anzahl intellektuell und künstlerisch interessierter junger Leute und viele weite Wiesen, Felder und Wälder vor den Stadttoren.

Lediglich seine geliebte Inga erschien ihm fehl an diesem Platz. Wie eine exotische Blume existierte sie in dieser kleinstädtischen Welt in der sie, außer ihm, nichts hatte. Eine Blume, die nicht blühen konnte und bald verdorren würde, denn nur um der Beziehung willen war sie mit hierher gekommen, und diese Tatsache empfand Korb als schwere Belastung.

Er hatte sich bemüht, eine kleine Wohnung für sie beide zu mieten, aber nun hausten sie zu zweit in einem bescheidenen WG-Zimmer und die dauernde Nähe empfand er auf Dauer als bedrückende Enge.

Korb hatte das verzweifelte Verlangen, einen Platz für sich selbst zu haben. Die Verantwortung der ständigen Nähe und die dauernde Zweisamkeit erdrückten ihn. Korb hatte das Gefühl er könne das nicht wirklich kommunizieren, schon gar nicht seiner Freundin gegenüber. Immer, wenn er einer Person nahe kam, verflüchtigte sich auf einmal der Boden unter seinen Füssen, er strauchelte und schwebte nach kurzer Zeit haltlos im freien Raum. Dann verspürte er einen Sog, der von seinem Gegenüber ausging, um ihn anzulocken und für immer an sich zu heften. Korb war dann nicht mehr er selbst, seine Gedanken wurden weich wie Butter in der Sonne, er sagte Dinge, von denen er nicht überzeugt war und tanzte Tänzchen wie ein dressierter Pudel. Er zappelte hilflos auf einem Leim, dessen Ursprung sich im Bodenlosen verlor.

In solch einem verworrenen Zustand war ich natürlich für nicht viel zu gebrauchen. Ich war geistig abwesend, verzettelte mich in undeutlichen Schachtelsätzen und agierte hoffnungslos haltlos. So ein Gemütszustand lässt sich nicht lange aufrechterhalten. Ein, zwei Stunden geht das gut, aber dann ist das Pensum voll und die Kraft aufgebraucht. Ich suchte dann nach einem Fluchtweg, musste weg, begann auszuweichen.

Korb igelte sich nach solchen Begegnungen ein, um alle Aspekte seines Selbst wieder zusammen zu sammeln und neu zu ordnen. Er konnte es nicht ertragen, wenn keine Rückzugswege offen blieben, wenn jemand seiner bedurfte oder ihn emotional brauchte, geriet er augenblicklich dermaßen unter Druck, dass er sich physisch wie seelisch total verkrampfte und augenblicklich versucht war, aus dieser Sackgasse zu entkommen.

Ich reagierte geradezu allergisch und bekam beinahe Ausschlag und Durchfall zugleich.

Die Schule hingegen gab der Gärküche seines Bewusstseins neues Futter. Die Ausbildung war ein wahres Gourmetfilet und machte unglaublich viel Spaß. Korb lernte viele neue Leute kennen, war voll ausgelastet und wollte in seinem neuen Leben voll durchstarten, drum warf er alle Kraft in diese Waagschale. Unter diesen Umständen gab es keinen Platz mehr für Inga.

Es war furchtbar, diese Veränderung wahrzunehmen, und Korb wollte sie lange nicht zulassen. Nach kurzer Zeit zog Inga jedoch aus. Korb war einerseits von der wunderbaren Schule begeistert und zugleich tief verzweifelt darüber, dass seine Beziehung schleichend zerfiel. Er sah die Schuld dafür ausschließlich bei sich. Trotzdem fühlte er sich unfähig und nicht willens, eine klare Entscheidung zu treffen, um einen Schlussstrich zu ziehen. Monate lang hielt er Inga am ausgestreckten Arm von sich fern. Mal ließ er sie wieder an sich heran, um sie kurz darauf mit Ignoranz zu strafen. Doch Korb konnte sie nicht vollends loslassen. Er weigerte sich, sich vorzustellen, dass die Nähe, die sie zueinander gehabt hatten, nicht mehr existieren sollte. Inga wiederum hielt an ihm fest wie eine Ertrinkende und vergab ihm jede Misshandlung. Korb klammerte sich an der Vorstellung fest, dass sie weiterhin enge Freunde sein konnten und trotzdem jeder seine Freiheit genießen könnte.

Inga lächelte, „You behave like a little boy, who wants to have all the toys he sees", sagte sie mitleidig, während sie mit der Hand über seine Wange strich, „What a mess you must have inside."

Korb wälzt sich unruhig auf der Couch hin und her. Ja, in seinem Inneren sah es aus, als ob eine Bombe hochgegangen wäre.

Aus diesem schmerzlichen Durcheinander erwuchs ein ätzendes Trauma, welches ihn noch jahrelang verfolgen sollte. Korb empfand eine tiefe Schuld dafür, dass er diese Frau in sein Leben gezogen hatte, um sie dann durch seine Unfähigkeit und Unreife so lange schweigend hinzuhalten, bis sie völlig ausgezehrt war und nach acht Monaten verzweifelt die Stadt verließ.

Er verharrt lange in tiefer Trauer darüber, dass hier etwas Wunderbares in die Brüche gegangen war, etwas das sich durch sein Versagen nie zu einer vollen Blüte hatte entwickeln könnte. Eine uralte Sehnsucht hatte nicht eingelöst werden können.

Korb seufzt. Und so nahm ich aus meiner Werkzeugkiste des Lebens den großen Hammer und schlug mir damit verzweifelt immer wieder selber auf die Finger. Ich hatte ein Herz zerbrochen und mein eigenes zu Mus zerquetscht. Es war eine harte Schule zu erkennen, dass ich von meinen Gefühlen fast völlig abgeschnitten war und gänzlich unauslotbare Lähmungszustände verspürte, wenn es galt, irgendwelche inneren Prozesse zu ordnen und diese womöglich noch sortiert zu kommunizieren, wie das anscheinend alle Anderen taten.

Korb fröstelt und betrachtet seine Fußspitzen. Er war diese Zustände gewöhnt, welche ihm regelmäßige Phasen tiefer Unzufriedenheit und Verzweiflung bescherten, und er betrachtete diese Art des Seins als einen zutiefst unerfreulichen, aber integrativen Teil seines Selbst, den zu ändern er nicht in der Lage war.

Ich lebte wie ein stoischer, verwundeter Hund mit einer Halskrause. Meine Verletzungen ließen sich nicht erreichen, und außer dem verzweifelten Bedürfnis, meine Wunden lecken zu wollen, und dem stillen Erdulden der Schmerzen fiel mir nichts anderes ein, was zu meiner Genesung hätte beitragen können. Da Korb nicht die Möglichkeiten hatte, sich seinen Mitmenschen wirklich zu öffnen und dieses als ein schreckliches, aber unabdingbares Manko empfand, stürzte er sich Hals über Kopf in die Kunst und empfing hier zumindest eine Zeit lang viel Bestätigung und Befriedigung.

Außerdem lernte ich Tatjana kennen.

In meiner Klasse gab es zwanzig junge Frauen und nur vier Jungs. In den anderen Jahrgängen der Schule sah das Geschlechterverhältnis ähnlich erfreulich aus. Von den männlichen Mitschülern war noch dazu einer schwul, der nächste ein langweiliger, blasser Teenie von sechzehn Jahren und der Dritte war uralt, nämlich schon über Dreißig und noch dazu in festen Händen. Korb verlebte also einige Jahre in einem geschlechtlichen Schlaraffenland, doch sein unausgegorenes Innenleben verhinderte, dass er viel von den verlockenden Früchten naschen konnte. Manch anderem Mitschüler fiel es schwer angesichts dieses Überangebots die Nerven zu behalten. Der gut aussehende Franzose René zum Beispiel, welcher noch dazu angesagter Gitarrist und hipper DJ war, rief eines Nachts in der Kneipe, verzweifelt und hoffnungslos überfordert, in die Runde seiner Freunde: „So viele Frauen. Ich will sie alle ficken!"

Korbs Lösungsansatz in Anbetracht dieser Fülle war jedoch im Endeffekt die Fokussierung auf eine einzige mögliche Partnerin und die hieß also Tatjana.

Er war ihr schon am ersten Schultag aufgefallen.

„Da gab es eigentlich nur euch zwei.", erinnerte sie sich, „Dich und Sabrina. Ihr stacht irgendwie aus der Menge heraus. Du warst ein Freak, und sie hatte diese wunderbare blonde Mähne."

Nun, Sabrina wurde ihre beste Freundin in der Pforzheimer Zeit, und ich war dreieinhalb Jahre später ihr Ehemann.

Mit Tatjana kam ein neuer Wind in Korbs Leben. Sie war laut und redegewandt, aufmüpfig, pfeffrig und direkt. Korb bewunderte sie als charismatische Lebefrau, die sich mehr für ein exzessives Nachtleben als für verstaubte Goldschmiedetechniken interessierte. Korb fand sie cool, bewunderte ihre Miniröcke und ließ sich beeindrucken von ihrem wunderbar selbstsicheren Auftreten. Die folgenden drei Jahre sahen sie sich fast täglich, gingen gelegentlich miteinander ins Bett, entfernten sich dann wieder voneinander, um sich anderwärtig auszuprobieren und hielten doch ständig den Kontakt.

Tatjana erfuhr natürlich bald am eigenen Leibe, woran sie mit Korb war aber anstatt wie Inga zu verzeihen und zu dulden, ging sie auf Konfrontationskurs und brachte deutlich zum Ausdruck, wenn ihr etwas nicht passte, und davon gab es reichlich.

Ich war noch zu sehr mit Inga verwoben und weit mehr auf meine persönliche Freiheit bedacht, als dass ich wirklichen Einsatz hätte bringen können.

Korb nahm, was ihm gefiel, und gab, was er konnte, aber wenn es ihm zu viel wurde, zog er sich zurück und war nicht zu erreichen.

Ich war nicht bereit, wirklich in eine neue Beziehung zu investieren. Schließlich hatte ich bei Inga gesehen, was für ungeheure Schmerzen die Hingabe bereiten konnte, und war nicht willens, ein solches Risiko einzugehen. Ich zog es vor, emotional vegan zu leben.

Viele Monate verbrachte Korb so als ausgelaugter Triathlet in einem emotionalen Ringkampf zwischen diesen beiden Frauen und sich selbst.

Ich sah überall nur Schmerzen und Verlust und verstand nicht, was man von mir in einer Beziehung verlangte, außer auf die Schnauze zu bekommen. Daher zog ich mich rechtzeitig immer wieder in mein Schneckenhaus zurück, genoss zwar den Moment, fuhr dann aber wieder alle Schilde hoch. Natürlich sehnte ich mich nach richtiger Nähe, wie der Bergsteiger nach dem Gipfel, aber ich verharre im Tal und schnürte nicht einmal die Stiefel.

Um diesem scheußlichen Irren und Wirren, diesem widerständigen Wimmelbilderbuch der Gefühle zu entgehen, stürzte Korb sich in seine künstlerische Arbeit.

Sabrina vertrat Tatjana gegenüber schon immer die Meinung, dass ich die Kunst immer mehr lieben würde als sie. Ob das wahr war, weiß ich nicht, aber ich verhielt mich bestimmt entsprechend, und das noch über viele Jahre hin.

Die Lehrerschaft und auch die Mitschüler waren von Korbs Arbeiten begeistert, und er sprühte nur so von neuen Ideen. Das Berufskolleg setzte damals einen Rahmen, in dem die Schüler ihrer Kreativität nahezu freien Lauf lassen konnten, aber nur wenige hatten wirklich Interesse, sich aus den konventionellen Vorstellungen über Schmuck zu befreien.

Korb malte und zeichnete viel und probierte sich in der Objekt- und Installationsgestaltung. Ein paar erste Ausstellungen und Künstlermärkte folgten.

Den Rahmen des Möglichen der Schule hatte Korb allerdings alsbald dadurch gesprengt, dass er Colliers mit in Plastik einge- schweißten Kadaverteilen von Tieren entwarf. Der Versuch, Wertehorizonte ganz konkret durch sich Zersetzendes, Verwesen- des und Abstoßendes, zu hinterfragen, und einen derartigen An- satz im zeitgenössischen Schmuck unterzubringen, ging einen Schritt zu weit. Die Präsentation dieser Stücke während einer öffentlichen Ausstellung an der Schule, wurde ihm von der Schul- leitung offiziell untersagt. Daraufhin veranstaltete er kurz ent- schlossen eine eigene Ausstellung im Park außerhalb des Schulge- ländes, wofür er mit provokativen Flugblättern warb. Diese En- fant-Terrible-Aktion brachte ihm allerdings eine abmahnende Vorladung zum Direktor ein, mit dem er dann allerdings ein sehr produktives Gespräch über Sinn und Zweck von Schmuck, dem Einhalten von Konventionen, den Erwartungen der Öffentlichkeit und dergleichen mehr führte.

Damit war aber das Gestalten von Schmuck als Ernst zu neh- mende, aussagekräftige Kunstform erst einmal ausgereizt, und er wandte sich anderen Ausdrucksmöglichkeiten zu, um seinem inneren Drängen Form zu verleihen und durch das Wühlen in der Materie dem großen schwarzen Loch des Daseins ein paar

172

Geheimnisse mehr abzuringen.

Bald war Korb mit Mikrophonen, Vierspur-Mischgerät und einem alten Sampler bewaffnet dabei, oszillierende Motorengeräusche, Propagandareden von Goebbels und Hitler, dysfunktionales elektronisches Spielzeug und anderes tönendes Material zu Geräuschkulissen und Lärm-Kunst zusammenzufügen. Joseph Beuys, die Fluxus-Bewegung der sechziger Jahre, sowie Avantgardemusiker wie Stockhausen und John Cage übten in dieser Zeit einen starken Einfluss auf ihn und eine kleine Gruppe Gleichgesinnter aus.

Korb lächelt. Wir nahmen uns die ekligen Operations- und Schlachthauskünstler Gottfried Helnwein und Hermann Nitsch zu Vorbildern und experimentierten bald mit Mischformen von Objekt-, Geräusch-, Installationskunst.

Als Kind hatte sich Korb stets gegen die wiederholten Versuche der Eltern gewehrt, ein richtiges Instrument zu erlernen, und im Schulorchester hatte man ihm lediglich die Triangel anvertraut.

Selbst damit hatte ich noch meine liebe Mühe gehabt. Dafür begann ich jetzt mein ganz eigenes Empfinden der Welt der Akustik umzusetzen.

Ein kleines Label aus Bruchsal vertrieb die selbst kopierten Kassetten in der Kategorie Industrial Noise, und einige davon fanden ihren Weg sogar bis nach Japan. Unter dem Namen „Korb`s Vertonung der Dinge" veranstaltete er einige Aufführungen und Ausstellungen.

Bei einer dieser Aktionen in Form einer „Extrem Beschallung", wie Korb seine Darbietung nannte, hätte er beinahe seine Mitstreiterin und Freundin Marita ins Jenseits befördert.

Gemeinsam waren die beiden eines Abends am Proben für eine Aufführung gewesen. Diese sollte in einem schmalen, niedrigen und fast völlig dunklen Kellerraum stattfinden. Als Marita eines der von Korb selbst gebauten Mikrophone ergriff, passierte es. Kaum hatte sie ihre Finger um den Metallgriff des Geräts geschlossen, da stieß sie einen markerschütternden Schrei aus und wurde, wie von Geisterhand ergriffen, in eine Ecke des Raums katapultiert. Mit einem infernalischen Krachen und Poltern, welches in dem klaustrophobischen Raum schrecklich widerhallte, riss sie dabei die gesamte Stereoanlage mitsamt der Boxen und Verstärker zu Boden. Danach wurde es totenstill. Marita kauerte mit dem Rücken an die Wand gelehnt, auf dem Boden und schnappte nach Luft. Korb stand wie gelähmt noch immer am selben Ort und begriff nicht was da geschehen war. Marita hatte einen fürchterlichen Stromschlag bekommen. In ihrer Handfläche, welche das Mikrophon noch umschlossen hielt, befanden sich zwei tiefe, klaffende Wunden und zur Überwachung ihrer Herzrythmusfrequenz verbrachte sie die folgenden drei Tage im Krankenhaus.

Tja, von Elektrik hatte ich nämlich leider nur rudimentäre Kenntnisse, und das selbstgestaltete Mikro war wohl nicht richtig verdrahtet gewesen. Mit ihrer fröhlichen und überschwänglichen Art nahm Marita mir diesen technischen Dilettantismus jedoch nicht übel und noch heute lachen wir über dieses Ereignis, wenn einmal das Gespräch darauf kommt.

Die geplante Aufführung fand kurz nach diesem Desaster trotzdem statt, und als Marita im morbiden Dämmerlicht einer einzelnen Schwarzlichtbirne ihre hintergründigen Texte vorlas, dann hatten Abschnitte wie „Hast du Angst? Ich habe Angst!" für beide eine ganz neue Tiefe gewonnen.

Korbs Zimmer in der Wohngemeinschaft spiegelte seine damalige Gemütsverfassung wider. Der gesamte Raum war als Kunstwerk gedacht, eine Art überbeinartiger Seelenschrein, wie Marita meinte, bestückt mit elektronischem Gerät, welches auf alten Munitionskisten gestapelt war. An den Wänden hingen Korbs aufwühlende Bilder, zwischen Gasmasken aus dem Zweiten Weltkrieg und alten Beinprothesen für Kinder. Ein schwerer Grabstein bildete den Schreibtisch und über der Matratze hing ein Tropf, mitsamt Schlauch und Kanüle, in dem sich eine tote Maus in Salzlösung befand. Auf provokative und schockierende Weise stülpte Korb sein Innerstes nach außen.

Auch sein eigenes Äußeres widmete sich der sprachlosen Kommunikation. Seine Garderobe hatte sich weiter vom klassischen New Wave Look entfernt und bestand nun aus einer sogfältig ausgewählten Komposition aus alten, derben Militäruniformen in Feldgrün oder Grau, hochgeschlossenen schwarzen Westen mit Stehkragen sowie mit Säure behandelten weißen Rollkragenpullies, deren verätzte Krägen, gleich barocken Rüschen auf seine Schultern fielen. Dazu gab es gelegentlich wadenlange Nickerbocker aus Tweed oder einen langen schwarzen Damenrock. Drüber eine schwere Jacke aus abgewetztem Glattleder oder ein altes, kratziges Jackett seines Vaters. Klobige Schürstiefel, die bis unter das Knie reichten, bildeten unten den Abschluss und auf dem Kopf saß eine ausgeblichene Wehrmachtskappe. Vorherrschend waren die Farben Schwarz sowie verschiedene Erd- und Naturtöne.

Die Garderobe sollte einen ausdrucksvollen Teil der Persönlichkeit darstellen, und zu bemitleiden war jeder, der nicht mehr aus sich zu machen verstand als einen T-Shirt-und-Jeans-Klon.

Korb amüsiert sich. Er hebt die rosa Decke mit einer Hand leicht an und schaut an sich hinunter. Blaues Kapuzen-Sweatshirt und eine graue Trainingshose schauen ihm entgegen. Mehr nicht. Der tägliche Hausdress. Nun, die Zeiten haben sich eben geändert.

Tja, aber hat nicht sogar Karl Lagerfeld gesagt, dass man als Mensch seine Seele verrät, wenn man nur im Trainingsanzug herumläuft? Nicht, dass ich besonders viel von diesem bezopften Heino der Modebranche halte, aber damals war ich jedenfalls überzeugt, dass es Sünde sei, dem Körper eine extravagante und aussageträchtige Hülle zu verweigern.

So war die Kunst alchemistische Seelennahrung und Therapieform zugleich und verschaffte Korb das notwendige Ventil, um seine emotionalen Altlasten auszuschwitzen.

Auf kreative Höhenflüge folgten aber regelmäßig Zeiten des Verzweifelns und der Lethargie, dann dämmerte er dahin wie unter einer eindrucksdichten Käseglocke, ummantelt von Depressivität, deren Hülle einem zähen Teig von klebriger Schwere glich und Eindrücke aus der Außenwelt nur noch gedämpft und verzerrt durchdringen ließ. Darunter dimmte sich die Geistestätigkeit auf eine amphibische Restaktivität herunter.

Korb verfiel in solchen kläglichen Phasen in eine motorische und sensorische Starre und das einzige, was er noch zu verrichten im Stande war, war es, sich ins Bett zu verkriechen, die Decke über den Kopf zu ziehen und auf die schmerzstillende und heilende Kraft des Schlafs zu hoffen.

Er war sowohl den Hochs als auch den Tiefs spielballartig ausgeliefert und sah als einzige Eigentherapiemethode, konstant einen relativ geringen Euphorielevel zu erhalten, um dadurch sicherzustellen, dass der nächste Absturz nicht zu einschneidend ausfallen würde.

Am Ende der Schulzeit musste Korb jedoch erkennen, dass seine Art der lauten Kunst, welche zu einem entscheidenden Teil von einem bewussten und provokativen Übertreten von Grenzen geprägt war, zu einem Ende gekommen war, denn diese Methode verlangte nach ständig weiteren und drastischeren Mitteln, um die erwünschte Schockwirkung aufrecht zu erhalten und stellte somit ein Fass ohne Boden dar. Obwohl er noch an das Ideal des unglücklichen, dissonanten Künstlers glaubte, der nur aus der Verzweiflung heraus kreativ sein kann, fühlte Korb dennoch, dass nur Weltschmerz und Gesellschaftskritik ohne persönliches Wachstum nicht reichten, um seinen Arbeiten die von ihm beanspruchte Tiefe zu verleihen. Doch eine andere Sprache hatte er nicht zur Verfügung. Daher zog er die Notbremse und gab auf. Er hatte nichts mehr zu sagen.

Die großen Veränderungen welche auf den Schulabschluss folgten, beschleunigten diese Entwicklung noch. Korb hatte begeistert die Rolle des avantgardistischen Künstlers angenommen und erlebt, was man sich in dieser Rolle alles erlauben durfte, und nun musste er sie wieder loslassen und statt auf die Welt mit all ihren Fehlern zu zeigen, erst einmal auf sich selbst schauen. Korb wollte keine abgelaugte Version von sich selbst weiterleben, nur um weiter etwas zu tun zu haben. Er befürchtete, dass der Schlüssel zum Glück irgendwo in einem selbst liegen müsse, aber große Hindernisse und tiefe Abgründe schienen ihn unerreichbar davon zu trennen. Die Kunst war Flucht und Ablenkung geworden. Korb hatte viel Lob für seine Arbeit geerntet. Kein Wunder bei dem großen Krafteinsatz.

Ich gab immer weiter Energie hinein, bekam aber irgendwann keine mehr zurück. Das Lob verhallte und die Freude blieb aus. Je weniger ich mit mir selbst zufrieden war in meinem täglichen Umgang mit der Welt, desto mehr musste ich arbeiten, um diesen Mangel zu kompensieren. Ich hatte meine Unzulänglichkeit zum Kult erklärt.

Korb seufzt.

Die Vorbereitungen für seine letzte Ausstellung hatten ihn sehr gestresst. Der Event sollte, zusammen mit anderen Künstlern, in einer alten Wäscherei außerhalb von Pforzheim stattfinden. Da gab es große, weitläufige Räume und kleine, leere Kammern zur Auswahl. Doch ich war wie gelähmt, spürte bereits eine große Leere in mir aufkommen, und alle Ideen, die ich verfolgte erschienen schal und hohl. Meine mentale und emotionale Bändererschlaffung war nicht mehr zu ignorieren.

Korb lächelt. All mein Streben bekam den süßsauren Beigeschmack der Müßigkeit. Ich hatte irgendwie erkannt, dass die eigentliche Kunst das Leben selbst ist, und dessen Undurchsichtigkeit überwältigte mich vollends, und angesichts dieser Tatsache vermochte ich nur noch das Handtuch zu werfen. Gestalterisch war diese Komplexität nicht zu fassen zu bekommen, ich wollte mich aber auch nicht mit weniger als Allem zufriedengeben. Daher zog ich kurz vor der Vernissage die Reißleine und verwarf alle Pläne für eine groß angelegte Installation.

Alles, was Korb daraufhin bot, war ein kleiner Glaskasten, der in einer Ecke der Eingangshalle auf einem Sockel stand. Er war vorne offen und mit einem quadratischen Stück Grasnarbe ausgelegt. Diese beiden Elemente waren Bedeutungsträger für das reduzierte Leben, eine kontrollierte Natürlichkeit symbolisiert durch den ordentlich geschnittenen Rasen, eingequetscht und zur Schau gestellt in einem Quadrat, dem Sinnbild des analytischen, logischen Denkens.

Ich betrachtete dies als Allegorie für eine verkleinerte, reduzierte Existenz. Das Gesamte, die Einheit des Lebens ist für den hirnenden Menschen nicht anders zu fassen, nicht anders zu ertragen als in der Reduktion.

Auf das Stück Grün platzierte Korb einen einfachen, alten Kassettenrecorder mitsamt Kopfhörer. Auf dem Band befand sich ein Zusammenschnitt aus einigen Gesprächen zwischen ihm und Marita, welche er während vieler gemeinsamer Konversationen am Küchentisch in der WG aufgenommen hatte. Zwei Menschen, zwei Freunde reden miteinander. Reden über das Leben und was wohl dahinterstecken mag. Nicht mehr und nicht weniger.

Die Kunst trat mir auf einmal in einem ganz anderen Licht gegenüber. Sie erschien mir nunmehr als wurmstichige Krücke der Kommunikation, welche denjenigen, der sich auf sie stützt, nur stolpernd vorwärts kommen lässt auf dem Weg zum eigentlichen großen Fisch.

So lange ich wie ein versehrter Kapitän Ahab irgendeinem Phantom hinterherjagte und dieser Weg kein sicheres, zweites Standbein zu sein versprach, wollte ich nichts mehr damit zu tun haben.

Korb zieht eine Hand unter der Decke hervor und reibt sich nachdenklich das Kinn. Es sollten fast zwanzig Jahre vergehen, bis er verspürte, dass die Zeit reif war, dort anzuknüpfen, wo er damals aufgehört hatte. Aber darum geht es jetzt nicht.

Tatjana lacht leise auf. Das holt Korb aus seinen Gedanken zurück und er wendet sich ihr zu.

„Was liest du denn so Lustiges?"

Sie hält ihm den Umschlag des Buchs mit ausgestrecktem Arm entgegen. Korb kneift die Augen zusammen, aber bei der schummerigen Beleuchtung ist der Titel vom Sofa nicht auszumachen, doch er erkennt den Einband.

„Ah... das Buch mit diesen tibetischen Weisheiten."

„Ja genau", sagt sie, und weiter, „Also, dann hör mal zu was hier steht!"

Doch bevor sie beginnt, hält sie einen Augenblick inne, schaut kurz hinter dem Buch hervor und sieht ihn an.

„Hast du Zeit?", fragt sie.

„Ja, das habe ich!", sagt Korb gut gelaunt und verschränkt die Arme erwartungsvoll hinter dem Kopf. Ihm ist jetzt durchaus nach ein paar Häppchen Lebenshilfe.

„Also, dies ist ein Zitat von irgendeinem alten Rinpoche". Sie blickt wieder in die Seiten, um die Textstelle zu finden. „Der sagt folgendes über das Leben aus buddhistische Sichtweise: Erinnert euch immer an das Beispiel der alten Kuh. Ihr müsst essen, schlafen und scheißen. Alles andere geht euch nichts an!"

Tatjana hält inne und schaut Korb über den Rand des Buchs erwartungsvoll an. Es entsteht eine Pause, dann müssen beide lachen.

„Das war's?", meint Korb belustigt, während er noch bemüht ist, das Gehörte in seiner Ganzheit zu erfassen. „Mehr nicht? Da bleibt wirklich nicht viel übrig."

„Nun ja", fügt sie hinzu, "Du auf deiner Couch kommst dem ja schon recht nahe."

Korb lächelt. Möchte sie ihm etwas mitteilen? „Ich höre da ein Hochlied auf die Gewöhnlichkeit heraus, und die liebe ich, wie du weißt."

„Außerdem", fügt er hinzu, „Im Schlaf bin ich am kreativsten." Dann tippt er sich an die Stirn, „Beim Essen bin ich am glücklichsten und beim Scheißen am entspanntesten."

Doch dann fällt ihm plötzlich etwas ein. „Übrigens, weißt du noch, wie du mir damals in Pforzheim zum Geburtstag einmal ein paar positive Affirmationen von so einer Selbsthilfe-Tante auf einen Karton geschrieben hast?"

„Ja", sagt sie und Korb weiß, dass sie alle Details auf Abruf parat hat und wahrscheinlich sogar den Text zitieren könnte, falls er sie darum bäte. Ein Gehirn wie ein Elefant.

„Das war von Louise L. Hay aus dem Buch: You can heal your life. Du konntest damals damit gar nichts anfangen. Das war wie Chinesisch für dich." Sie macht ein mitleidiges Gesicht.

„Hm...genau", brummt Korb und blickt wieder zur Decke hinauf. Ganz so war es eigentlich nicht gewesen, ich fand es einfach nicht kompliziert genug. „Und ich hab dir ein hart gekochtes Ei zum Geburtstag geschenkt. Damit konntest du nichts anfangen."

„Genau!", sie lacht auf. „Ich glaube, ich hab es voll Wut und Enttäuschung in den Fluss geworfen."

„Tja…", Korb dehnt das Wort in die Länge. Er spürt wie sich in seinem Kopf etwas regt. Er spitzt die Lippen und hebt einen alten Knochen auf.

„Du bist halt der konkrete, der verbale Typ und hast mein Eiersymbol eben nicht begreifen wollen!".

„Ach ja?"

Ich weiß, dass ich damals ihre Erwartungen nicht erfüllt habe. Wir waren schließlich frisch verliebt und ich habe ihr ein verdammtes Ei in die Hand gedrückt. Ich empfand es als sehr poetisch, sie aber wollte Blumen, ein Schmuckstück oder wenigstens eine ordentliche Liebeserklärung hören. Irgendetwas klassisch geburtstagsmässiges eben. Ich konnte das nicht liefern. Ich wollte das nicht liefern und zog meine Linie im Sand. Ich bin doch kein Automat, wo man den Bestellknopf drückt und unten fallen die roten Rosen raus. Deswegen gab es eben ein Alternativobjekt; eine weiß ummantelte Keimzelle in zarter Schale. Korb war zufrieden gewesen mit seiner Wahl.

Doch die Enttäuschung suppt nach und ätzt bis ins Jetzt hinein. Tatjana hat sich aufgerichtet, und beide Hände umfassen die Armlehnen.

„Jawohl, ich bin ein kommunikativer Mensch. Aber du, was bist du überhaupt für ein Typ mit deiner tonlosen Eiersymbolik?" Herausfordernd streckt sie ihm den Unterkiefer entgegen.

„Das weißt du doch genau!" Korb verdreht die Augen und verflucht die Laune die ihn verleitet hat dieses Thema anzugehen, denn er sieht bereits die Fangzähne vor sich. „Für mich zerfließt alles, wenn ich es in Worte packen soll. Da implodiert der Moment einfach ins Nichts. Für dich wird es durch Reden halt erst richtig konkret und greifbar und..."

„Genau!", unterbricht sie ihn und ihr Zeigefinger reckt sich gefährlich nah in seine Richtung. „Dann wird das, was ist, erst real und im Bewusstsein eine Stufe höher gehoben." Sie schnaubt verächtlich. „Wenn man sich nur dauernd gegenseitiger Schweigerei bedient, weiß doch keiner, woran er ist. Dazu hat der Mensch Sprache erfunden und ganz konkrete verbale Codes entwickelt, die jeder verstehen kann!" Sie hat das Buch beiseite geschoben und funkelt ihn angriffslustig an.

Korb hört die Anklage heraus und das gefällt ihm nicht, denn die kennt er schon zu gut und sie ist ihm zuwider. Er überlegt einen Moment, tritt dann in die aufgespannte Falle.

„Tja!", wirft er ihr knapp vor die Füße. „Für dich kristallisiert sich durch Vokabeln schmieden eben etwas aus, aber für mich fällt nur alles in sich zusammen durch dein ewiges Analysieren!".

Die aufgestaute Macht unzähliger Auseinandersetzungen brodelt empor. Der Deckel wölbt sich bedrohlich. Es ärgert Korb, dass er jahrelang ihre Wortgewandtheit als eine Überlegenheit anerkannt hat.

Und sie kontert sofort. „Johannes, es geht doch nicht darum, wer Recht hat!"

Ihr angespannter Tonfall, beherrscht gelassen, so besserwisserisch. Oberlehrerton. Er zieht die Luft scharf durch die Nase ein. Oh Gott, das hatten wir doch alles schon so oft, so oft!

Magensäure schießt ein.

„Natürlich geht's nicht darum, wer Recht hat, aber diese Jagd nach den Worten, das ist einfach nicht mein Metier!" Korb möchte mit der flachen Hand auf eine Tischplatte schlagen. „Und du tust immer so, als ob Reden tatsächlich Gold sei. Kannst du nichts genießen, wie es ist? Musst du immer alle guten Geister durch dein ewiges Geschnatter vertreiben?"

Korb baut seine Verteidigung auf und fischt dazu nach einem Bild.

„Da bin ich halt wie ein Bär!", setzt er an. „Ein alter Bär der einer Schar Kaninchen hinterher rennt und nicht weiß, welches er zuerst schnappen soll. Am Ende sitze ich verwirrt auf meinen Hacken, und alle Karnickel sind in ihren Löchern verschwunden."

Tatjana lacht schrill auf. „Ach du armes Opfer. Er kriegt die Worte nicht gefangen!"

Im Nu steigt es heiß in Korb auf. Das Fangeisen schlägt zu. Er merkt noch, dass ihm hier etwas entgleitet, doch er wird bereits laut. „Das hat doch nichts mit Opfertum zu tun!", herrscht er sie an. „Das ist einfach nicht meine Art der Ernährung, OK! Diese ständige Analysiererei. Ich fresse lieber das, was ich finde!"

Korbs Ohren haben die Farbe von rohem Fleisch angenommen. Er hält inne, nur um den richtigen Stachel für sie zu finden.

Mehr Adrenalin wird ausgeschüttet.

„Ich fresse lieber Aas!" stößt er hervor.

Korb weiß, dass dieses Bild sie treffen wird, und ihre Reaktion kommt sofort.

Tatjanas Hände ballen sich zu Fäusten und mit einem Ruck setzt sie sich auf, als wolle sie aus dem Sessel springen. Jetzt sieht sie nicht mehr hübsch aus. „Oh Herrgott, mein Mann stellt sich als Aas fressenden, alten Bären dar. Das will ich nicht! Das ist total abtörnend! Und überhaupt, kannst du nicht wenigstens einmal Klartext reden! Dieses Parabel-Geschwafel!", sie macht eine abschätzige Handbewegung.

Korb flucht innerlich.

Wir schweben am Rande einer echten Auseinandersetzung, und wir wissen es beide ganz genau. Backenzähne knirschen. Waffen und Schilde sind hochgefahren und die Rösser scharren kampfbegierig mit den Hufen, denn sie wissen, gleich geht es los. Fallen wir nun gemeinsam in das bodenlose Loch, wo Wunden sich öffnen und frischer Eiter sich bildet? Verdammt! Verzweifelt blickt Korb von links nach rechts - Wo ist mein Werkzeugkasten, wenn ich ihn brauche? Mit Mühe schaltet er aber einen Gang zurück.

„Schatz...", sagt er mit gesenkter Stimme, es soll beschwichtigend klingen. Korb blickt an ihr vorbei Richtung Fenster und wird ruhiger aber ein Schluck Galle schwingt noch mit.

Ich kann noch nicht aufgeben, er ballt eine Faust, muss noch etwas weiter gehen, muss noch etwas beweisen, meine ekelhaftes Bild noch etwas weiter zwingen. Warum?

„Sieh's doch einfach mal neutral.", fährt er betont gelassen fort. Korb weiss, dass es nur ein verzweifelter Versuch ist die Oberhand zu gewinnen. „Was ist an Aas so übel? Es ist auch ein Weg sich zu ernähren. Ich nehm´s halt lieber so wie´s kommt, verstehst du?"

Korb schaut sie jetzt an. „Ich kann die Dinge auch mal ruhen lassen. Fleisch ist Fleisch. Das sind doch alles dieselben Moleküle. Du bist doch diejenige die das bewertet."

„Genau so ist es. Ich entscheide!" Sie stampft mit dem Fuß auf. „Und es ist einfach kein schönes Bild, ok! Ich will keinen passiven Aas fressenden alten Sack zum Mann...!"

Doch bevor der Satz zuende ist, hört Korb sie plötzlich nicht mehr. Denn der Ton ist weg.

Auf einmal ist es wie beim Weitsprung im Fernsehen.

Der Sportler ist im Anlauf. Rennt auf den Absprung zu. Der Re porter schreit noch ins Mikro. Das Publikum johlt und klatscht. Stakkato. Er erreicht die Absprunglinie. Ein letzter Satz - und dann? Dann stellen die im Studio auf stumm. Zeitlupe. So lahm wie ein Astronaut segelt der Springer durch die Luft. Skurril. Die Arme rudern wie träge Windmühlenflügel und die schwerfällig kreisenden Beine erzeugen ein gedehntes Rauschen.

Tatjanas Mund klappt immer noch auf und zu wie der eines greisen Karpfens. Die Muskeln in ihrem Gesicht bewegen sich im Schneckentempo, als seien sie einer unendlich schleichenden Zentrifugalkraft ausgesetzt. Eine kratertiefe Furche zeichnet sich auf ihrer Stirn ab. Es ist still. Auf einmal hat Korb viel Zeit. Und dann sieht er es. Dort. Am Rande ihres linken Auges. Da, wo das glasige Weiß der riesigen Sphäre unter den gekreuzten Linien der feuchten Lider abtaucht. Dort! Im schmalen Winkel zwischen Schmerz und Wut blitzt unter dem Schutz der Wimpern kurz etwas auf. Ein Licht. Eine Supernova. Korb erkennt es sofort. Es ist ein Angebot. Er atmet geräuschvoll aus. Erleichtert und ohne zu zögern greift Korb zu.

„Mensch Tatjana…" Der Ton ist wieder da und leise beugt Korb sich vor. Er ist erleichtert, als sei eine lange Suche zuende gegangen. Behutsam legt er die Hand auf ihr Knie.
Tatjana zögert einen Moment, doch die Falte auf ihrer Stirn beginnt sich zu glätten sich. Sie blinzelt und sie schweigt.
Korb lächelt vorsichtig.

„Ist doch wahr…"seufzt sie schließlich und ihre Finger berühren die seinen. Sie sind warm. Der Springer ist gelandet.

***

Ich träumte. Ich träumte, ich stünde am Fuße eines Hügels. Der Hügel erhebt sich sanft aus einem endlosen, dichten Wald. Ich träumte, es sei ein großer, baumloser Hügel, welcher sich majestätisch über die weiten Wälder ringsherum erhebt. Saftig grünes Gras bedeckt ihn wie ein weicher Mantel. Bunte Blumen wachsen

184

dort und kräftige Kräuter. Darüber wölbt sich ein weiter, stahlblauer Himmel. Goldene Sonnenstrahlen wärmen die Luft. Ruhe und Frieden herrschen an diesem Ort. Ich beginne den Hügel hinauf zu steigen. Doch während ich gehe, erkenne ich, dass oben auf der Kuppe eine lange, dünne Stange im Boden steckt. Wie eine Nadel ragt sie hoch in den Himmel. An der Spitze dieses Mastens befindet sich ein kahler, grauer Trichter. Es ist ein Lautsprecher. Als ich neben dem Masten ankomme wird mein Blick auf den Grund zu meinen Füssen gelenkt, und ich bemerke, dass sich unter der grünen Grasnarbe eine Falltür befindet. Ich bücke mich, hebe den Erdboden an und darunter kommt eine große, quadratische Öffnung zum Vorschein. Stufen, welche in das Erdreich gegraben sind, führen in die dunkle Tiefe. Ich steige sie hinab und stehe in einem kurzen, schmalen Gang. Die niedrige, erdige Decke befindet sich genau über meinem Kopf. Im fahlen Licht der Sonne, welches bis hier herunter dringt, nehme ich rechts und links des Ganges nun zwei enge, quadratische Räume wahr. Sie sind direkt in das feuchte Erdreich gegraben. In diesem Moment schließt sich langsam und lautlos die irdene Falltür über mir. Das Licht der Sonne verschwindet, das Summen der Insekten verstummt. Es ist dunkel, kühl und totenstill.

Doch als sich meine Augen an die Finsternis gewöhnt haben, bemerke ich, dass die Räume zum meiner Seite von irgendwoher ganz schwach erleuchtet scheinen.

In dem dämmerigen Licht erkenne ich plötzlich mit klopfendem Herzen, dass beide Räume mit Menschen gefüllt sind, welche schweigend, dicht an dicht im Halbdunkeln beieinander stehen und mich anblicken.

Bevor ich weiß, was geschieht, ertönt auf einmal über unseren Köpfen ein dumpfes Pochen. Erst schwach, dann immer deutlicher. Die Menschen wenden sich von mir ab und blicken zur Decke. Da und dort beginnt Erde von oben herab zu rieseln. Das Pochen wird jetzt zu einem Klopfen und an einigen Stellen werden nun die Spitzen von Holzpfählen in der Decke sichtbar. Es werden immer mehr. Die Menschen werden unruhig und ein ängstliches Murmeln breitet sich aus. Immer mehr Pfähle dringen durch die Decke, das Klopfen wird lauter und lauter, als die Pfähle durch die Decke weiter nach unten stoßen. Die Menschen drängen sich ängstlich zusammen, um den hölzernen Spitzen auszuweichen. Die hinunter getriebenen Pflöcke bohren sich zwischen ihnen in die Erde. Doch mit einem Mal erstarrt jede Bewegung, das Klopfen verstummt und es wird wieder so ruhig wie vorher. Aus dieser Stille erwächst kaum vernehmbar ein sanfter Summton. Das Geräusch erhebt sich zu einem oszillierenden, weichen Brummen. Alle lauschen wie gebannt, und auf einmal werden mit einem Ruck alle Holzpfähle zurückgezogen und verschwinden durch die Decke.

Doch daraufhin beginnt es von oben her zu bröckeln und immer größere Erdstücke fallen herab. Voller Angst drängen sich die Mensch nun aus den Räumen zu mir in den engen Gang, um den herabfallenden Brocken zu entgehen. Mit dumpfem Poltern und Rumpeln stürzen die gesamten Decken der beiden Räume ein. Als die letzten Klumpen auf dem Boden landen, wird es wieder still und das strahlende Licht der Sonne strömt zu uns herab.

Die Menschen schirmen ihre Augen und blinzeln verwirrt in das gleißende Licht. Doch da werden ihnen von oben Hände entgegen gestreckt. Helfende Hände. Dort oben sind andere Menschen und sie helfen uns über die Trümmer hinauf in die Freiheit zu klettern.

***

In den Monaten vor unserem Abschluss an der Goldschmiedeschule hatten Tatjana und ich uns endgültig zusammengerauft und uns entschieden, ein Paar zu werden. Ein drei Jahre währendes Auf und Ab sollte somit, unseren Vorstellungen entsprechend, zu Ende gehen.

Keiner von uns kaufte die Katze im Sack. Wir hatten einander in dieser Zeit nichts vorgemacht, und jeder wusste woran er beim Anderen war, nämlich an jemandem ohne den man nicht länger sein wollte, der aber einem völlig anderen Strickmuster entsprungen war als man selbst. Es war keine sehr romantische Beziehung, sondern eine Form von fatalistischem Magnetismus; außerdem war unsere Zukunft alles andere als gesichert.

Bei diesen Gedanken hält Korb inne und überlegt. Etwas passt für ihn nicht mehr zusammen bei diesen Erinnerungen, und weil er selber nicht mehr drauf kommt, wie genau sich diese Lebensphase abgespielt hat, wendet er den Kopf und betrachtet seine Frau, die wieder entspannt in ihrem Sessel ruht, um bei ihr Aufklärung zu suchen. Gerade blättert sie eine Seite um, und er öffnet den Mund um einzuhaken.

„Tatjana, hör mal!", beginnt Korb. „Wir waren doch eigentlich zu Ende der Goldschmiedezeit offiziell zusammen, oder? Wie kam es denn, dass du dann plötzlich vorhattest, nach Amerika zu gehen?"

Tatjana hält in ihrer Lektüre inne und schaut ihn fest an und Korb weiß im selben Moment, dass sie von dieser Frage nicht besonders viel hält, denn dass ihr Gesichtsausdruck nicht daher rührt, dass er sie beim Lesen unterbrochen hat, ist ihm schlagartig klar. Korb seufzt innerlich. Nicht schon wieder. Ohne es vorherzusehen hat er ein neues fauliges Töpfchen geöffnet. Er ärgert sich, worüber wird ihm nicht mehr klar, denn Tatjana schnaubt bereits vorwurfsvoll.

„Was heißt hier plötzlich! Ob man mit dir zusammen war oder nicht machte doch gar keinen Unterschied! Du wusstest ja nicht einmal was es bedeutet, eine Beziehung zu haben. Du hast ja keinerlei Verantwortung übernommen."

Korb rollt mit den Augen.

„Ich hab damals leider feststellen müssen: der Typ bringt's einfach nicht!".

Tatjana macht eine Pause und hebt resigniert die Schultern,

während Korb an die Zimmerdecke schaut und schweigt.

Schließlich fährt sie in einem versöhnlicheren Tonfall fort. „Weißt du, ich war damals ganz schön verzweifelt. Und daher wollte ich die Flucht nach vorne antreten, mit der Hoffnung, dass du doch noch zu mir halten würdest. Verstehst du? Und falls nicht…", sie hebt die Schultern. „Ja, und falls nicht, wollte ich einfach nur so weit weg von dir wie möglich!"

Einen Moment lang fühlt sich Korb, als sei er geohrfeigt worden. Er spüre, wie der Stachel seiner damaligen Unzulänglichkeit ihn noch heute quält, und darüber baut sich Wut und Abwehr auf. Eine scharfe Antwort gleitet schon auf seine Zunge, doch bevor er sie hervorschnellen lässt, erinnert er sich an etwas. Korb greift in die Werkzeugkiste, die mit einem mal genau neben ihm steht, und finde dort etwas Weiches. Der Groll verfliegt.

Sie hat leider Recht, schließlich hatte ich zu jener Zeit bereits heimlich Kontakt zu einem bekannten Geräuschkünstler in Berlin aufgenommen und zog es in Betracht, dort meine Karriere als Künstler voranzutreiben. Dieser Mann hieß mit Nachnamen Keller, erinnert er sich belustigt, und da sie Heller hieß, haben wir aus diesem Zusammenspiel irgendwann- halb resigniert- das Motto jener Epoche gemünzt: Keller statt Heller.

Tatjana sitzt in ihrem Sessel mit dem zugeklappten Buch auf dem Schoß und wir sehen uns an. Ihr alter Schmerz hat sich verflüchtigt und sie fährt in entspanntem Tonfall fort.

„Weißt du denn nicht mehr?", fragt sie und sieht ihn prüfend an. „Eines Abends lagst du bei mir in der Wohnung in der Badewanne, und ich saß auf dem Rand und wir unterhielten uns."

Korb runzelt die Stirn.

„Ja, irgendwann hab ich dich gefragt ob du dir vorstellen könntest, gemeinsam mit mir in irgendeine andere Stadt zu ziehen. Da hast du doch tatsächlich gesagt, dass du wegen einer Frau gar nirgends hingehen würdest!" Sie schnaubt.

Jetzt seufzt Korb ausführlich. Natürlich, wie konnte er das nur vergessen. Diese Scheißszene in der Badewanne!

Wie oft ich mir dieses beknackktes Statement inzwischen schon habe vorwerfen lassen müssen.

„Mein Gott, Tatjana, das ist doch zwanzig Jahre her. Hast du das denn immer noch nicht verkraftet?"

Ihr Gesichtsausdruck verändert sich. Sie beginnt zu lächeln, zieht die Augenbrauen hoch und wirkt versöhnlich.

„Scheint nicht so!"

Zu seiner Verteidigung fügt Korb noch hinzu, „Du kannst ja auch nicht behaupten, dass ich dir seitdem nicht schon mehrmals irgendwo hin gefolgt bin."

Sie blickt ihn an und lenkt schließlich ein. „Ja, da hast du allerdings Recht!"

Korb ist zufrieden, denn über die Jahre habe ich doch zugelassen, dass ihre Querpässe einige wohltuende Löcher in meine Abwehr gerissen haben.

Bereits einige Tage nach dem ominösen Badewannendrama führte er dann ein entscheidendes Telefongespräch. Dabei ergab sich einer jener stechend scharfen Momente, in dem alle Fäden der Vergangenheit und der Zukunft sich bündelnd in einem Punkt zusammenlaufen. Es war einer jener Wendepunktmomente, einer jener intuitiven Augenblicke, in denen man wider willens, etwas richtig entscheidet und dadurch einen ungeheuren Energieschub verspürt. Dieses erste High ist zwar beflügelnd, doch hält es nur so lange an bis man auf den ersten Widerstand beißt, was in diesem Fall keine zehn Minuten später geschehen sollte.

Es war im Sommer, ich glaube Mitte August. Wir hatten unseren Schulabschluss bereits in der Tasche, wohnten aber noch in Pforzheim. Ich befand mich alleine in Tatjanas kleiner Wohnung. Sie hatte vor einiger Zeit einen Job in einem nahe gelegenen Café angenommen und war bei der Arbeit.

Ich lümmelte inzwischen gelangweilt in ihrer Wohnung herum und versuchte mir die Zeit mit einigen Hausarbeiten zu vertreiben, als das Telefon schellte. Am anderen Ende der Leitung war mein alter Zivildienstkumpel Fabian aus Bayern. Wir hatten in den letzten drei Jahren kaum zwei Mal miteinander gesprochen und schon deswegen war dieser Anruf etwas Besonderes. Ich entsinne mich nicht mehr worüber wir alles redeten. Er war auf den Hof seiner Eltern zurückgegangen, wo sich die Töpferei befand, und würde diese wohl bald übernehmen. Ich werde ihm erzählt haben, dass die Schule vorbei war und dass hier alles auseinander ging. Ich berichtete von meinen Plänen für die Zukunft und eben auch, dass Tatjana vorhabe nach Amerika zu gehen.

Der darauffolgende Verlauf des Telefonats ist mir allerdings gestochen scharf im Gedächtnis geblieben.

„Und...?" fragte er überrascht. „Gehst du denn da nicht mit?"

„Äh…", ich geriet ins Straucheln. Die Direktheit und Selbstverständlichkeit, mit der er diese einfache Frage formulierte, verunsicherte mich völlig und meine Antwort kam nur stockend. „Nun, ich weiß nicht...", weiter kam ich nicht, denn er warf verwundert ein, „Ja wie? Liebst du sie denn nicht?"

„Ja, schon aber...", erwiderte ich stockend.

„Na also, wo ist denn dann dein Problem?"

Darauf hatte ich keine Antwort parat, und in der nun folgenden Stille fiel bei mir der Groschen auf das Parkett. Seine Fragen und Kommentare waren so direkt, einfach und klar gewesen, dass mir gar keine Zeit zum Überlegen geblieben war und wie unter Luftabschluss war mein Kopf auf einmal leergefegt. Doch plötzlich schleuste sich die Lösung meines Dilemmas ganz klar vor mir ein. Alle Vorstellungen, Pläne und Konzepte waren verschwunden und ich legte knirschend einen inneren Schalter um.

Fest und begeistert rief ich aus, „Ja doch, klar geh´ ich mit!"

Ich glaube, danach legte ich ziemlich schnell den Hörer auf, denn ich war ganz aus dem Häuschen wegen dieser neuen Entscheidung. Die Wohnungstür knallte hinter mir zu, als ich eilig zu dem Café lief, um ihr die freudige Nachricht zu überbringen, dass ich meine Meinung doch noch geändert hätte.

Das Café war fast leer. Tatjana stand hinter dem Tresen und wischte die Theke, sie war alleine. Eiligen Schrittes durchquerte ich den Raum, und als ich sie erreichte rief ich begeistert aus: „Ich komme mit!", und fügte noch schnell hinzu, „Du, ich wollte schon immer mal nach Amerika!"

Sie betrachtete mich eine Weile mit ausdrucksloser Miene, als warte sie darauf, dass noch etwas käme, mir fiel aber nichts weiter ein und so meinte sie schließlich kühl und gelassen: „So, so, du wolltest also schon immer mal nach Amerika."

Während sich meine Erheiterung verflüchtigte und ich mich fragte was ich übersehen hatte, wandte sie sich ab und sortierte einige Gläser in ein Regal ein.

Sechs Wochen später waren wir ausgewandert.

***

Amerika war krass. Kurz nach unserer Ankunft in Los Angeles befanden wir uns auf dem berühmten Highway One und fuhren die Küste entlang Richtung Norden.

Im Kofferraum unseres alten Straßenkreuzers befand sich unser gesamtes, aus Deutschland mitgebrachtes Hab und Gut in Form von zwei Rucksäcken und außerdem ein Pump Gun, ein Schrotgewehr. Dabei handelte es sich aber nicht um eins von der Sorte, die an beschauliche Hasenjagd auf grünen Wiesen denken lässt. Nicht so eins mit doppeltem Lauf und zwei metallenen Hähnen, die man vor dem Schießen spannt. Nicht so eins mit fein geöltem, hölzernen Kolben und Applikationen aus graviertem Messing. Sondern es war ein hässliches, mechanisch glänzendes Ding aus Plastik und schwarzem Metall. Eine Waffe zum Leute umlegen, wie man sie aus Gangsterfilmen kennt. Eine von der Sorte, welche die getroffenen Opfer rücklings durch Glastüren fliegen lässt oder fußballgroße Löcher in Zimmerwände reißt. Die Munition zu diesem Instrument lag zwischen Kugelschreibern, Kaugummis und Autopapieren griffbereit in unserem Handschuhfach verstreut.

Tatjana war zwei Wochen vor mir nach Los Angeles geflogen, wo ihr Bruder Max wohnte, um von dort aus irgendein günstiges Auto für uns zu kaufen. Wo genau wir eigentlich damit hin wollten, war nicht klar.

Ihr Bruder wohnte bereits seit vielen Jahren in den USA und hatte sich völlig der landesüblichen Lebensweise angepasst. Er hatte es mit dem Handel alter Levis Jeans beinahe sprichwörtlich vom Tellerwäscher zum Millionär gebracht, war viermal verheiratet gewesen und im Vorgarten seines Hauses war eine jener Warntafeln aufgepflanzt, auf die man regelmäßig in den gepflegteren Gegenden von Los Angeles stößt, so wie bei uns auf Gartenzwerge. Darauf steht, meist mit leuchtend roten Buchstaben, die große Aufschrift: Armed Response. Was so viel heißt wie: Versuche nicht hier einzubrechen, sonst leg ich dich um!

Als Max von unserer Idee hörte, einfach mal mit dem Zelt die Küste hochzufahren bis nach Oregon, meinte er ganz trocken und als sei es das selbstverständlichste der Welt:

„Da braucht ihr ne´ Waffe! Das kann gefährlich sein, wenn ihr da einfach irgendwo übernachtet!"

Daraufhin holte er aus seinem privaten Arsenal besagtes Gewehr, legte es auf den Esstisch und demonstrierte mit sicherer Hand innerhalb von ein paar Minuten, wie es zu laden, zu sichern und abzufeuern sei. Danach verstaute er es kurzerhand und ungefragt bei uns im Kofferraum. Wir waren ja schließlich hier die Greenhorns und hatten keine Ahnung, was hierzulande abging, und so ließen wir es geschehen. Abgesehen von meinen Jugendsünden mit den hausgemachten Luntenpistolen und gelegentlichem Luftgewehrgeplänkel auf dem Jahrmarkt hatte ich noch nie eine echte Feuerwaffe in der Hand gehabt, und mir war gar nicht wohl in meiner Haut. Zu viele Filmsequenzen schwirren einem im Kopf herum in denen die Besitzer derartiger Schießprügel oder ihre Gegenüber mit klaffenden Wunden auf irgendeiner Tragbare oder mausetot im Straßengraben liegen.

Einige Tage nach unserer Abreise gerieten wir abends auf einer einsamen Landstraße auch schon in eine weitere Situation, welche sich garantiert jeder mit nur einigen Jahren Fernseherfahrung bis ins Detail bildhaft vorstellen kann. Wir gerieten in eine amerikanische Polizeikontrolle.

Es war schon dunkel, als plötzlich hinter uns das typische, kurze Aufjaulen einer Polizeisirene ertönte. Gleichzeitig richtete sich das gleißende Licht aus mehreren Scheinwerfern auf uns, so dass ich geblendet die Augen zusammenkniff. Da mussten mehrere Streifenwagen im Einsatz gewesen sein. Mit klopfendem Herzen verlangsamte ich den Wagen und fuhr auf den Seitenstreifen, um anzuhalten. In meiner Unsicherheit, was nun zu tun sei, öffnete ich die Fahrertür und war im Begriff aussteigen. Doch das hätte ich in dieser Situation nicht tun sollen. Sofort gab es eine große Aufregung hinter uns und aus dem Dunklen wurde ich angeschrien.

„ Don´t move! Stay in the car! Put your hands on the steering wheel!"

Wir bekamen einen riesigen Schreck. Mir war so entsetzlich flau zumutet, dass ich kurz vor einer spontanen Darmentleerung stand, denn augenscheinlich bedeutete Auszusteigen, dass man sich einem potentiellen Feuergefecht stellte. Stocksteif verharrten wir auf unseren Sitzen, und befürchteten das Schlimmste, besonders falls die Polizei dieses Mordinstrument in unserem Kofferraum finden sollte. Im Nu waren wir von einer Einheit Polizisten mit Taschenlampen umstellt. Überall blendendes Licht. Ich sah überhaupt nichts mehr. Dann wurde ich laut und knapp aufgefordert, das Fenster herunter zu kurbeln.

„Your papers!", bellte es gleich darauf. Die wollten meine Papiere. Ich reichte alles was ich in der Eile finden konnte mit zitternden Fingern zum Fenster hinaus. Führerschein, Reisepass, Fahrzeugpapiere, und am liebsten hätte ich noch den Impfpass, ein polizeiliches Führungszeugnis, meinen Pfadfinderausweis und die letzte Steuererklärung hinterher gereicht. Daraufhin herrschte einige Sekunden gebannte Stille, während denen ich die Augen geschlossen hielt und das Steuerrad umkrallte.

Dann lachte draußen jemand auf. Was war jetzt los? Ich verstand nicht. Doch offensichtlich hatten sie da draußen erkannten, dass es sich um einen deutschen Pass handelte.

Einer rief, „Ah, they are tourists!".

Daraufhin entspannte sich die Situation sofort. Ich atmete auf. Eine Hand in weißem Handschuh erschien im Fensterschlitz und reichte alle Unterlagen wieder hinein.

Wir wurden unbehelligt und mit einem freundlichen,

„Have a good time in the US.", verabschiedet und durften erleichtert weiter fahren.

Ich glaube, ich habe in der ganzen Dunkelheit und bei dem blendenden Licht kein einziges menschliches Gesicht wahrgenommen, denn ich erinnere mich nur an Stimmen.

Das Gewehr lag dann noch viele Monate unberührt und vergessen in eine alte Decke eingewickelt hinten im Kofferraum unseres Wagens.

Als Max es dann irgendwann zurückforderte, war es sogar schon leicht angerostet, was ihn nicht besonders erfreute.

Und so fuhren wir weiter. Wir waren jung. Wir reisten Richtung Norden. Es gab eigentlich keinen wirklichen Plan. Wir hatten etwas Geld gespart, uns ein altes Auto gekauft, und all unser Hab und Gut befand sich im Kofferraum. Das war alles, was wir wussten.

Weiter nördlich, oben an der Küste in Oregon, gäbe es allerdings ein kleines Kaff, erzählte Tatjana unterwegs, dessen Name laute fast so wie der eines berühmten Schokoladengetränks nämlich Nesquik oder so ähnlich. Dort war sie vor Jahren einmal mit ihrem Ex abgestiegen. Da sei es wirklich sehr schön, fügte sie hinzu, viele nette und funky Leute, wunderbare Natur und es sei direkt am Meer gelegen. Das hörte sich irgendwie gut an, also entschieden wir dort unser Glück zu probieren.

Die alte, schmale Küstenstrasse schlängelte sich über den

schroffen Klippen entlang. Wer diesen bekanntesten Highway Kaliforniens schon einmal gefahren ist, der weiß wie einzigartig dort die Aussichten auf das Meer sind, besonders wenn sich die Sonne am Abend darin spiegelt. Der weiß auch, dass man durch herrliche Hügellandschaften fährt, auf denen sich das hohe, trockene Gras hellblond im Winde wiegt. Der kennt die kleinen Wäldchen von verknorrten, sturmgepeitschten Zypressen, durch die man fährt, und der hat auch die riesigen Redwoods gesehen, Bäume, die so groß und alt sind, dass einem die Spucke weg bleibt, während man den Kopf in den Nacken legt, um dort oben im Blau das Ende ihrer Kronen auszumachen.

Doch wir waren keine Touristen, wir waren nicht hier, um uns zwei Wochen lang eine erholsame Abwechslung von unserem geregelten Alltagsleben zu gönnen. Wir waren hier, um zu bleiben, wir waren hier, weil wir keinen anderen Plan für unser Leben hatten.

Es kamen die Ortschaften Mendocino und Fort Bragg. Es gefiel uns hier, und wir sprachen mit den Menschen dort, wir gingen zu Maklern, wir sahen uns Häuser zur Miete an und überlegten uns schon, wie wir unsere Business Cards als Goldschmiede gestalten sollten.

Doch eines Tages war es dann vorbei damit. Es war mit allem vorbei. Wir schafften es einfach nicht, wir konnten nicht mehr. Wir kehrten wieder um und fuhren zurück.

Denn so wie hier, wo im Land der unbeschränkten Möglichkeiten, die grenzenlose Weite durch Stacheldrahtzäune links und rechts des Highway und Schilder mit der Aufschrift, No Trespassing, das Abweichen verwehren, um einen zu hindern die Freiheit voll zu genießen, so war es auch um uns selbst bestellt gewesen. Unsere tägliche Zweisamkeit, das Hineinwachsen in eine enge und feste Beziehung angesichts völlig offener und ungesicherter Lebensumstände überforderte uns maßlos.

Es war alles zu viel. Zu viele Freiheit, zu viele Möglichkeiten, zu viele Fragezeichen und kein einziges Ausrufezeichen, von dem aus wir hätten Kraft schöpfen können.

Nach einigen Kernschmelzen der Verzweiflung, welche uns in die Grenzen wies, zogen wir die Notbremse und machten auf dem Absatz kehrt, ohne Oregon je erreicht zu haben.

Statt eines einsamen Lebens auf dem Lande wollten wir nun einer Großstadt die letzte Chance geben. In der Metropole, die wir daraufhin ansteuerten, kannten wir niemanden und besaßen nur eine Telefonnummer von irgendeinem Bekannten von Tatjanas Ex. Wir stellten uns das Ultimatum, entweder dort etwas zu erreichen oder wieder nach Deutschland zurückzukehren und uns zu trennen.

So wendeten wir unseren klapprigen, gelben Chevrolet und fuhren hoffnungsvoll und bang wieder Richtung Süden, einem inneren Milieu folgend, von dem wir nicht wussten, ob es eine ernsthafte Entzündung oder eine heilvolle Gesundung hervorbringen würde.

Zwei Tage darauf überquerten wir die Golden Gate Brücke und fuhren nach San Francisco hinein, um von einer Telefonzelle aus mit unserem einzigen Kontakt Verbindung aufzunehmen.

Diese Stadt war dann ein knappes Jahrzehnt lang unsere Heimat.

***

Unser Kontaktmann erwies sich als sehr hilfsbereites, rastahaariges Unikum in unserem Alter, welcher in dem berühmten, abgenudelten Freakviertel der Lower Haight Street wohnte. Zehn Tage lang gewährten er und seine Pythonschlange Charlie uns Unterschlupf in ihrem kleinen Zimmer, aus dem heraus er seinen Lebensunterhalt erwirtschaftete, und zwar indem er den anderen Freaks in seiner WG mehr Geld abzuzocken als er selber für die Bude bezahlte. Schließlich fanden wir unsere erste eigene Bleibe. Der Vermieter dieser bescheidenen Unterkunft, welcher mit seiner

Freundin in derselben Wohnung lebte, erschien uns allerdings nach einiger Zeit etwas zwielichtig und entpuppte sich tatsächlich auch als ein schmieriger, kleiner Drogendealer, außerdem wollte er Tatjana an die Wäsche. So gaben wir Fersengeld.

Bares war inzwischen allerdings sehr knapp geworden. Tatjana hatte zwar Arbeit in einem Café gefunden, aber ihre mindestlohnlosen Einnahmen reichten nur gerade für die Miete, alles andere mussten wir von ihrem Trinkgeld bestreiten. Andere Einkünfte hatten wir nicht und schon ein einziger Strafzettel für falsches Parken brachte uns in tatsächliche finanzielle Bedrängnis.

Schlussendlich landeten wir in dem bunten Einwandererviertel der Hispanics, den *Spanokkels* wie wir alle die Süd- bis Mittelamerikaner insgeheim nannten, liebevoll wohlgemerkt, denn dieses Quartier bildete immerhin sechs Jahre unsere Homebase.

Hier war alles ziemlich heruntergekommen, laut und manchmal auch gefährlich.

Korb erinnert sich wie er seinen ersten echten Kulturschock erleben durfte. In freudiger Erwartung hatte er gehofft in der Hippiehochburg San Fran den Duft von Frieden, Freude und Pacouli aufsaugen zu können oder doch zumindest von Glanz, Wohlstand und Gloria umschmeichelt zu werden. Doch halt – stattdessen scheeläugige Penner mit rabenschwarzen Unterarmen an jeder Straßenecke, haufenweise Müll überall, Menschen mit irgendwelchen Schmierinfektionen im Gesicht, die zusammen mit zerfledderten Tauben in pappkartonbewehrten Hauseingängen lagerten, und im Bus stank es nach ausgefaultem Urin. Bettler, Junkies, zerlumpte Gladiatoren und Gestalten, die in keine ihm bisher bekannte Kategorie zu passen schienen. Hier wurde ihm eines schlagartig klar - die weltweite US-amerikanische We-are-the-Champions-Propaganda funktionierte fabelhaft.

Selbst ich, der ich mich, dem linken Zeitgeist des Kalten Krieges entsprechend, immer als immun gegen jegliche Form plumper Yankee-Selbstdarstellung in Funk und Fernsehen betrachtet hatte, musste erkennen, wie mein Bild der gottgesegneten Great Nation, mit ihrem Alleinanspruch auf Freedom und Happyness, insgeheim infiltriert worden war.

Korb ärgert sich, denn während der achtziger Jahre hatte er vehement den Kinobesuch von Hollywoodstreifen mit der ewig flachen Weltsheriff-Message verweigert. Während seine Klassenkameraden brav und begeistert knackige Blockbuster wie "Top Gun" und die x-te Wiederauferstehung von "Rambo" konsumierten und anscheinend ohne Probleme über die Gewaltverherrlichung und Schwarz-weiß Malerei hinwegsehen konnten, bekam er regelrechte Bauchschmerzen und emotionale Atemnot, wenn er mit diesen platten Heldenmythen konfrontiert wurde. Seiner angeborenen Melancholie erwuchs reichlich Nahrung, wenn er noch dazu die entsprechende US-Außenpolitik verfolgte, wobei sich zwangsläufig das Gefühl verfestige, sich nur ewig wiederholende Geschichte zu erleben.

Trotzdem, gesteht Korb sich reumütig ein, auch ich war anscheinend auf heimtückische Art ganz heimlich ausreichend infiziert worden, um in den USA ein Maximum an Ordnung und Wohlstand zu erwarten. Wie hatten die das geschafft?

Wie dem auch sei, nun waren er und Tatjana jedenfalls der knallbunten, räudigen und stark riechenden Realität gegenübergestellt, denn der Straßenstrich für niedrigste Ansprüche befand sich genau vor der Haustür. Und wenn Tatjana draußen mit Minirock und Plateauschuhen, wie es nun einmal ihre Art war, vorbeistöckelte, musste sie den gelegentlichen Anfragen der im Schleichschritt vorüberfahrender Freier selbstbewusst gegenübertreten und ganz entschieden und vehement klarstellen, dass sie nicht hier arbeitete.

Einmal retteten wir unfreiwillig eines der Freudenmädchen vor einem allzu aufdringlichen Liebhaber. Während wir nämlich eines schönen Tages mit dem Auto von irgendwoher nach Hause kamen und langsam fahrend nach einem freien Parkplatz vor unserer Haustür Ausschau hielten, wurde plötzlich ungefragt die hintere Wagentür aufgerissen und irgendjemand sprang kreischend und wild gestikulierend auf die Rückbank; um gleichzeitig im höchsten Stakkato zu schreien: „Go, go, fahr zu!". Erschrocken und ohne auch nur den Kopf zu wenden, folgte ich herzrasend dem Befehl und trat das Gaspedal voll durch. Mit quietschenden Reifen brausten wir auf und davon, uns und den blinden Passagier in Sicherheit bringend.

Zusätzlich befand sich die Feuerwehrstation eine Ecke weiter und das quälende Jaulen der ohrenbetäubenden Sirenen gehörte genauso zu unserem Alltag und natürlich auch zu unserer Nachtruhe, wie das Neonlicht der abgeschrammten Tankstelle genau gegenüber, welches nachts unser gesamtes Wohnzimmer ausleuchtete.

Zwei Mal während unserer Zeit in diesem Viertel wurden wir nachts erschrocken und angstvoll aus dem Schlaf gerissen, weil irgendwo draußen an einer Straßenecke scharf geschossen wurde. Gangshootings hieß es dann nur achselzuckend am nächsten Morgen, ob jemand verletzt oder getötet wurde erinnere ich mich nicht.

Manchmal fand man morgens oder abends einen komatösen, besoffenen Penner schlafend vor der Haustür in seinem Erbrochenen liegen und ein oder zwei Mal half da nur noch der Notarzt um ein Überleben zu sichern.

Direkt über uns wohnten fünf oder sechs, vielleicht waren es auch sieben, mexikanische Bauarbeiter zusammen in einer Einzimmerwohnung. Oft saßen einige dieser rauen Kerle auf dem Absatz der weiß getünchten Feuertreppe über uns im Hinterhof, spielten leise Gitarre und sangen dazu Lieder.

Das war wunderschön melancholisch. Die Texte verstanden wir nicht, aber die Melodien hörten sich sehr traurig an. Von *corazón*, dem Herzen, war da die Rede, welches wahrscheinlich wehtat. Gelegentlich tropfte Bier aus umgeschütteten Flaschen zu uns hinunter. Wahrscheinlich sehnten sie sich nach ihrer Heimat und ihren Familien.

Auf dem Gang uns gegenüber wohnte eine mexikanische Familie mit zwei hochgeschossenen Söhnen und einer kleinen Tochter in einer Wohnung die so groß war wie die unsere.

Das war Familie Alcantar. Sprechen konnten wir kaum miteinander. Die Eltern verstanden auch nach zwanzig Jahren in den USA fast kein Englisch und die Jungs waren kaum zuhause. Aber wir waren uns wohl gesinnt, wir mochten einander und grüßten uns freundlich lächelnd, wenn wir uns trafen. Es verband uns irgendetwas, was man nicht aussprechen, aber spüren konnte, vielleicht war es das Leben weit weg von der Heimat.

Oft wurde gefeiert bei Familie Alcantar und Mama Maria, die genau so aussah, wie man sich eine mexikanische Mama vorstellt, Kittelschürze, dicker Busen und so weiter, brachte uns dann meist etwas von ihrem hausgemachten Essen rüber. Ich erinnere mich an Reis und Hühnerfleisch in Maisblätter gerollt. Es war lecker. Sie klopfte dann hinten an unsere Küchentür und rief nach uns mit etwas, das sich wie „Mi leddi!" anhörte. Erst nach geraumer Zeit konnten wir uns einen Reim darauf machen, dass es wahrscheinlich auf Tatjana gemünzt war und soviel wie *My lady* heißen sollte, was somit nicht nur kaum verständlich ausgesprochen, sondern auch eine interessante Formulierung war.

Auch ihre halbwüchsigen Jungs feierten gelegentlich mit ihren Freunden eine Party im Hinterhof, aber wenn Mama Maria das Gefühl hatte es sei an der Zeit, dass all die coolen Teenager mit den verkehrt herum aufgesetzten Baseballkappen und den Arschhänger-Hosen nun lange genug im Hinterhof herumgelungert und Motherfucking-Rap- Musik gehört hätten, dann trat sie energisch aus der Küche, stemmte die Hände in die breiten Hüften und machte eine einzige Ansage und zwei Minuten später war tatsächlich der Ghetto Blaster ausgeschaltet und alle Big Boys und ihre Sexy Bitches hatten die Schwänze eingezogen und sich verkrümelt.

Ganz oben im Haus wohnte noch eine allein erziehende Mutter mit ihrem süßen, kleinen Sohn. Man grüßte sich nur im Treppenhaus, wir wussten nichts über sie, nicht einmal wie sie hießen. Der Junge ist dann irgendwie auf tragische Weise ums Leben gekommen, ich weiß nicht mehr wie. Ich glaube er ist ertrunken.

Schließlich gab es ganz oben auch noch Diana und Girly, ein lesbisches Pärchen, mit dem wir befreundet waren. Diana die irgendwann nur noch Dean genannt werden wollte, war eine neurotische, kurzhaarige und magere Grossstadt-Intelektuelle aus New York. Ihre Freundin mit dem unemanzipierten Namen stellte das philippinische, wohlgenährte und einfach gestrickte, aber liebenswerte Gegenstück dazu dar. Gelegentlich hatten die beiden des Nachts sehr lautstarken Sex und wenn sowohl ihr als auch unser Schlafzimmerfenster offenstand, welche beide in den Hinterhof orientiert waren, tönte es nahezu gewaltsam vom dritten Stock zu uns herunter, dass es kaum zu ertragen war.

Oh yes, Korb schmunzelt, das war unser Haus. Es hatte die Nummer 3267, war rosa angestrichen und bestand gänzlich aus Holz, wie fast alle Häuser in San Francisco.

Einen Keller gab es in diesen Bauten nicht, und das gemeinsame Erdgeschoss war nur ein unbewohnter, leerer und fensterloser Ort von etwa 1,60 Meter Höhe. Das Gebäude stand sozusagen auf Stelzen und der so entstandene Raum war ebenfalls von den äußeren Bretterwänden eingeschlossen. Es existierte zwar ein Zugang zu diesem ungenutzten Ort, vom Hinterhof direkt unter unserer Veranda, aber eigentlich gab es dort nichts zu holen. Es war duster und muffig, irgendwo stand eine rostige Waschmaschine, und einige alte Bretter und leere Pappkartons lagen auf dem kahlen Betonboden.

Gelegentlich jedoch erwachte etwas in diesem dunklen Raum zum Leben. In unregelmäßigen Abständen wurden hier des Nachts geheimnisvolle Zusammenkünfte abgehalten. Wenn Tatjana und ich dann schon im Schlafzimmer auf dem Futon lagen und kurz davor waren, ins Land der Träume abzugleiten, konnte es geschehen, dass wir mit einem Mal, es mochte dann bereits nach Mitternacht sein, genau unter uns eine gedämpfte Unterhaltung vernahmen und dort leise Stimmen von Menschen hörten, die wir nicht kannten.

Unsere Matratze lag direkt auf dem Boden da wir kein Bettgestell besaßen, und so trennten uns nur der Teppich und ein dünner Bretterboden von dem, was unter uns geschah.

Klar und deutlich waren die Stimmen von mehreren spanischsprachigen Männern zu hören. Sie unterhielten sich in gedämpftem, ruhigem Tonfall. Sie lachten nie, wurden auch niemals laut. Sie schienen wie zum Greifen nahe, als würde man direkt zwischen ihnen liegen. Als wir diesen Vorgang zum ersten Mal erlebten, waren wir erschrocken und verunsichert und verharrten einige Zeit atemlos und wie zu Salzsäulen erstarrt in unserem Bett und lauschten. Da der andauernden Unterhaltung aber absolut nichts Bedrohliches zu entnehmen war entspannten wir uns allmählich und glitten nach einiger Zeit auf ihrem monotonen Geplätscher hinüber in tiefen Schlaf.

Allmählich störte uns die Anwesenheit der Unbekannten überhaupt nicht mehr, im Gegenteil, wir stellten nur noch fest, dass *sie* wieder da waren, wenn wir nachts unter die Decke krochen. Ihr Gemurmel empfanden wir sogar irgendwie als beruhigend und entspannend und es wirkt auf uns immer einschläfernd.

Merkwürdig blieb das Ganze natürlich trotzdem, und Korb fällt ein, wie sie sich aus Ermangelung einer anderen Erklärung vorgestellt hatten, dass es sich bei den Männern um exilierte, marxistische Untergrundkämpfer vom Leuchtenden Pfad aus Ecuador oder Peru handele, welche heimlich Bombenanschläge oder Guerilliaangriffe auf Polizeistationen planten.

Eines Tages, nach einem weiteren diese nächtlichen Besuche entschloss sich Korb nun doch einmal, nach dem Rechten zu sehen und einen Blick in diesen dämmrigen Raum zu riskierte. Aber es waren keine Spur von einer wie auch immer gearteten Zusammenkunft auszumachen. Kein Tisch, keine Stühle, keine Bierflaschen oder Kalaschnikows, gar nichts. Nur dieselben paar alten Bretter und leeren Pappkartons in der einen Ecke.

Korb winkt resigniert ab, denn das ist jetzt alles lange vorbei. Ende der neunziger Jahre rollte der Dotcom-Boom mit zinsstarkem Besenstrich und baulichem Desinfektionsspray über San Francisco hinweg. Der Hype der Internet Start-ups brachte Tausende eifriger, überbezahlter und blassgesichtiger Computernerds in die Stadt. Überall in unserem Viertel entstanden schicke Büros, die Mieten stiegen in den Himmel und sportliche Neuwagen verdrängten die alten Toyotas und rostigen Chevys von den Parkplätzen. Künstler, Minderbemittelte, Migranten und Prostituierte wurden hinweggefegt und die strahlende New Economy hielt ihren Einzug.

Am Ende mussten auch Korb und Tatjana dem Fortschritt weichen. Gelegentlich tauchte noch Herr Alcantar in seinem alten Buick auf. Er parkte dann den Wagen auf der Straßenseite gegenüber und saß mit heruntergekurbeltem Fenster auf dem Fahrersitz. Manchmal war auch ein Freund dabei. Da hockte er dann mit einem Bier in der Hand in seiner Karre und betrachtete wehmütig sein altes Heim.

Und wenn ich hinüberging, um Hallo zu sagen, erzählte er mir irgendetwas auf Spanisch, wovon ich auch nur wieder das Wort *corazón* verstand.

Aber das kommt erst viel später, denn noch aber waren wir neu in dieser Stadt und der Boom noch in weiter Ferne. Nach einigen Monaten in San Franzisco entschieden wir uns zu heirateten. Es geschah aber weniger aus romantischen, sondern im Gegenteil aus rein praktischen Gründen. Tatjana war schließlich dank ihres Vaters im Besitz eines amerikanischen Passes, und ich würde durch unsere Eheschließung auf einfachste Weise zu einer Arbeitserlaubnis und einer Aufenthaltsgenehmigung kommen, was ich bis dahin beides nicht besaß, da ich mit einem gewöhnlichen Touristenvisum von dreimonatiger Gültigkeit eingereist war. Ich würde durch diesen Akt ein sogenannter Resident Alien werden; ein außerirdischer Anwohner! Doch je näher der Termin rückte, desto mehr gewann das Ganze doch noch an persönlicher Bedeutung. Wir freuten uns und betrachteten unsere Hochzeit als ein Ritual, in dem wir unsere Beziehung zueinander bekräftigten und das uns in der Fremde zusammenschweißte. Da wir immer noch wie Jäger und Sammler von der Hand in den Mund lebten, schickte uns Tatjanas Mutter einige Dollar, für die wir in einer abgeschrabbelten Pfandleihe zwei hauchdünne Goldringe erstanden.

Trotzdem hatte die ganze Aktion den unterschwelligen Beigeschmack eines Betrugs á la Hollywoodfilm "Greencard", in dem Gerard Depardieu eine Fremde nur der Papiere wegen heiratet. Endlose Verhöre in den Büros der Einwanderungsbehörde sind die Folge, in denen die Beiden aussagen müssen, welche Zahnpastamarke der Partner verwendet und auf welcher Seite des Bettes er schläft. Natürlich war der Fall bei uns gänzlich anders gelagert. Wir waren echt, aber auch das musste erst einmal amtlich bewiesen werden und bis dahin waren wir genauso verdächtig wie alle anderen Heiratsschwindler!

Nachdem wir schließlich alle erforderlichen Unterlagen beschafft hatten, fanden auch wir uns in den berühmt-berüchtigten und klaustrophobisch anmutenden Gängen und Büros der Einwanderungsbehörde wieder, deren Wände sprichwörtlich den fiebrigen Angstschweiß und die hoffnungsvollen Erwartungen von Tausenden von Migranten aus aller Herren Länder ausdünsten. Bei unserem abschließenden Gespräch in einem dieser quadratischen Verhörräume kam es zu einem verhängnisvollen Missverständnis.

Wir saßen einer voluminösen Schwarzen in Uniform gegenüber, die an einem schmucklosen, grauen Schreibtisch saß und schweigend den Stapel unserer mitgebrachten Dokumente prüfte. Wir hatten lange im drögen Vorzimmer gewartet und waren endlich an die Reihe gekommen. Nun saßen wir nervös auf zwei Stühlen vor dem Schreibtisch und hofften, dass nun bald alles vorbei sein würde. Eine Weile hörte man nur das Rascheln der Papiere und gelegentlich gab es eine einfache Frage zu unseren Personalien zu beantworten. Das Ganze wurde von einer Kamera gefilmt, welche wie ein lauernder Aasgeier knapp unter der Zimmerdecke angebracht war. Alles Routinesache. Die Beamtin war nicht unfreundlich, eher etwas gelangweilt und in ihrer Stimme klang ein Hauch von Herablassung mit - oder bildete ich mir das nur ein? Unsere Kenntnisse der englischen Sprache waren zu diesem Zeitpunkt zwar ausreichend, aber mit dem amerikanischen Slang und noch dazu dem einer Schwarzen aus dem Süden hatten wir es nicht ganz einfach. Schließlich klärten sich aber dennoch alle Fragen zu ihrer Zufriedenheit, wie es schien, bis zu dem Moment als sie einen Moment innehielt, von ihrem Papierstoss aufsah und mich über den Rand ihrer Brille direkt anschaute.

Korb hüstelt, denn ihm wird unter seiner Decke auf einmal genauso heiß wie damals.

Mir wurde schwindelig, erinnert er sich. Dieser fixierende Blick. Die Situation traf mich wie ein Stromstoß. Instinktiv krampfte ich mich zusammen, als auf einmal dunkle, beißend scharfe Bilder aus der Tiefe in mir emporstiegen. Männer in kantig, gestärkten Uniformen, kalte Wände, eisig gleißendes Licht, der schneidende Geruch der Angst und zwei schwarze, blitzförmige Runen auf grauem Grund. Ich versucht mir zu sagen - das gehört nicht hierher, doch da holte mich die Stimme der Beamtin bereits zurück

„Mr. Korb!"

Ich sah verwirrt auf.

„Why did you come to the United States?"

Jetzt begann ich zu schwitzen. Ich verstand nicht, was sie damit meinte. Was sollte das? Was wollte sie mit dieser Frage bezwecken? Ich hatte das dringende Gefühl, dass ich nicht lange zögern durfte, weil das sonst verdächtig wirkte, und so öffnete ich, mit einer gähnenden Leere im Kopf, den Mund und sagte aus irgendeinem Grund.

„To get married?". Ich formulierte es fast wie eine Frage.

Aber sofort war klar, dass das ein großer Fehler gewesen war. Tatjana sah mich überrascht an und rutschte auf ihrem Stuhl unruhig hin und her. Ich schluckte. Die Beamtin hatte sich aufgesetzt und betrachtete mich eingehend und schweigend. Jetzt war alles aus und vor meinem geistigen Auge sah ich uns bereits eingedost in Guantanamo Bay. Verzweifelt suchte ich nach einem Ausweg, überlegte, wie ich mich erklären sollte, ich Idiot. Was ich gesagt hatte, stimmte ja noch nicht einmal, aber mir war einfach nichts Besseres in den Sinn gekommen.

Die Beamtin betrachtete mich noch einen Moment, lehnte sich dann seufzend in ihrem Sessel zurück, welcher gefährlich knarzte und bestätigte, dass das tatsächlich keine gute Aussage gewesen wäre. Doch dann beugte sie sich wieder vor, wobei ihre voluminösen Unterarme auf den Papierstapeln zu liegen kamen, welche dem Druck nichts entgegenzusetzen hatten und knisternd zusammensanken. Sie lächelte unbeeindruckt. Es gäbe allerdings eine Möglichkeit, alles wieder ins Lot zu bringen. Jetzt verstand ich noch weniger, aber ein Schimmer von Hoffnung flammte auf - doch kein Stacheldraht. Sie zog gemächlich ein Schubfach in ihrem Schreibtisch auf, entnahm diesem ein Formular und hielt es uns hin. Das sei ein Waiver, erklärte sie. Ich schielte verstohlen zu Tatjana hinüber. Ich verstand das Wort nicht. Die Beamtin erhob sich aus ihrem Sessel und eifrig schickten wir uns an das Gleiche zu tun. Sie reichte uns das Formular und fügte hinzu, dass wir es jetzt ausfüllen müssten und achtzig Dollar zu bezahlen hätten und damit sei meine Aussage dann als null und nichtig erklärt und ich würde meine Aufenthaltsgenehmigung bekommen! Damit war die Sache erledigt. Ein eleganter Lösungsansatz dem Problem der Bestechlichkeit von offizieller Seite her den Boden zu entziehen, ohne dabei den Bedarf einer flexiblen Faktenauslegung zu verneinen.

Tatjana und ich gaben uns anschließend das Ja-Wort in der ehrwürdigen, alten aber erdbebengeschädigten City Hall von San Francisco. Eine weitere freundliche, dicke Beamtin im feierlichen, schwarzen Talar vollzog die Zeremonie zwischen neoklassizistischen, goldverzierten Säulen aus Marmor und unter dem imposanten Kuppeldach dieser weitläufigen Stadthalle. Tatjana trug

Pumps, einen kreischgrünen Minirock und schwarze Nylon-strümpfe, ihr volles langes Haar war damals hennarot gefärbt und fiel ihr offen über die Schultern. Sie sah wundervoll aus. Ich steck-te in einem schlichten, grauen Jackett, welches ich am Tag vorher auf der Straße gefunden hatte, trug Jeans und schwarze Knobelbe-cher. Mein blondierter Irokese war am Hinterkopf zu einem or-dentlichen Schwänzchen gebunden.

Außer uns beiden war nur noch ein einziger Gast mit von der Partie. Es war ein deutscher Student, den wir erst einige Tage zuvor kennengelernt hatten. Er machte einige Fotos und unter-schrieb die Dokumente als Zeuge. Danach verschwand er aus unserem Leben und wir haben ihn nie wieder gesehen.

Korb stutzt, weil ihm etwas auffällt. Schon wieder eine Person, die auf Nimmerwiedersehen verschwunden ist. Fast alle meine Freunde und Bekannte machen irgendwann den Abgang. So war das schon immer. Alle vorzeitig verduftet. Jetzt kann man das Kind ja ruhig einmal beim Namen nennen. Es ist anscheinend ein Thema bei mir, dass so viele Menschen auf ewig von der Bildflä-che verschwinden. Korb runzelt die Stirn. Kaum einer ist in mei-nem Netz hängen geblieben. Weder mein Sprengstoffkumpel Dirk oder der schöne Luigi und auch nicht der Zivibruder Fabian, ganz abgesehen von alten Kinderfreunden aus dem Vorschulalter. In Amerika wurde das auch nicht besser. Eigentlich ist gar niemand an mir kleben geblieben. Korb schnaubt unwillig. Alles Abgänge, alle weg vom Fenster. Eigentlich bleibt da nur jene Freundin mit der ewig gleichen Wohnung in der ewig selben Stadt und selbst von der habe ich auch schon ewig nichts mehr gehört. Korb stöhnt und wälzt sich zur Seite. Ich kann niemanden halten! Korb fühlt sich versucht, die Decke über seinen Kopf zu ziehen, um sich zu verstecken, das würde aber unangenehmer Weise am ande-ren Ende seine nackten Füße freigeben und so lässt er den Ge-danken wieder fallen. Ist das krank, wenn man außer Mama keine sozialen Kontakte hat, die älter als fünf Jahre sind? Das ist patho-logisch. Ein regelrechtes Krankheitsbild. Da gibt es bestimmt einen ordentlichen Fachbegriff. Korb grübelt angestrengt. Jawohl, ich leide unter einer Bindungsstörung. Ist es alles nur, weil ich nicht gestillt wurde, oder weil wir zu oft umgezogen sind? Mehrere Schulwechsel, immer wieder der Neue, Trennungstrauma und so weiter?

Immerhin bin ich mit Tatjana ja seit über zwanzig Jahren zusammen. Aber das - Korb lacht verbittert auf - das beruht am Ende auch nur auf so einem endgestörten Mutterkomplex. Meine Ehe, eine ungesunde Fixierung mit unreifen Abhänigkeitstendenzen?

Korb ist kurz davor, in ein wirklich ungutes Fahrwasser zu geraten. Zurückrudern. Es ist doch wurscht. Er winkt ab. Schwamm drüber. Korb streckt sich. Alles hat eben seine Zeit. Alle miteinander Lebensabschnittsgefährten. Korb freut sich, dass ihm dieses Wort so prompt eingefallen ist, und er wiederholt es ein weiteres Mal und lässt sich jede Silbe auf der Zunge zergehen.

Nun ja, die Hochzeit mit meiner anhänglichsten Etappengefährtin in den USA war auf jeden Fall unvergesslich.

Nach dem offiziellen Trauungstermin in der Stadthalle gingen wir zur Feier des Tages noch mit den letzten fünfzehn Dollar im Portemonnaie und dem Unterschriftenleister im Schlepptau einen mexikanischen Döner essen und daheim tranken wir beide alleine bei Kerzenlicht an der Apfelsinenkiste, welche im Wohnzimmer als Tisch fungierte, eine Flasche Sekt aus. Das war's.

Meine Eltern, welche auf diese Weise um die Vermählung ihres ältesten Kindes gebracht wurden, feierten daheim mit der gesamten Verwandtschaft auch ohne uns ein rauschendes Fest mit allem Drum und Dran. Wir erhielten kurz darauf einen Brief, welcher neben der Speisekarte mit der kompletten dreigängigen Menüabfolge und der Weinkarte auch ein Gruppenphoto von allen enthielt. In Mitten dieser Abbildung der gesamten Mischpoke standen Tatjana und ich als klassisches Brautpaar, sie in langem weißem Kleid und ich im schwarzem Anzug mit einem Zylinder auf dem Kopf. Eine Photomontage mit Schere und Klebstoff!

Die Monate vergingen, unser Schulenglisch machte bedeutende Fortschritte, wir hatten bald jede Menge neuer Freunde und Bekannte, von denen immerhin einer mein radikales Auswahlverfahren überstanden hat, und auch finanziell ging es uns schließlich viel besser, da wir beide schlussendlich erfolgreich bei verschiedenen Juwelieren arbeiteten.

Korb fällt der letzte Eintrag in sein Tagebuch ein, bevor sie über den Großen Teich setzten: Ich stehe an einer Schwelle, hieß es da. Mein Körper schwankt wie auf einem Drahtseil hin und her und ich rudere mit den Armen in der Luft. Schmal ist der Grat unter mir. Ich möchte nicht zurück kippen, sondern mich so kraftvoll wie möglich abstoßen und eintauchen in das was vor mir liegt.

* * *

Das Telefon klingelt. Korb schreckt aus seinen Gedanken auf.

„Gehst du dran?" Tatjana blickt kurz von ihrem Buch auf.

Er zögert. Die Vorstellung, sich jetzt von der Couch erheben zu müssen, um mit irgendjemand zu reden, begeistert ihn wenig, noch dazu, wenn nicht einmal klar ist, wer sich in der Leitung befindet. Während Korb unentschlossen brummt, schellt das Telefon ein zweites Mal. Korb fixiert den Apparat mit zusammengekniffenen Augen, als könnte ihm das die Entscheidung erleichtern oder, noch besser, das Gerät zum Schweigen bringen.

Es ist ein stabiles grünes Festnetztelephon mit ewig verheddertem Schweineringelschwanzkabel, welches sich dort, kaum drei Armlängen entfernt, auf einem kleinen Hocker in der Zimmerecke befindet.

Korb runzelt die Stirn, wie unerhört laut das klingelt, besonders im Vergleich zu dem sanften Ticken der Küchenuhr. Geradezu fordernd und aggressiv dieses Gerassel, denkt er verstimmt. Eigentlich eine Unverschämtheit. So aufdringlich.

Tatjana wendet sich inzwischen wieder ihrem Buch zu und

macht ebenfalls keine Anstalten aufzustehen. Auch Korb hat sich entschieden und wickelt die Decke etwas fester um sich, um auszuharren. Es wird vielleicht noch drei oder vier Mal klingeln und dann ist der Spuk wieder vorbei.

Als das Telefon ein weiteres Mal schrillt, fällt Korb etwas ein.

„Weißt du noch in Amerika", setze er an. „Da hatten wir doch diesen Anrufbeantworter mit integriertem Lautsprecher. Man konnte immer mithören, wer gerade eine Nachricht hinterließ und sich währenddessen noch entscheiden, ob man abheben wollte oder nicht."

„Hm, ja…", macht Tatjana.

Sie ist noch nicht wieder völlig in ihre Lektüre versunken, denn sie lässt das Buch abermals sinken.

„Ja das war wirklich praktisch", sie nickt.

Doch während das Telefon ein weiteres Mal Aufmerksamkeit fordert, fügt sie hinzu, „Und was, wenn deine Mutter dran ist?"

„Meine Mutter?", ruckartig richtet Korb sich auf. „Um diese Uhrzeit?"

„Warum nicht, du hast dich ja schon länger nicht gemeldet."

Der Apparat klingelt ein letztes Mal und verstummt.

Korb holt Luft, während der Ton verhallt.

„Es ist doch höchstens zehn Tage her, seit wir telefoniert haben", stellt er verteidigend fest.

„Ja, aber du weißt doch, wie sie ist", beschwichtigt seine Frau „Und wenn ich dich nicht dran erinnern würde, vergingen wahrscheinlich Wochen, bevor du dich bei ihr meldest".

„Hm", macht Korb und rutscht auf der Couch wieder etwas tiefer.

Meine Mutter, überlegt er. Was sollte ich ihr denn auch Neues von uns berichten? Doch nicht etwa die Wahrheit?

Korb muss mit einem Mal schmunzeln, während er sich ausmalt seiner Mutter die Faktenlage zu berichten.

Also, erstens wissen wir gar nicht, ob wir überhaupt noch eine Woche länger hier im Land bleiben wollen, würde er dann zugeben müssen.

Aber wieso? Ihr habt doch gerade erst das Haus gekauft, würde sie natürlich verständnislos erwidern.

Klar, ich weiss, denkt Korb, und du hast uns schließlich auch noch das Geld dafür gegeben. Er schüttelt den Kopf.

Vielleicht sollte ich ihr stattdessen lieber einfach erzählen, was sich die vergangenen Tage hier so ereignet hat. Aber auch dieser Gedanke entlockt ihm nur ein resigniertes Lächeln.

„Mein Gott, meine Mutter, wenn die wüsste!"

Grinsend schaut Korb zu seiner Frau hinüber. Ihre Blicke treffen sich und beide lachen.

Vor ein paar Tagen war uns nämlich beim Abendessen endgültig das Brot ausgegangen, und zehn Minuten später auch der Käse, kurz darauf Milch und Marmelade, und Klopapier oder Seife gab es seit meiner letzten Sitzung um viertel nach Eins übrigens auch nicht mehr.

Den Kindern brauchten wir dazu nichts zu sagen, denn das im Kühlschrank die Mäuse tanzten konnten sie ja schließlich selber sehen. Aber dort würde ohnehin niemand nach Essbarem forschen, denn das Ding hatte ja den Geist aufgegeben, und das schon vor vier Wochen. Auch sonst war nichts mehr im Haus, womit man das folgende Frühstück hätte bestreiten können. Dieser bedauernswerte Zustand lag allerdings nicht darin begründet, dass wir vergessen hätten einzukaufen und auch nicht darin, dass es etwa mehrere staatliche Feiertage hintereinander gegeben hatte oder, dass sich unser Haus womöglich dermaßen im geographischen Abseits befand, dass es schlicht und ergreifend nirgends etwas zum Shoppen gab.

Doch Moment, Korb legt den Zeigefinger an die Lippen, ganz hinten im Küchenschrank befand sich noch etwas weißes Mehl in einer Tüte, daneben ein Klecks aufgeweichte Butter am Rand einer Untertasse und eine angebrochene Packung Spagetti.

Immerhin.

Tatjana vemengte flugs ein wenig davon mit Wasser und formte einen kleinen Laib Brot, damit wir morgen früh etwas zum Essen hätten.

Danach ging sie ins Bett. Ich sollte noch ein wenig ausharren, um das bescheidene Backwerk aus dem Ofen zu holen.

Doch bevor es soweit war, ging nachts um elf Uhr plötzlich der Ofen von ganz alleine aus. Ich seufzte. Klar, dass das so kommen musste, ich wusste natürlich sofort woran das lag. Schließlich rechneten wir bereits seit einiger Zeit mit einem solchen Aussetzer. Es war die Gasflasche. Sie war ganz einfach leer und eine neue war nirgends in Sicht.

Murrend griff ich die Taschenlampe, lief hinaus in den dunklen Schuppen und verfolgte mit dem Lichtkegel der Lampe den weißen Gummischlauch, welcher aus einem Loch in der Hauswand hing und unseren Herd mit der Camping-Gasflasche verband. Hoffnungsvoll hob ich die Flasche an und schüttelte sie ein wenig hin und her. Ein gedämpftes Rauschen erklang, wie von Wasser. Gut, immerhin, da war noch ein bisschen was drin. Also positionierte ich die Flasche vorsichtig quer auf einem Bretterstapel. Alter Indianertrick. Denn dadurch gewann man immerhin noch einmal etwa fünf Minuten Garzeit.

Doch Punkt dreiundzwanzig Uhr und neun Minuten war der Ofen endgültig aus und das Brot bestenfalls halb durch.

All right. Was soll's. Ich ließ die Schultern hängen und seufzte. Jetzt war es eben wieder einmal so weit. Es würde morgen früh eben kein Brot geben und was eigentlich noch viel schlimmer war, auch keinen heissen Kaffee. Es würde auch niemand zum Einkaufen fahren können, um Gas und Lebensmittel zu holen, und zwar nicht, weil Sonntag war, sondern schlicht und ergreifend aus dem ungeschminkten Grund heraus, dass uns zu einer solchen Unternehmung die notwendige Kaufkraft fehlte.

Wir hatten keine Kohle mehr. Nicht einen einzigen, lächerlichen roten Heller. Einfach gar nichts! Nichts mehr auf der EC Karte, schon lange nichts mehr auf der Kreditkarte, schon ewig kein verstecktes Sparbuch mehr, auch kein Aktienpaket zum Verkaufen, keine Lebensversicherung bei Wüstenrot zum Auflösen, kein Kindergeld. Kein Gar-Nichts-Geld. *Nada*! Einfach Sense. Schluss. Ende Gelände. Aus die Maus.

Ich trommelte mit den Fingern nervös auf dem Küchentisch herum und überlegte. Das bisschen Taschengeld der Kinder hatten wir uns bereits letzte Woche aushändigen lassen.

Scheiss Wirtschaftskrise. Wo blieb der Rettungsschirm aus Brüssel? Das Telefon wird bestimmt auch bald abgestellt. Und nebenbei, der Heiß-Wasser-Boiler ist noch kaputter als der Kühlschrank, obwohl es ein solides deutsches Fabrikat ist. Firma Junkers. Seht ja für beinharte Qualität. Aber nach dreißig Jahren Dauerbetrieb ohne ein einziges Stempelchen im Wartungsbüchlein, ist so einer eben auch mal durch. Wahrscheinlich geht so was noch schneller, wenn darin ungefiltertes Brunnenwasser voll Algen, Larven und anderem Schweinkram erhitzt wird. Braucht man sich nicht wundern.

Ich seufzte nochmal, diesmal wirklich tief und ausgiebig und schrieb dann mit neu gefundener Kraft eine Nachricht auf einen Zettel, denn bevor Tatjana aufstand, würde ich schon außer Haus sein.

Als die Kinder dann am nächsten Morgen aufwachten, hatten sie folgerichtig natürlich Hunger.

Tatjana überflog blitzschnell das Dilemma. Da gab es nur noch eine Möglichkeit. Unser neun jähriger Sohn wurde beauftragt, draußen ein Feuer zu entfachen, was er natürlich mit großer Freude tat, denn alleine Zündeln zu dürfen, besonders noch bevor die Schule begann, war ein absoluter Glücksfall. Geduldig schnitt Tatjana den rohen Laib in schmale Scheiben und buk sie dann hinter dem Haus über den offenen Flammen fertig. Dann schmierte sie dünn Butter darauf, und rieselte etwas Salz darüber. Die Kinder waren zufrieden - so ein Abenteuer!

213

Und doch war dieser Morgen auch der Beginn eines hoffnungsvollen Tages, denn es würden heute zwei Frauen zu uns kommen, von denen wir hofften, dass sie sich ein Schmuckstück entwerfen lassen würden. Sehnsüchtig hatten wir das Zustandekommen dieses Besuches bereits seit einigen Tagen erwartet.

Bis dahin räumte Tatjana also noch schnell das Haus und die Werkstatt auf und fuhr mit dem letzten Schluck Benzin im Tank die Kinder in die Schule. Kurz darauf erschienen prompt die beiden Damen und Tatjana, die Juwelierin ihres Vertrauens, servierte ihnen draußen, auf klapprigen Gartenstühlen mit vom Rauch tränenden Augen und rußigen Fingern einen schwarzen Kaffee am Lagerfeuer und dazu die letzten gerösteten, knusprigen Brotscheibchen.

Die Kundinnen waren begeistert. So ein romantisches Ambiente hatten sie noch nie erlebt: Kaffee vom Feuer und dazu noch diese knusprigen, aromatischen Biscotties. Sie bestellten einen Anhänger und noch ein Kettchen dazu! Wir waren gerettet.

An diesem Abend gab es die letzten alten Spagetti mit Butter vom Lagerfeuer und ich buk mit dem Rest Mehl im Dunkeln bis um zehn Uhr nachts einige schmächtige Pfannkuchen für das nächste Frühstück, denn eine Anzahlung zu verlangen, wäre gegen unsere Ehre gewesen.

Und morgen ist ein neuer Tag, dachte ich vergnügt, während ich mir die Finger verbrannte. Morgen gibt es weitere Hoffnung, denn dann unterrichtete meine Süße Yoga und wenn genügend Leute kommen, können wir vielleicht dreissig oder vierzig Euro in Cash erwarten. Das reicht dann immerhin für eine neue Gasflasche und für etwas zu Essen. Allerdings benötigten wir auch unbedingt ein paar Liter Benzin, ganz abgesehen vom Klopapier natürlich. Aber immer schön der Reihe nach. In zwei Tage unterrichtet Tatjana schließlich einen Workshop, da gibt es bestimmt auch etwas Geld, selbst wenn hierzulande viel über Tauschhandel läuft. Und das ist in Ordnung, man wird flexibel, vielleicht Bohnen oder Orangen, eine Fussreflexzonen-Massage oder die eine oder andere Reitstunde für die Kinder.

Ich hatte immerhin ein simples Schmuckstück in Auftrag und vielleicht Aussichten auf Arbeit auf dem Bau. Nichts Tolles. Nichts, woran man sich auf Dauer gesundstoßen könnte.

Aber immerhin, denkt Korb. Glück muss der Mensch haben. Es ist halt nach wie vor wie in der Steinzeit. Wie im tiefen Neandertal.

Korb grinst und fletscht drohend die Zähne - Mal du Glück haben - fetten Hirsch erlegen - mal Pech, wochenlang Jagd nix gut - du Gürtel enger schnallen – warten müssen - Hugh!

Korb atmet tief ein. Beim Thema Jagd fällt ihm der Reiher am Bach ein.

Ja, da kommt eine ganz andere Art der Dankbarkeit auf. Shoppen gewinnen eine ganz neue Art der Wertigkeit, wenn man seine paar Kröten strecken muss wie Huba-Buba Kaugummi. Da dreht sich das Leben dann halt erst einmal nicht um Kaviar und Hummer oder neue Nikes, nicht einmal um Ananas, Grillwurst oder neue Adiletten, sondern um die beiden basic B's – Brot und Benzin. Statt Klopapier tat es auch erst einmal ein nasser Waschlappen. Darum geht es dann eben und der Kaffee schmeckt echt anders, wenn er auf unabsehbare Zeit erst einmal der Letzte ist.

Deswegen mit der Mama doch lieber über das Wetter reden.

„Da haben wir uns aber auch wieder eine Realität kreiert", meint Tatjana nachdenklich und schüttelt den Kopf.

„Ja, wie bei den Hollies", sagt Korb amüsiert.

Familie Hollister sind Freunde von uns, Engländer, ehemals Upper Class, Rowing Club und so weiter. Die sind genau wie wir ausgewandert, und jetzt gehen unserer Kinder in dieselbe Schule.

Tatjana lacht auf und bestätigt, „Ja, genau wie bei den Hollies!" Diese Leute sind eigentlich recht wohlhabend. Sie wohnen in einem sehr großen Haus und besitzen ein weiteres in einem Golf Resort. Immergrüner Rasen, Palmen und marmorne Löwen am Eingang. Vor einiger Zeit leisteten sie sich einen tollen neuen

Herd für die eben renovierte Küche, für satte zwölftausend Euro. Das war ein riesiger, emaillierter Stahlkoloss vom Gewicht eines Kleinwagens, mit jeder Menge verchromter Knöpfen, diverse Backfächern und allen möglichen Schikanen. Kurz darauf aber nahm das Leben eine der landestypischen Wendung, Wirtschaftskrise eben, und auf einmal saßen sie da in ihrem großen Haus, vor ihrem funkelnden Spitzenherd mitten in der schnieken Küche und hatten sprichwörtlich nichts mehr, was sie darauf hätten kochen können.

„Ja, so ist das hier zulande nämlich.", meint Korb, inzwischen mit gemischten Gefühlen und blickt in die Zimmerecke gegenüber.

Dort ist gerade eine Fliege in das Netz einer Spinne geflogen. Ihr verzweifeltes Summen ist deutlich zu vernehmen und dieses Geräusch erinnert Korb an irgendein Kinderspielzeug zum Aufziehen. Viele Fliegen bedeutet auch viele Spinnen, überlegt er versonnen, und wie zu sich selbst fährt er fort, während er dem ungleichen Kampf im Netz zusieht.

„Der Hase läuft hier aber grundsätzlich einfach anders!"
Tatjana nickt und sie schweigen.

Über die Geschichte mit dem Herd haben wir oft gelacht. Aber nur, wenn man gut drauf ist, ist so was lustig, ansonsten ist sie zum Heulen. Denn noch heute vermieten die Hollies ihre beiden Häuser im Sommer an Touristen und wohnen in einem Zelt.

Es ist schon merkwürdig, wundert sich Korb, in Deutschland wird man von vielen, halb belustigt, halb bewundernd, als Hippies und Aussteiger, und hinter vorgehaltener Hand auch gerne mal als Spinner bezeichnet, nur weil wir auf einem Bauernhof wohnten, keine Glotze hatten und unsere Kinder nicht impften, dagegen hat hierzulande neulich jemand Tatjana verächtlich als "Frau Von-und-zu" betitelt, wohl weil sie kein Batikshirt besitzt, nicht immer nach Schweiß riecht aber dafür Perlenohrringe trägt. Im hiesigen Kontext hinterlassen wir also einen geradezu gediegenen und seriösen Eindruck, Korb rümpft die Nase, es ist wirklich ein ganz besonderes Fleckchen Erde, auf dem wir hier gelandet sind.

Einer der äußersten Zipfel Europas mit seiner ganz eigenen Realität. In unserer naiven Euphorie hatten wir tatsächlich geglaubt, die Ersten zu sein, die auf die Idee gekommen waren, hierher auszuwandern, Korb findet sich selbst komisch, eine Art innereuropäischer Mayflower-Exodus. Aber das war natürlich weit gefehlt.

Dieser Landstrich ist schließlich von einem weltbekannten und touristisch zubetonierten Küstenstreifen geprägt, an dem fast alle Einheimischen hängen, wie ein Siechender am Tropf. Dafür ist das karge Hinterland seit Dekaden ein wahres Eldorado für Glücksritter, Aussteiger und Visionäre jeder Couleur. Junge Familien, vertrocknete Rentnerpaare und einsame Wölfe tummeln sich hier in einem Schmelztopf der Lebensgefühle und genießen das Dasein in einer milden Art von Wild West-Parodie. Es gibt sogar ein paar waschechte Outlaws, fällt Korb ein. Untergetauchte Kleinkriminelle. Einer heißt Ben, hat eine entsetzliche Gammelraffel von Gebiss und wohnt nebenan.

Obwohl das ganze Land von jahrzehntelanger Diktatur gezeichnet, von einer tiefen Wirtschaftskrise gebeutelt, sowie von einer unübersehbaren Bürokratie gepeinigt ist, scheint hier doch vieles möglich, was in den meisten durchgestylten und totorganisierten Effizienzgesellschaften Mitteleuropas schon lange nicht mehr geht. Hier riecht die warme Luft noch nach Freiheit, hier schmeckt die salzige Brise nach Veränderung und Neuanfang, schwingt Leichtigkeit mit.

Wir stellten bald fest, dass schon Generationen von Migranten vor uns hier, mehr oder weniger erfolgreich, ihr Glück gesucht hatten. Der Wind, der nahezu ohne Unterlass über die niedrigen Hügel weht, hatte Menschen aus aller Welt mit den unterschiedlichsten Geschichten und Visionen hierher getrieben, um ein anderes, ein neues und besseres Leben zu wagen.

Doch dieses gelobte Land ist ein zugiger Winkel und viele werden alsbald wieder davongetragen, andere krallen sich verzweifelt fest und manche versauern hinter irgendeinem staubigen Hügel in der Flaute, nur wenige starten voll durch.

Es sind alles Individualisten, von denen eine Hand voll in schicken Villen wohnt, einige in den kleinen Ortschaften ringsum, die Mehrzahl allerdings nennt alte Bruchsteinruinen oder illegal errichteten Holzhäuser und Baracken ihr Eigen. Da gibt es Menschen irgendwo hinten in der Pampa, die in zusammengeschusterten, zeltartigen Lagerstätten hausen, welche normale Leute freiwillig höchstens in größter Not, wie vielleicht nach einer Erdbebenkatastrophe, bewohnen würden. Wieder andere errichten sich mit Rinde gedeckte Lehmhütten, und viele hausen, mit Sack und Pack, Mann und Maus, in alten, ausgebauten Möbel- und Viehtransportern, in mehr oder weniger gut erhaltenen madmaxartigen Fahrzeugen oder ganz einfach á la Robinson Crusoe, Diogenes oder Huckelberry Finn in einer Höhle am Strand.

Einige suchen die Einsamkeit, viele aber die ideale Gemeinschaftsform und alle müssen sich über Wasser halten auf die unterschiedlichsten Arten und Weisen. Die meisten Leute hier haben unverschämt viel Zeit aber lachhaft wenig Bares. Etliche vermieten ihre Häuser und wohnen selbst bei Freunden, etwa so wie die Hollies. Andere kneten Touristen am Strand durch oder bieten Kunsthandwerk feil. Einige haben auch große Businesspläne, andere machen für Hungerlöhne Gartenarbeit oder putzen Ferienwohnungen. Viele betreiben etwas Landwirtschaft, andere vermieten alte Autos an Touristen. Manche pflanzen Drogen an, trinken währenddessen nur Bier und schauen den Pflanzen beim Wachsen zu. Die Nächsten geben Tanzkurse und lehren Selbsterkenntnis. Der eine bezieht eine kleine Rente aus Deutschland, der daneben ist dafür vielleicht Großaktionär. Manche ackern auf dem Bau und andere füttern die Familie mit Arbeit im Ausland durch. Einer gerbt Schaffelle, so wie ich, grinst Korb, der Nächste probiert sich als Surflehrer.

Für die Wenigsten ist es ein Drama, wenn es zum Dach reinregnet, die Kinder nur selbst gebastelte Weihnachtsgeschenke bekommen oder das Auto keine Heckscheibe hat. Alle sitzen, wenn nicht im gleichen, dann wenigstens in einem ähnlichen Boot, und das verbindet.

Wenn man sich hierzulande kennen lernt, fragt man nicht „Was machst du so?", sprich, was hast du für einen Job, wie es üblich ist, sondern man will wissen „Warum bist du hier?" Es geht ums Eingemachte, um die Sache, um das Suchen und Finden, es geht um Lebensgeschichten und Visionen. Außerdem duzt sich jedermann, man kennt grundsätzlich nur Vornamen und keine Adressen, denn da, wo die meisten Leute wohnen, haben die Straßen, sofern es welche gibt, keine Namen.

Das Leben verläuft noch zyklisch, schwankt zwischen etwas Geld haben und Pleite sein, zwischen Ebbe und Flut, zwischen enorm vielen Touristen am Strand und fast ausgestorbenen Hotelanlagen, zwischen feste Feiern und feste Schlafen.

Rundherum abgesicherte Gleichförmigkeit existiert hier kaum und wird höchstens mitleidig belächelt oder gar verachtet.

„Tja, es ist schon ein buntes Völkchen, auf das wir hier gestoßen sind."

Korb versucht das Gespräch wiederaufzunehmen.

„Wir haben eine neue Sprache gelernt und jede Menge verschiedener Existenzmodelle erlebt.", er schaut seine Frau an. „Das reicht für ein ganzes Leben, nicht wahr?"

Korb möchte sie berühren, aber dazu müsste er aufstehen.

Sie ist so weit weg und ich bin an dieser verfluchten Couch wie festgeklebt.

„Wir haben uns aus dem Nichts ein wunderbares Leben erschaffen.", fährt er mit belegter Stimme fort und spürt auf einmal einen Klos im Hals.

Korb räuspert sich und wendet den Blick ab. „Das ist doch ein Schatz der mehr wert ist als Müller Markt um die Ecke, zwei Autos in der Garage oder fünf Sorten Aufstrich auf dem Frühstückstisch, findest du nicht?"

Herr Gott, was rede ich da?

Ich versuche immer noch ein guter Junge zu sein.

Tatjana betrachtet ihn mit schräg gelegtem Kopf und prüfendem Blick.

Verdammt, sie bemitleidet mich. Korb wird es unangenehm zumute.

„Johannes!", beginnt sie. „Warum versuchst du immer noch, es deiner Mutter Recht zu machen?"

„Was meinst du damit?" Korb gibt sich entrüstet und richtet sich etwas auf.

„Warum hebst du das Telefon nicht ab, wenn es klingelt, und sagst deiner Mutter, was dich wirklich bewegt?"

Korb brummt.

Tatjana findet alles, was wir machen, und wie wir unser Leben führen, ganz normal; sie vergleicht sich mit niemandem.

Aber ich, ich messe mein Handeln immer noch an den Werten meiner Herkunftsfamilie, betrachte es stets von außen wie ein misstrauischer Beobachter, ein Kritiker, Korb ballt die Hände unter der Decke zu Fäusten, während er sich bemüht eine unbekümmerte Miene aufzusetzen. Mit dieser selbstrichtenden Brille auf der Nase erscheint natürlich das Meiste unverständlich, bestenfalls schwer verdaulich und beängstigend, oder oft sogar gar total bescheuert.

Korb blickt auf und stöhnt. „Sie tut mir leid. Ich möchte sie schonen."

Tatjana lächelt ihn einen Augenblick an, und während sie ihr Buch wieder aufnimmt, sagt sie leise und wie zu sich selbst, „Ich schone niemanden mehr."

Korb fröstelt und er schweigt. Mit seiner Antwort ist er nicht zufrieden und ihr letzter Kommentar beunruhigt ihn.

***

Das Telefon das eben geklingelt hat ist übrigens grün.

Kein modernes Grün. Kein poppig kreischend Helles, sondern eher ein dezent unauffälliges Flaschengrün mit einem Hauch von unreifer Olive.

Ich glaube, es gab schon einmal ein ähnlich gefärbtes in meinem Leben, versucht Korb sich von seinen trüben Gedanken abzulenken. Vielleicht mit dem exakt gleichen Farbton sogar.

Er blättert träge im Kateikasten seiner Erinnerung unter der Rubrik Fernsprechapparate alles durch, was noch abrufbar ist.

Das wirkt beruhigend auf das Gemüt.

Merkwürdig, da gab es sogar mehrere Geräte von vergleichbarer Färbung. Ist das normal?

Korb hangelt sich an diesem Gedanken wieder in die Höhe.

War grün etwa einmal die vorherrschende Farbe für Telefone? Etwa so wie ziegelrot für Hausdächer, braun für Halbschuhe und weiß für Kühlschränke? Das kann ja eigentlich nicht sein.

Er flippt langsam weiter durch sein Daumenkino, aber es fällt ihm tatsächlich kein einziger roter oder gelber Apparat in die Hände.

Dafür gab es aber einmal ein Pechschwarzes, Korb verlangsamt und versucht sich zu erinnern.

Das war ein wuchtiges, würdevolles Gerät, mit einem auf Hochglanz poliertem Antlitz. Allein der Hörer wog bestimmt so viel wie ein mittelgroßes Kaninchen! Es rasselte so grässlich laut und angriffslustig, dass man als Kind fast einen Herzstillstand erlitt, wenn es plötzlich unerwartet losschellt und man zufällig danebenstand.

Deswegen hatte Korb die Nähe dieses Apparates angstvoll gemieden wie einen bissigen Hund, er lächelt, wie konnte man sich nur so ein Monstrum ins Haus holen?

Dieser Apparat stand im Flur seiner Großmutter und sein Vater hatte einmal belustigt festgestellt, „Das Ding ist ja noch aus

Bakelit!", und mit dem Knöchel prüfend dagegen gepocht. Er hatte seiner Mutter immer ein Neues besorgen wollen, aber sie lehnte vehement ab, es funktioniere schließlich noch einwandfrei.

Nun denn, die grünlich eingefärbten Erinnerungen überwiegen jedenfalls eindeutig, stellt Korb fest, denn genau so eines stand im Flur des Elternhauses auf einem kleinen Tischchen. In der integrierten Schublade dieses Untersatzes lag allzeit griffbereit das dicke örtliche Telefonbuch. Wunderbar dünnes, knisterndes Papier, fetter als eine Bibel und viel grösser. Daneben befand sich ein Behälter mit einigen Bleistiften und Kugelschreibern, und in einem durchsichtigen, quadratischen Plexiglaskästchen befand sich ordentliches Notizpapier mit dem Aufdruck Ratiopharm oben in der rechten Ecke. Ein bescheidenes, aber bestimmt trotzdem mit Nachdruck verliehenes Webegeschenke der Pharmaindustrie an meinen Vater.

Aber trotzdem es war nicht das Grün da drüben, Korb wendet den Kopf.

Übrigens, auch das Telefon an der Rezeption der Burg in Bayern war von spezieller Färbung.

Korb kneift die Augen zusammen, dieser Apparat war auch der erste, welcher Tasten anstatt einer Wählscheibe hatte, aber, und er versucht sich zu entsinnen, was den Anstrich betrifft, ging er ein wenig mehr Richtung Mint, wenn ich mich nicht irre.

Korb blättert weiter in seinen Erinnerungen, und plötzlich taucht das richtige Gerät vor seinem geistigen Auge auf.

Ha, ich hab's! Da ist es. Jetzt weiß ich, wo der Apparat mit genau derselben Kolorierung gestanden hat! Das war in Amerika. Und zwar nicht bei uns daheim in der Wohnung, sondern bei meiner Arbeit.

Bei meinem ersten Job in den USA stand ein Telefon auf dem Tisch, dessen Anstrich den exakt gleichen Farbton hatte, wie unser jetziges, Korb ist wieder glücklich.

Oder doch mehr ein Touch von schleimiger Alge?

Egal, denn gewissermaßen gehört das gar nicht hierher.

Er und Tatjana lebten zu jener Zeit seit knapp drei Monaten in San Francisco. Ihr gemeinsames Leben in der Fremde hatte sie enger zusammengeschweißt. Sie hielten aneinander fest wie zwei Schiffbrüchige auf hoher See, liebten sich und rieben sich, und nahmen sich beiderseits eine gehörige Portion Eigenständigkeit heraus. Durch diese Freiheit fanden beide neue Wege, sich zu entfalten und dem inneren Bauplan zu folgen. Oft genug stellte sich aber die Frage, ob da eigentlich mehr sei als eine stecknadel-kopfgroße Schnittmenge und ob das für ein Zusammensein reich-te.

Tatjana hatte bald ihren Cocon der lauten Krachsuse und Par-tynudel abgestreift. Sie gab das Rauchen auf, rührte bald keinen Tropfen Alkohol mehr an und begann voller Elan eine umfangrei-che Ausbildung zur Yogalehrerin am renommierten Iyengar Yoga Institute in San Francisco.

Korb hingegen sah nach einiger Zeit endgültig ein, dass aus ihm vorerst kein berühmter Künstler werden würde, und so ließ er diese Vorstellung von sich selbst endgültig los.

Doch wie ein Phönix erhob sich aus der Asche dieser zerfallenden Illusion eine Kraft, welche viele Jahre auf ihre Entfaltung gewartet hatte.

Zuvor hatte Korb aber erst einmal einen Job angenommen, denn sie brauchten unbedingt mehr Geld.

Er begann eine Karriere als Empfangsdame an der Rezeption eines kleinen Motels nahe der Golden Gate Brücke.

Die Ansprüche waren nicht hoch gewesen. Ich sprach ausreichend Englisch, dazu Deutsch und etwas Französisch, genug für das Touribusiness. Ferner versprach ich pünktlich zu sein und hinter-ließ wohl irgendwie einen seriösen Eindruck. Der Job war zu Beginn sogar spaßig, denn ich hatte einige deutsche Kollegen und gewann rasch neue Freunde, und so verbrachte ich also vier Tage die Woche meine Zeit damit, in dem kleinen, verglasten Emp-fangsraum, die Gäste ein- und auszuchecken. Von meinem schwenkbaren Bürosessel herrschte ich über die Eingangstür mit dem geschwungenen, roten Schriftzug "Monroe Motel" und wartete, wer wohl als nächstes auf mich zukommen würde. Neben mir auf dem Tisch stand griffbereit mein wichtigstes Arbeitsutensil, ein dunkelgrünes Telefon. Das war eben genau der Apparat, welcher die gleiche Farbe hatte wie jener, der gerade jetzt fast in Reichweite neben mir steht.

Korb ist froh, dass er dieses Rätsel nun gelöst hat.

Die Hand seiner Erinnerung verweilt noch eine Weile auf diesem Apparat im Monroe Motel, wie um von der verschütt geglaubten Erinnerung Besitz zu ergreifen. Doch allmählich gleitet sein Blick langsam von dem Fernsprecher weiter über den Rest des Tisches. Das Holz dunkelbraun, Eichenlaminat oder so. Direkt neben dem Telefon dann stets der Belegungsplan der Zimmer und links davon, an der Wand, das hölzerne Schlüsselboard mit seinen Fächern. Auch dunkelbraun. Auf dem Fensterbrett darunter eine kleine Kaktee ohne Blüte, auf dem roten Plüschteppich in der Ecke ein Sessel. Daneben ein Wasserspender mit weißen Pappbechern.

Nun, das war alles. Das war mein Reich.

Eine meiner Aufgaben im Motel, die mich immer wieder belustigte, war es, den Touristen auf dem Stadtplan zu zeigen, wo die Hauptattraktionen dieser Metropole zu finden waren. Alcatraz, Fisherman's Wharf, Alamo Square, Lombard Street - lauter lahmes Zeug. Doch da wo es interessant war, dort wo wirklich was ging, wie zum Beispiel in meiner eigenen Neighbourhood, dort hatte ich auf dem Stadtplan den fettem Rotstift anzusetzen und einige Straßenzüge durchzustreichen, so hatte mein Boss mir aufgetragen. Dort sollten Touristen lieber fernbleiben, für Unbescholtene zu gefährlich! Ich nahm dieses Ritual immer sehr ernst und bemühte mich dazu stets einen möglichst gravitätischen Gesichtsausdruck aufzusetzen.

Korb muss kichern. Wer sich von so einem Bullshit schrecken ließ, der hatte die Mission auch nicht verdient.

Das Motel war ein charmantes Anwesen, erbaut in Anlehnung an einen reduzierten, spanischen Kolonialstil. Nicht aufwändig, eher familiär. Viele Blumen und armdicke, alte Kletterpflanzen an den Fassaden und hübsche Stuckapplikationen über den Türen gaben dem Monroe Motel ein possenhaftes Flair inmitten des wilden Treibens der Großstadt. Es war das älteste Motel an dieser breiten Straße, welche direkt von der Stadt hinaus zur Golden Gate Brücke führte.

Ein findiger Geschäftsmann hatte das Gelände kurz nach der Errichtung der Golden Gate 1937 gebaut, weil er sich sicher war, dass nun ein niemals wieder abreißender Strom von Besuchern über diese Route in die Stadt rollen würde. Er sollte Recht behalten. Natürlich waren alsbald andere seinem Beispiel gefolgt und heute drückt sich ein Motel an das nächste entlang dieses vielbefahrenen, vierspurigen Highways und was den Nachahmern ursprünglich an Visionskraft fehlte, spiegelte sich auch im Baustil wieder. Ein Etablissement ist geistloser und hässlicher gestaltet als das nächste.

Damals führte Heike, die junge Enkelin des alten Visionärs, das Familienunternehmen. Sie war nur drei oder vier Jahre älter als ich und holländischer Abstammung. Wir mochten einander, aber richtige Freunde wurden wir nicht, dazu fehlte uns beiden die wahre amerikanische Gelassenheit, denn wir waren zwar irgendwie auf einer Wellenlänge, aber sie entstammte einer Familie mit viel Geld und war immerhin auch der Boss.

Ihr Mann Alvin brannte schlussendlich mit einer Kollegin von mir durch. Es gab da einige dramatische Momente, mit denen ich nur recht unbeholfen umzugehen vermochte. Als Heike mir nämlich im Büro verzweifelt ihr Herz ausschüttete und weinend und verloren vor meiner Rezeption zu einem Häufchen Elend zusammensackte, sah ich nur wieder ein Leben wegen der Liebe zerfallen und verfiel in eine gewisse Schockstarre. Ich stand untätig daneben und blickte unsicher aus dem großen Fenster, während sie schluchzend auf dem Boden kniete. Draußen rasten die Autos vorüber wie immer, die Zimmermädchen eilten vorbei mit Bergen frischer Bettwäsche beladen und eine Gruppe Touristen studierte lachend den Stadtplan. Doch diese ganze Szenerie spielte jetzt keine Rolle mehr. In diesem Moment war alles wertlos geworden, existierte nicht mehr, hatte sich aufgelöst, nicht für mich, aber ich sah wie Heikes Blase platzte, wie alles implodierte und in sich zusammenfiel. Aber ich hatte damit nichts zu tun. Ich stand außerhalb. Meine Arme hingen schlaff an mir herunter und ich wendete mich ab. Ich konnte Heike nicht helfen, sie nicht berühren oder trösten. Ich musste sie alleine lassen und verließ das Büro.

Korb seufzt und streicht ein paar Falten auf der Decke glatt. Später fühlte ich mich natürlich beschissen wegen meines miesen Verhaltens. Der Vorfall hinterließ einen schalen Nachgeschmack und danach arbeitete ich nur noch einige Monate im Motel.

Während der touristenlosen Nebensaison fielen die Preise und wir vermieteten an jeden, der zur Tür hereinkam. Ich checkte Prostituierte für einen Wochenrabatt ein, deren Pimps immer pünktlich und natürlich mit einem Bündel Cash bezahlten.

Ich vermietete auch an zugekiffte, verquollene Hippiekids von der Haight Street. Diese verwelkten Blumenkinder schickten immer denjenigen vor, der noch am zivilsten aussah und der behauptete dann, er und seine Freundin wollten ein Zimmer mieten, aber wir wussten was sie im Schilde führten, denn schließlich kannten wir unsere Pappenheimer und so verlangten wir einen saftigen Security Deposit, welchen die dann, wenn auch zähneknirschend, abdrückten. Diese Summe behielten wir regelmäßig ein, denn wir wussten, was nun folgen würde. Nachts darauf tauchten dann nämlich aus allen Himmelsrichtungen ganze Horden von Partynasen auf und in dem vermieteten Zimmer gab es alsbald eine fette Fete mit allem, was dazugehört. Wir ließen es entspannt gewähren, solange es nicht zu arg wurde. Die Zimmermädchen waren zwar nicht begeistert von diesen Vermietungspraktiken, wegen der zu bewältigenden Sauerei am nächsten Morgen, aber auf diese Weise ergab die Saure-Gurken-Zeit wenigstens eine halbwegs ordentliche Geschäftsbilanz.

Doch irgendwann war ich das alles leid. Ich hatte jetzt anderthalb Jahre auf dem gleichen Drehstuhl verbracht und mein Popo war platt gesessen wie der einer Flunder.

Korb lächelt, denn er entsinnt sich an den Tag, an dem er erstmals erkannte, dass sein Leben zwar einen gewissen Schönklang im Alltag hatte, doch zu einem Dasein auf Halbmast verkommen war. Nach der ersten aufregenden Zeit in San Francisco war das Dasein unvermeidlich berechenbar und schal geworden.

Es dürstete mich nach etwas Neuem. Ich wollte raus aus den alten Schuhen. Ich wollte weg. Einfach alles abschütteln, einfach mal verschwinden. Die Arbeit, die Sache mit Heike, meine Beziehung und auch ich selbst, alles war mir zu eng geworden.

Korb verspürte damals das dringende Bedürfnis, jegliche Kommunikation auf ein absolutes Minimum zu reduzieren. Ja und nein, gut oder schlecht, müde, hungrig – fertig, mehr gab es doch nicht zu sagen. Er wollte höchstens noch mit sich selbst gelegentlich knappe Zwiegespräche führen oder besser noch ganz den Schnabel halten.

So kaufte er sich eines Tages von irgendjemand ein gebrauchtes Mountain Bike und dazu einen Stapel Landkarten.

So verflixt, ich werde auf Tour gehen und zwar auf eine lange. Anschließend nähte er sich für das Fahrrad ein paar passende Satteltaschen aus Jeansstoff, welche er mit Bienenwachs imprägnierte und legte seine alten Schnürstiefel, eine Cargo Hose und einen Filzhut zurecht. Das sollte reichen.

Hightech-Funktionsbekleidung ist doch bestenfalls albern, vor allem die engen Höschen. So was kommt mir nicht in die Tüte. Da sieht man ja aus wie ein Stripper, so sexualisiert unten rum, und überhaupt, es kann ja nicht sein, dass man so etwas wirklich braucht, nur um Rad zu fahren. Schrecklich solch Spezialequipment, welches fordert, aus jeder Tätigkeit sofort eine kommerzielle Materialschlacht zu machen und wo selbst die Unterbuxe noch irgendwie als Wärmetauscher fungiert. Nicht einmal über einen Helm hatte ich damals nachgedacht, denn diese Plastikhauben waren, glaube ich, noch gar nicht erfunden, und selbst wenn, die Vorstellung derart gepanzert auf ein Fahrrad zu klettern, erscheint mir ohnehin so lächerlich wie mit Knieschonern in die Disco zu gehen.

Meine Frau fuhr mich zwei Wochen später, früh eines Morgens, mit dem Auto vor die Tore von San Francisco. Dort frühstückten wir noch gemeinsam in einem kleinen Café, dann stieg ich auf mein Rad, setzte meinen Cowboyhut auf, wir umarmten uns und ich fuhr los in Richtung Kanada.

Über Monate war diese Into-the-wild-Idee in Korb bereits gereift. Nachdem er und Tatjana einen ausgiebigen Road Trip durch Kalifornien und Oregon gemacht hatten, von dem sie beinahe nicht lebend zurückgekehrt wären, entschied er sich dieses Land unbedingt nochmal mit einem langsameren Verkehrsmittel zu erleben.

Ziel dieser gemeinsamen Autoreise war ein sagenumworbenes Treffen von Primitive Skills Spezialisten. Also einer Zusammenkunft von Gleichgesinnten, welche sich auf praktische Weise, irgendwo in der freien Natur, mit den Lebensweisen während der Steinzeit auseinandersetzten.

Davon hatte ich vor kurzem zum ersten Mal gehört und es interessierte mich enorm, denn ich hatte bisher nicht gewusst, dass es solche Leute überhaupt gab. Initiiert wurde das Ganze von einem gewissen Jim Riggs. Dieser Mann genoss in gewissen Kreisen seit Jahren einen Kultstatus, wie ich bald herausfand.

Als ich ihn dann eines Tages persönlich kennen lernte, entpuppte er sich als eine Art verhärmte, verdorrte und eingeschrumpfte Version von Jesus Christus, der weit mehr als die bekannten vierzig Tage in der Wüste verbracht haben musste und wohl noch länger keine Zahnbürste mehr benutzt hatte. Sein Alter war schwer zu schätzen, wahrscheinlich war er über fünfzig. Er trug stets ein schmales, ledernes Stirnband um den Kopf, um sein dünnes, strähniges Haar in Zaum zu halten. Ansonsten war er meist mit nicht viel mehr als einem Lendenschurz und Mokassins aus selbstgegerbtem Leder bekleidet, welches seinen wettergegerbten, sehnigen und von unzähligen Falten zerfurchten Körper schutzlos den heimlich beobachtenden Blicken von Neulingen wie mir preisgab. Riggs besaß zwar ein Auto, oder besser gesagt eine Schrottkiste von einem alten Pick-up, lebte aber sonst fast wie vor hundert Jahren.

Doch wie Korb bald feststellte, gab es von dieser Sorte Mensch mehr Leute, als man als unbescholtener Bürger annehmen könnte.

Irgendwann gehörte ich sogar selbst zu diesem illustren Kreis, wenn auch, rein äußerlich, in einer weichgezeichneten Version.

Urzeitpapst Jim war auf jeden Fall ein wandelndes Lexikon, wenn es um das Leben in der Wildnis ging. Sein erdiges Auftreten ließ keinen Zweifel zu, dass er alleine im Wald überleben konnte wie Rüdiger Nehberg und dazu brauchte er noch nicht einmal ein Taschenmesser, sondern ein scharfkantiger Stein würde genügen. Gleichzeitig war er belesen genug, um mit Studenten und Archäologieprofessoren, welche er ebenfalls magisch anzog, über Keramik der Anazasi Indianer, deren Dekor, Herstellung und zeitliche Einordnung diskutieren zu können. Bereits in den Siebzigern hatte er ein Buch über alte Gerbemethoden mit Hilfe von Gehirnmasse, Eigelb und anderen beeindruckenden Zutaten geschrieben, welches inzwischen in der Szene als Klassiker galt. Jim war ein offener, entspannter Typ, hieß jeden willkommen und lachte gerne, wobei man seine gelichteten und von reichlichem Tabakgenuss gebräunten Zahnreihen bewundern konnte. Allerdings blieb er immer etwas unverbindlich und auf Abstand. Vielleicht bildete ich mir das auch nur ein oder es mag an seinem Kultstatus gelegen haben. Er gefiel mir.

Tatjana und ich wollten also zu diesem ominösen Gathering reisen, um Big Jim und seinen Kollegen auf die Zähne zu fühlen. Es sollte irgendwo auf dem enormen, menschenleeren Hochplateau des Staates Oregon stattfinden, nahe einer bescheidenen Erhebung, die auf der topographischen Karte als Glass Butte verzeichnet war.

Hier gab es ein weithin bekanntes Obsidianvorkommen. Dabei handelt es sich um ein glasartiges Vulkangestein, dass über Jahrtausenden von Indianern zur Herstellung von Pfeilspitzen, Messern und anderen Geräten genutzt wurde.

Zu Füssen dieses Hügels, in der Einöde der weiten Sagebrush-Prärie fand also irgendwo dieses Zeltlager statt, in dem etwa dreißig Gleichgesinnte, Anfänger, Neugierige und Profis aus verschiedenen Staaten zusammenkamen, um in den alten, schlammigen Gruben und knietiefen Löchern nach diesem Gestein zu graben, um sich dann den Fertigungstechniken von Steinwerkzeugen und der rauen Natur hinzugeben.

Es war Anfang März und immer noch kalt im inneren Oregon. Jederzeit könne immer noch Schnee fallen, hatte man uns gewarnt. Die Heizung des alten Chevy funktionierte schon lange nicht mehr, was in San Francisco keine Rolle spielte, aber hier draußen saßen wir beiden nun wie Kutschenreisende des neunzehnten Jahrhunderts in Wolldecken eingehüllt im Wagen, während wir unserem Ziel entgegenbrausten. Die Heizung war allerdings nicht das einzige Problem mit dem Auto, wie sich bald herausstellen sollte. Der Wagen war schließlich nicht mehr der jüngste. Rein rechnerisch hätte der bereits erwähnte Elvis Presley noch drin fahren können, denn der Wagen stammte aus dem Jahr 1977.

Korb wundert sich, dass der King of Rock n' Roll so beharrlich in seinem Kopf herumgeistert. Aber schließlich hatte er in seinen frühen Teens, als alle Klassenkameraden Madonna, Culture Club oder Modern Talking verehrten, den Mann mit der geilen Tolle und dem kreisenden Hüftschwung bewundert.

Wie dem auch sei, das lenkt jetzt nur ab, denn auf jeden Fall war jede Reise mit diesem Vehikel, von mehr als zwanzig Kilometern Länge, eine Fahrt ins Ungewisse aber daran hatten wir uns bereits auf eine fatalistische Weise eingestellt.

Wir mussten also irgendwann auf dieser Tour mit unterdrücktem Unbehagen feststellen, dass der Motor bei einer Fahrtgeschwindigkeit unter fünfzig Kilometer pro Stunde immer wieder absoff, und es nicht sicher erschien, ob er danach je wieder angehen würde.

Auf der Landkarte hatte Korb am frühen Abend so etwas wie eine Abkürzung zu ihrem Ziel ausgemacht, wie er annahm. Eine Art Seitenstraße oder vielleicht eher eine Piste, das war nicht klar ersichtlich.

Also bogen wir an einer einsamen Kreuzung von unserem kleinen, menschenleeren Highway links ab. Straßenschilder waren da natürlich nirgends angebracht, aber eine andere Kreuzung hatte es seit zehn Meilen nicht gegeben. Insofern musste das hier stimmen.

Das Sträßchen führte eine Weile über eine unbewohnte Ebene, einem weitläufigen, lichten Wäldchen entgegen. Das Gelände stieg an und die Straße wandelte sich zu einer unbefestigten Schotterpiste.

Na herrlich, eine verdammte Dirt Road, knurrte Korb und wagte nicht, das Tempo zu reduzieren, aus Angst der Wagen könnte absaufen.

Also bretterten wir durch die Schlaglöcher den Hügel hinauf und als wir die ersten Bäume passiert hatten, zeigte sich uns etwas auf der Piste, was uns nicht gefiel. Hier lag Schnee. Kurz vor uns schimmerten einige Schneefelder auf, welche im Schatten der Bäume von der schwachen Frühlingssonne noch nicht erreicht worden waren, und unserer Fahrrinne führte mitten hindurch.

Keine Reifenspuren, dachte ich noch. Hier ist also seit Monaten niemand mehr lang gefahren. Meine Hände umkrampften das Steuerrad und ich gab noch etwas mehr Gas. Rutschend und schlingernd flog der Wagen über das Eis. Tatjana schlug die Hand vor den Mund, aber der Wagen fing sich wieder und brauste weiter. Noch während der Wagen wieder festen Boden gewann, schwante mir bereits, dass diese Abkürzung vielleicht keine gute Idee gewesen war, denn nach einem kurzen Wegstück erschien ein weiteres Schneefeld und dieses war um einiges grösser. Es gab keine Zeit zum Überlegen mehr.

„Was machen wir jetzt?", rief Tatjana erschrocken, denn anhalten war schließlich keine Option, denn hier in der Einöde durfte der Wagen auf keinen Fall ausgehen. Wir mussten weiter.

„Wir müssen da durch!", schrie Korb, als der Chevy mit einem Klatschen auf den Schnee traf. Eis spritzte auf die Windschutzscheibe und flog spritzend an den Seitenfenstern vorbei.

Scheiße. Ich drückte das Pedal ganz durch.

Der Wagen brauste den Hang hinauf und wir wurden durchgeschüttelt wie auf einer Achterbahn. Der Motor heulte auf, als wir über den Schnee dahinflogen.

„Noch hundert Meter, dann ist die Straße wieder frei. Wir schaffen's!", schrie Korb, Tatjana klammerte sich an ihrem Sitz fest.

Tatsächlich, die Räder griffen wieder. Erleichtert schaltete ich den Scheibenwischer ein. Doch dann kamen waren wir um die nächste Biegung und ich erstarrte.

Da war nur noch Weiß. Der ganze Waldboden vor uns war kniehoch mit Schnee bedeckt und die Piste verschwand unter dieser eisigen Decke wie eine Maus in ihrem Loch. Es ging weiter bergauf.

Es gab kein Zurück mehr.

„Verdammt!", schrie ich und schlug mit der flachen Hand aufs Lenkrad. Verzweifelt und ohne eine andere Möglichkeit erwägen zu können, nahm ich einen letzten verzweifelten Anlauf aber nach wenigen hundert Metern war Schluss. Die Räder drehten durch. Der Wagen stockte. Ein kurzes Jaulen des Motors, dann war er aus.

Es war vorbei. Der Tanz war zu Ende. Aus die Maus. Ende Gelände. Wir steckten fest.

Auf einmal war es ganz still um uns. Korb tstete mit wenig Hoffnung nach dem Anlasser. Nichts. Keinen Mucks.

Korb blickte aus dem Fenster. Die Kiefern wiegten sich sanft im Wind und ein großer schwarzer Vogel flog aus einem Baum auf.

Krächzen. Ein zweiter Vogel folgte.

Es war spät geworden, Korb blickte auf die Uhr. Der Himmel begann sich bereits zu verfärben. Die Sonne würde bald untergehen.

Da stieg eine Mischung aus heißer Wut und Verzweiflung in ihm auf und er begann laut zu fluchen.

„Himmel Kreuzdonnerwetter! So eine verdammte Scheiße! Wir Idioten!". Korb riss die Autotür auf uns sprang hinaus in den Schnee um sich abzukühlen.

„So ein Haufen Mist!"

Wütend trat er mit dem Fuß gegen einen der Vorderreifen, von dem nur noch das obere Drittel aus dem Schnee ragte.

„Wie konnten wir nur so blöd sein hier entlang zu fahren. Fucking Shit!", und so weiter.

Ich raste ja nicht oft aus, aber wenn es dann mal losgeht, dann lohnt es sich auch.

Ich schätze, das habe ich auch von meinem Vater. Der hat auch ab und zu richtig Dampf abgelassen, vor allem, wenn in der Werkstatt was schiefging, beim Ski wachsen oder so, oder aber - und Korb muss unwillkürlich lächeln bei dieser Erinnerung - oder wenn er sich den Kopf irgendwo anstieß und das passierte öfter mal. Es gab da oberhalb der Kellertreppe so einen Vorsprung. Immer dieselbe Stelle, Korb berührt seine Stirn, schließlich war er fast ein Meter neunzig groß gewesen.

Ja, mir war nach Fluchen zumute damals, aber Tatjana unterbrach mich. „Hör auf so zu schreien!", rief sie mir aufgebracht aus dem Auto nach. Sie war den Tränen nah.

Ich drehte mich zu ihr um und ließ die Schultern hängen und die Anspannung verpuffte.

„Ok. Sorry."

Erschöpft ließ ich mich neben sie auf den Sitz fallen.

Wir schwiegen eine Weile. Noch einer von diesen Vögeln. Während wir so dasaßen und das Abendrot betrachteten, befiel uns beide gleichzeitig eine schleichende Angst. Ich fröstelte. Es war ganz schön kalt geworden im Wagen. Es dunkelte. Das war irgendwie alles nicht gut hier.

Tatjana begann leise zu weinen. „Wir sind am Ende. Hier kommen wir nicht mehr weg!".

Und so war es tatsächlich. Der Wagen saß bis zum Hintern im Schnee und war hoffnungslos einzementiert.

Im verlöschenden Licht des Tages machten wir mit klammen Fingern eine Inventur unserer Vorräte. Wir hatten Schlafsäcke, einen kleinen Gaskocher, Kekse und ein paar Tütensuppen. Bald saßen wir im Stockdunklen, dick eingemummelt beieinander auf der Fahrerbank des Chevy. In der Hand eine Tasse heißen Tee. Den Brenner ließen wir an, um die Kälte zu vertreiben. Unsere Situation hatte aber auch etwas Komisches. Ich sah schon die Schlagzeile in der Zeitung vor mir.

Junges Paar in der Wildnis erfroren.

Ok, wir würden hier also am eisigen Marterpfahl der Wildnis eingehen wie die Primeln. Frühestens im Sommer würde man unsere gefriergetrockneten Leichen in dieser Einöde finden, meilenweit von der nächsten menschlichen Behausung entfernt. Doch noch war es nicht soweit.

„Morgen früh wandere ich los und suche Hilfe."

„Auf gar keinen Fall!", Tatjana umklammerte erschrocken meinen Arm. „Du gehst nirgendwo hin! Wir bleiben zusammen. Das fehlt gerade noch. Du brichst dir irgendwo ein Bein und ich sterbe hier alleine im Schnee!"

So verbrachten wir eine einsame, ruhelose und eisige Nacht.

Am nächsten Morgen schien allerdings die Sonne und der Anblick des blauen Himmels hob meine Stimmung etwas. Aber trotzdem, wie sollte es jetzt weitergehen. Ein Plan musste her.

Tatjana hockte noch in sich zusammen gesunken auf dem Beifahrersitz und schlief. Ich öffnete vorsichtig die angefrorene Fahrertür um meine steifen Glieder zu strecken.

Irgendwie sah alles so friedlich aus. Ich blickte mich um und in dem Moment vernahm ich auf einmal ein fernes Brummen. Ich stutzte, waren das tatsächlich Motorengeräusche? Hoffnungsvoll schirmte ich meine Augen mit der Hand und suchte das Gelände ab. Das Geräusch wurde lauter.

Mit einem Mal erschien oben auf dem Hügel zwischen den Bäumen, ein riesiger roter Pick-up Truck mit enormen Reifen. Die Morgensonne knallte blendend auf seinen nagelneuen Lack und das Gefährt erschien wie ein UFO mitten in diesem Gott verlassenen Niemandsland.

Der Monster Truck rollte langsam schaukelnd durch den Schnee den Hügel hinab. Ich riss die Arme hoch und winkte aufgeregt. Doch das war gar nicht nötig, denn der Wagen kam direkt auf uns zu. Ich lief ihm entgegen. In der Mitte der zugeschneiten Piste trafen wir uns.

Ich kam mir wie ein Idiot vor wie ich hier in meinen durchweichten Turnschuhen vor der riesigen Maschine stand.

Zwei ignorante City Kids, die sich mit ihrem tiefgelegten Straßenkreuzer in eine beschissene Situation gebracht hatten. Immerhin, wir würden überleben.

Die Tür ging auf. Ein Mann stieg aus. Charles Bronson-Schnurrbart. Cowboyhut. Rotweiß kariertes Flanellhemd. Klassisch.

Er sagte nichts. Sein Blick schweifte ohne eine Miene zu verziehen über die sich ihm bietende Szene. Auch klassisch.

Dann meinte er ohne mich anzusehen:

„I got a rope!".

Ich war auch irgendwie froh, dass er mich zu ignorieren schien, denn mir war die ganze dumme Touri-Situation total peinlich. Dieser Engel von einem Back Country Red Neck, zog uns dann an seinem Seil aus der Patsche und schleifte uns die vielen Kilometer bis zurück auf die befestigte Straße.

Zum Dank schenkte ich ihm eine in einem Aluminiumzylinder verpackte, dicke kubanische Havanna Zigarre. Diese hatte ich kurz zuvor im Handschuhfach entdeckt, einstmals ein Geschenk von Tatjanas Bruder. Doch wer raucht schon solche Bömbchen, ich bestimmt nicht, noch dazu mit Vanillegeschmack. Dem Cowboy entlockte sie allerdings ein zufriedenes, wortloses Grinsen.

We shook hands, ebenfalls schweigend, und er fuhr davon.

Gott sei Dank sprang auch der Motor nach einigen Versuchen wieder an. Ein Wunder! Vielleicht hatte ihm die Abkühlung gutgetan.

Wir schafften es bis ins nächste Kaff, welches sich uns als eine menschenleere, verlotterte Ansammlung von einigen Häusern entlang einer staubigen Hauptstraße präsentierte. Ich steuerte den Chevy in eine offene Garage, die entfernt an eine Autowerkstatt erinnerte, weil zwischen zerbeulten Ölfässern verschiedenes Werkzeug auf dem Boden verstreut lag und ein halb zerlegtes Automobil davorstanden. Allerdings gab es nirgends ein Schild oder anderen Hinweis was unsere Vermutung hätte unterstützen können, aber wir waren froh, irgendwo angekommen zu sein, und selbst wenn hier alles ziemlich heruntergekommen anmutete, so flößte uns zumindest der Anblick des verstreuten Werkzeugs irgendwie Hoffnung ein.

Wir verharrten einige Momente unschlüssig im Wagen, da erschien auch schon ein Mann in ölverschmiertem Overall. Ich stieg aus, legte zum Gruß, so wie ich es schon öfter beobachtet hatte, kurz zwei Finger an den Schild meiner Baseballkappe und schilderte mit zwei Sätzen knapp unsere Situation. Der Mann hatte eine Kippe im Mundwinkel und eine halbgefüllte Tasse Kaffee in der Hand, wir hatten ihn wohl gerade beim Frühstück gestört. Er hob unbeeindruckt die Schultern und stellte dann lapidar fest, dass er sich ein wenig mit Autos auskenne und sich den Wagen ja mal ansehen könne. Well, auf mehr hatten wir ja auch nicht gehofft.

Ohne weitere Worte zu verlieren stellte er seine Tasse auf einem ölverschmierten Hocker ab, schnippte die Kippe durch das Garagentor auf die Straße und öffnete die Motorhaube. Nachdem er eine Weile schweigend über den Motor gebeugt darin herumgefummelt hatte, präsentierte er mit vorwurfsvollem Gesicht ein dünnes Stück durchsichtige Plastikfolie. Das käme aus dem Benzinfilter, knurrte er. Ich zuckte mit den Schultern. Wollte der von mir wissen, wie das da hingekommen war? Wie dieser Fremdkörper dorthin geraten war, wo er auf gar keinen Fall hingehörte, konnte auch er uns jedenfalls nicht erklären. Ich war schrecklich erleichtert als unser Hilfsmechaniker den Motor mit lautem Röhren startete und ihn dann brav und gleichmäßig tuckernd im Standgas ruhen ließ.

Als wir unseren namenlosen Helden für seine Hilfe bezahlen wollten, hob er nur abwehrend die Hände, schüttelte den Kopf und machte einen Schritt zurück, als sei er beleidigt worden.

Der Wagen lief einwandfrei, wie frisch vom Band und wir setzten unsere Reise fort. Irgendwann auf dieser Tour kamen wir dann auch an diesem ominösen Ort vorbei der als pawlowscher Schlüsselreiz für meine folgende Radtour fungierte.

Es handelte sich dabei um ein Gewässer. Ein See. Ein enormer, flacher Spiegel mitten im Nirgendwo. Gesäumt war er von vielen sich windenden Buchten, einem freien, wilden Ufer, das an endlose Wiesen und einigen lichte Wäldchen grenzte.

Der Highway war zuvor einige Meilen nur schnurgerade verlaufen, führte nun in einem Bogen um einige weit verstreute große Felsen auf eine leichte Anhöhe zu. Nichts bereitete uns auf den Anblick vor, der sich vor uns ausbreiteten würde. Es war bereits seit dem Morgen ein diesiger Tag gewesen, die Sonne hing milchig weiß am Himmel und spiegelte sich auf einmal vor unseren Augen silbrig schimmernd in der stillglatten Wasseroberfläche dieses erhabenen Gewässers. Da war weit und breit kein Haus, kein

Zaun, nicht einmal eine Stromleitung zu sehen, und der See erstreckte sich über Kilometer durch die Landschaft, so schien es.

Ich klebte mit dem Gesicht an der Fensterscheibe, hielt den Atem an und genoss den Anblick dieser würdevollen Szenerie, während die Ebene an uns vorüber glitt. Ich wusste, dieser See war in keinem Reiseführer zu finden. Es gab entlang der Straße auch nicht die kleinste Parkbucht und kein einziges Hinweisschild. Laut Karte handelte es sich einfach nur um Goose Lake, das war alles, nichts weiter.

Korb schnaubt, als er sich oberhalb des Sees im Wagen vorbei brausen sieht. Damals hatte er sich gefragt, wie es möglich war, dass so etwas Wunderbares wie diese Aussicht so wenig Aufmerksamkeit erhielt. Keines der Bilder, die er bis dahin in seinem Kopf hatte, konnte sich mit dem messen, was sich hier vor ihm ausbreitete; kein Starnberger See, kein Bodensee, nicht einmal die Ostsee. So etwas Majestätisches hatte er noch nicht erlebt, aber das Beste war, in diesem Land war so etwas ganz normal.

Hier gab es Schönheit ohne Frittenbuden, Hotelanlagen, ausufernde Parkplätze und Touristenmassen.

Während sie im Chevy vorbei brausten, beschloss Korb eines Tages zurückzukehren, und zwar ohne Auto.

Es schmerzte mich, eingekapselt in meiner Dose, an dieser grandiosen Natur vorbei zu rasen und wie ein abgenabelter Astronaut, aus dem Fenster zu starren. Das war doch irgendwie falsch und fast eine Unverschämtheit dieser grandiosen Natur gegenüber.

Korb denkt nach.

Das Fahrrad war da natürlich die geeignete Antwort. Da ist man viel mehr in Kontakt. Wind, Wärme, Vogelgezwitscher und dergleichen – kriegt man alles mit.

Er hält inne und überlegt. Es spielt nicht wirklich eine Rolle.

Obwohl, das Optimale ist natürlich Laufen, weil es noch mehr Geschwindigkeit rausnimmt. Aber selbst da verpasst man noch einiges.

Korb runzelt die Stirn und dreht sich zur Seite. Ganz schön viel entgeht einem da sogar auf Schusters Rappen, vor allem akustisch, denn da knirscht und knackt es doch die ganze Zeit unter den Sohlen, und die gesamte Fauna nimmt Reißaus, bevor man sie je zu Gesicht bekommt. Diese Stechschritterei, dieses mit den Hacken knallen, dieses Wandergestiefel, alles viel zu brutal, zu laut.

Nein, am gerechtesten ist eigentlich stehen bleiben. Einfach stillstehen. Baumartige Präsenz, da geht nichts und niemand verloren.

Korb hält für einen Moment die Luft an. Oder eben sitzen. Sitzen ist auch gut. Analkontakt mit Mutter Erde. Ganz ankommen. Und was ist mit liegen? Korb schließt die Augen, dreht den Kopf ein wenig. Aber nein, liegen in der Natur taugt nicht viel. Visuelle Einschränkung auf ein paar Halme und Baumkronen, dazu die Lizenz zum Dösen und Abdriften.

Nein, Korb schmunzelt, aber er wollte schließlich Kanada erreichen und dass würde weder in der horizontalen, noch stehend oder sitzend gelingen, zumindest nicht ohne einen fahrbaren Untersatz unter dem Hintern.

Ich hatte damals ganz bewusst keine Kamera mit auf die Tour genommen. Ein puristischer Selbstversuch. Ich wollte es clean, wollte die reine Erfahrung, ausschließlich eine technologisch ungestützte Erinnerung behalten. Korb rümpft die Nase, denn wenn man den Erfolg am Ergebnis misst, sieht es knapp zwei Dekaden danach halt doch recht mager aus. Geblieben ist ein eher schmächtiges mentales Photobüchlein. Ein beständig schrumpfendes sogar.

Egal, stört keinen großen Geist, als Überschrift bleibt auf jeden Fall deutlich ein überdimensionales Thumbs-up eingebrannt, mit dem Untertitel: Meine schönster Egotrip – ever!

Ich war happy. Ich war frei. Es gab nichts weiter zu tun, außer pfeifend in die Pedale zu treten und in Gottes endlose, wundervolle Natur einzutauchen. Niemand wollte etwas von mir, keiner kannte mich und ich war niemandem etwas schuldig. Alles war friedvolle Überschaubarkeit. Das Monroe Motel und San Francisco lagen weit hinter mir und um Autopannen brauchte ich mich auch nicht zu sorgen.

Ich kochte mein Essen in einer alten Konservendose am Lagerfeuer, schlief in Straßengräben, unter Tannenbäumen und am Ufer anderer riesiger Seen, wurde klitschnass und bekam fürchterlichen Sonnenbrand, studierte die Geschichte der Indianer und Pioniere der Staaten durch die er gerade reiste und schrieb am Lagerfeuer auf Butterbrotpapier lange Briefe an meine Frau.

Vier Wochen lang war ich strampelnd unterwegs Richtung Norden.

Ich fühlte mich dermaßen im Flow, dass ich noch einige Monate im bildgewaltigen Alaska dran hängte.

Erst im Herbst kehrte ich nach San Francisco zurück mit Eindrücken, Erlebnissen und einer Passion im Herzen, welche mich viele Jahre begleiten sollte.

Im folgenden verbrachte Tatjana zwei Mal mehrere Monate bei ihrem Yogaguru in Indien und ich bereiste währenddessen die Staaten des Wilden Westens. Dort verbrachte ich Wochen mit Gleichgesinnten á la Jim Riggs in abgelegenen Campinglagern, um das Gerben von Fellen, den Bau von Pfeil und Bogen, Wildkräuterkunde, Feuermachen mit Stöcken und vieles mehr zu erlernen. Back to basics. Ich wanderte mit Freunden in die Einöde, wo wir uns nur von abgehäuteten Klapperschlangen, Seifenwurzel und frisch überfahrenen Waschbären ernährten. Tagelang verfolgte ich mit der Kamera bewaffnet die Bisonherden im Yellowstone Nationalpark und las mich dabei durch Berge von Literatur über die Ureinwohner dieses wunderbaren Kontinents.

All das kulminiert in dem Manuskript für mein erstes Buch über die Verwendung von Bisonfellen bei den Indianerstämmen der Präriestaaten Nordamerikas. Meine heimliche Doktorarbeit.

Doch noch etwas anderes nahm zu diesem Zeitpunkt bereits

ganz heimlich seinen Anfang.

Tatjana wurde schwanger. Ein Mädchen kam auf die Welt. Die letzten Tage vor der Geburt erschien immer eine weiße Taube in unserem Hof und saß stundenlang gurrend auf dem niederen Dach gegenüber, wo wir sie vom Bett aus beobachten konnten. Nach der Niederkunft sahen wir das Tier nie wieder.

Im Zuge meiner Indianereuphorie sahen wir in dem Tier ein gutes Omen und gaben unserer Tochter daher den zweiten Namen Paloma, weiße Taube.

Es hat Wochen, Monate und am Ende vielleicht sogar Jahre gedauert, bis ich wirklich begriff, geschweige denn akzeptieren konnte, wie sich durch die Geburt eines Kindes das Leben für immer verändert.

Tatjana hat es mir verständlicher Weise nie richtig verziehen, dass ich sie noch im Kindbett dazu genötigt habe mein Manuskript Seite für Seite mit mir durchzuarbeiten.

Doch auch dabei ging es um eine Geburt, eine geistige zwar aber ich wollte das Projekt damals unbedingt abschließen, zumal noch ein weitere große Veränderung in der Luft lag.

Als unsere Tochter Luka eineinhalb Jahre alt war stand endgültig fest, dass wir zurück nach Deutschland gehen würden.

**

Tatjana ist noch immer am Lesen. Gerade blättert sie eine Seite um, und Korb öffnet den Mund und holt Luft, um sie etwas zu fragen. Doch dann hält er inne und besinnt sich.

Es ist eigentlich nicht wirklich wichtig. Ich werde sie nicht unterbrechen.

Also klappt er den Mund wieder zu und lässt seinen Blick über die Zimmerwand gegenüber schweifen. Im Netz der Spinne kämpft die Fliege jetzt nicht mehr um ihr Leben. Ihr Körper ist inzwischen längst mumienhaft in ein enges Leichentuch gewickelt.

Korb versucht seine Gedanken zu ordnen. Es gelingt nur leidlich, denn sein Blick ruht weiterhin auf dem weißlichen Gespinst, und er beginnt sich zu fragen ob die unglückselige Fliege in ihrem Kokon bereits ausgesaugt, verschrumpelt und tot ist, oder ob noch etwas Leben in ihr verbleibt, ein wenig Restwärme, welche sie vielleicht mit der bangen Hoffnung auf Rettung nährt.

Korb blinzelt, denn bei dieser Betrachtung regt sich irgendwo in ihm eine Vorstellung. Ein Bild versucht sich zu formen. Korbs Blick wird langsam gleich einem Suchscheinwerfer an die Zimmerdecke gezogen und gleitet von dort in die linke Ecke des Raumes. Dort oben treffen sich drei Linien. Zwei Wände und die Decke kommen an jenem Punkt zusammen. Der Treffpunkt in der Mitte - Korb beginnt leicht zu schielen. Sechs Linien sind es nun geworden, so scheint ihm. Unscharfe Winkel. Dann neun oder mehr. Korb kneift das linke Auge leicht zusammen. Eine Form bildet sich aus den verschwommenen Reihen über ihm.

Ein Wagen. Es ist ein PKW, der dort erscheint.

Korb brummt und zwinkert unsicher mit den Augen.

Das ist doch der kleine rote Mietwagen, mit dem ich vor x-Jahren in Montana unterwegs war.

Er überlegt, und vergessen ist die Fliege und auch die Spinne.

Ja, zwei Wochen lang war ich auf der Tour damals unterwegs gewesen. Reisen durch Zeit und Raum, wie ich sie liebte.

Ein Soloritt auf der Suche nach meiner ganz persönlichen Essenz Amerikas. Eine Spurensuche, eine Studienreise, ein Eintauchen in Natur und Geschichte.

Korb hatte gerade die Cruise Control, also den Autopiloten, auf exakt siebzig Meilen pro Stunde eingestellt und flog über den schnurgeraden, öden Highway seinem Ziel entgegen. Er suchte den Custer State Park, ein Naturschutzgebiet im State South Dakota.

Bisher hatte Korb das Vorhandensein einer automatischen Geschwindigkeitskontrolle in einem Auto immer als einen weiteren typisch amerikanischen Humbug belächelt, wie Tischstaub-sauger oder Friedhöfe für Katzen. Jetzt jedoch war er dankbar, dass sein Wagen mit solch modernem Komfort ausgestattet war, denn hier draußen in der Weite der endlosen Entfernungen wurde ihm seine Ignoranz bewusst, was amerikanische Überlebensstrate-gien anging, und die Standard Feature des Kleinwagens trat ihm nun als Krampf mindernde Notwendigkeit gegenüber, welche er dankbar in Anspruch nahm.

Seufzend lehnte Korb sich im Sitz zurück und entspannte sich.

Er drückte einen weiteren Knopf und das Fenster auf der Fah-rerseite glitt herunter. Auch besser als Kurbeln. Korb atmete tief die warme Luft ein, nahm den Fuß behutsam vom Pedal, hob ihn an und bemühte sich das Bein aus dem Fenster in den Fahrtwind zu strecken. Das war zwar nicht ganz einfach aber unbedingt notwendig, denn die Form seines Fußes erinnerte an einen aufge-blasenen Gummihandschuh und er war pochend heiß wie eine Backkartoffel.

Korb grunzte erleichtert, als der kühle Fahrtwind seinen nack-ten Fuß streifte. Erst gestern Morgen war er aus seinem kleinen Camping Zelt geklettert und hatte beim Zusammenpacken zu seiner Überraschung festgestellt, dass ein Fuß sich dick und auf-gedunsen anfühlte. Er konnte sich darauf keinen Reim machen und während er sich auf einem Stein niederließ, sich hinabbeugte, um den Fuß genauer zu betrachten, überlegte er, ob er in der Nacht wohl das Opfer irgendeines stechwütigen Insekts geworden war. Und tatsächlich, in der Mitte der Schwellung befanden sich zwei kleine, rot umrandete Einstiche. Er stutzte. Zwei Löcher nebeneinander, das stammt nicht von einer Mücke. Mit einem Mal rutsche ihm das Herz in die Hose.

Shit, wenn es nun irgend so eine Schlange gewesen war!

Korb riss sich zusammen. Ein Schlangenbiss ist wenig plausi-bel. Er drückte den Rücken durch. Wie hätte die auch unbemerkt in den Schlafsack rein und wieder rauskommen sollen, noch dazu ihn anknabbern sollen, ohne dass er davon erwachte? Und außer dem, die Bisslöcher stehen viel zu nah zusammen.

Korb packte also fertig, humpelte in den Wagen und hielt beim nächsten Visitor Center um irgendjemand kompetentes um seine Meinung zu fragen. Vor dem Eingang parkte ein Pick Up. Ein in Pfadfinderbeige gekleideter Park Ranger saß darin und kaute auf einem Zahnstocher. Auf Korbs Nachfrage beugte er sich kurz aus dem Fenster und betrachtete die dargebotene Gliedmaße von oben.

„A snake? Nope Sir!"
Korb fand sich bestätigt.

Im Pick Up ertönte eine Durchsage aus dem Funkgerät. Der Ranger ließ den Motor an, legte den Rückwärtsgang ein, wand sich um und rief noch während des Ausparkens,

„But could have been a spider." Er tippte zum Gruß an die Krempe seines Hutes und brauste davon.

Korb richtet sich auf seinem Sofa kurz etwas auf. Eine Spinne? Klar, da ist also die Verbindung, dann sackt er wieder zusammen.

Der Fuß schwoll jedenfalls im Laufe des Tages bis über den Knöchel dick an und auch am folgenden Tag war keine Besserung in Sicht. Im Gegenteil, er passte nun nicht einmal mehr in den Schuh und pochte bedenklich.

Diese Entwicklung erstaunte und beunruhigte mich etwas, ernsthaft alarmiert war ich aber noch nicht. Trotzdem entschied ich eine Eigenbehandlung vorzunehmen und erstand eine penetrant riechende Schmiere in irgendeinem Health Food Store unterwegs. Doch der erhoffte Erfolg blieb aus und ich beschloss erst einmal abzuwarten, setzte meinen Weg fort, suchte alsbald Linderung an der Zugluft und versuchte mich zur Ablenkung auf den Horizont zu konzentrieren. Nach einigen Stunden Fahrt veränderte sich dieser allmählich. Aus der karge Landschaft tauchten in der bläulichen Ferne vereinzelte bewaldete Hügel auf. Ich nähere mich also den Black Hills, den berühmten heiligen Hügeln der Lakota

Indianer. Vorsichtig manövrierte ich den Klumpfuß wieder auf das Gaspedal, schaltete auf manuellen Betrieb um und verlangsamte den Wagen.

Die Straßen wurden allmählich enger und kurviger. Kaum hatte ich das einsame Schild mit der Aufschrift Custer State Park passiert, erspähte ich in der Ferne viele dunkle Flecken zwischen den goldgelben Hügeln.   Es waren Bisons! Das war die Herde des Parks, frei beweglich auf diesem riesigen geschützten Areal von über 28.000 Hektar. Ich war begeistert. Was für ein Glück.

Ich war am Ziel.

Seit den Trapperträumen seiner Jugend hatten Korb diese Wildrinder begeistert. Sie waren seine Krafttiere, seine Seelenbrüder. Als Kind hatte er stundenlang mit baumelnden Beinen am Schreibtisch vor großformatigen Büchern verbracht. Geistesabwesend betrachtete er die Abbildungen darin. Gemälden des Natur- und Indianermalers George Catlin aus der Mitte das neunzehnten Jahrhunderts. Darauf befanden sich Bisons so groß wie Berge, mit riesigen rollenden Augen glotzten sie den Betrachter an. Gewaltige Buckel behangen mit zottigem Fell, so dicht wie ein Urwald. Eine urtümliche Kraft ging von diesen Bildern aus, und die saugte er auf, während er vornüber gebeugt in diesen Betrachtungen versank und meinte das Donnern Tausender Hufe zu vernehmen, das Muhen und Brüllen der großen Bullen zu hören und das gellende Geschrei der indianischen Jäger; die sie verfolgten. Eine enorme Staubwolke lag über allem, und die Erde bebte.

Ich schlug die Autotür zu und lehnte mich an. Der Wagen stand in einem kleinen Pinienwäldchen. Kein menschliches Wesen weit und breit. Ich atmete tief ein. Der Geruch von frischem Harz lag in der Luft. Die Erde war warm und bedeckt mit einer dicken Schicht getrockneter, gelblicher Nadeln und kleinen, harten Zapfen. Ich sah mich um, vermutlich befand sich die Herde hinter dem nächsten Hügel. Einen Moment zweifelte ich noch, dann ein Blick an meinem Bein hinunter. Doch schließlich gab ich mir einen Ruck, quetschte den versehrten Fuß irgendwie in eine Sandale und humpelte los.

Ich werde jetzt zu den Bisons gehen!

Das Gelände war unwegsam. Dichtes Unterholz aus abgestorbenen Ästen und Gestrüpp erschwerten das Vorwärtskommen. Aber allmählich lichtet es sich und ich trat auf die mit trockenem Gras bewachsene weite Prärie. Das Auto lag jetzt irgendwo hinter mir zwischen den Bäumen versteckt. Ich sah die Straße nicht mehr, weit und breit war kein Anzeichen menschlichen Lebens, nichts. Ich seufzte zufrieden und schaute in den blauen Himmel. Eine warme, gelbe Sommersonne schien mir ins Gesicht und ich verharrte einige Augenblicke mit dem Kopf im Nacken. Nach dem stundenlangen Gebrause im Auto war ich froh, endlich zum Stillstand gekommen zu sein und, in meinem Körper spürte ich noch die aufgestaute Vibration der langen Fahrt.

Doch hier im Freien, unter den Strahlen der Sonne schmolz die Anspannung allmähliche dahin und glitt von mir ab wie flüssige Butter.

Vor mir lag die weite Kuppe eines großen Hügels, und frohen Herzens wanderte ich darauf zu. Vorbei an verlassenen Erdlöchern von Präriehunden und einer Anzahl gewaltiger ausgebleichter Knochen. Beim Anblick dieser strahlend weißen Relikte hielt ich inne, bückte mich und nahm zwei von den Knochen auf. Schwer wogen sie in meinen Händen. Bisonknochen. Während ich weiter ging, schwang ich im Rhythmus der Schritte leicht mit den Armen, sodass die Knochen alsbald zusammenschlugen und als ich mich der Spitze des Hügels näherte, war aus diesem Klopfen ein einmütiger Rhythmus geworden. Gedanken verloren summte ich vor mich hin. Der Gleichschritt und mein Sing-Sang, begleitet von dem hohlen, klickenden Klopfen der Gebeine erschienen mir als das einzig Richtige, was es hier in dieser beeindruckenden Umgebung zu tun galt. Es war, als würde es von mir erwartet.

In ein warmes Gefühl des Einklangs und der Zugehörigkeit

gehüllt, erreichte ich schließlich die Höhe und erblickte nun auf einmal, schräg unterhalb von mir, in einem sanften Tal, keine hundert Meter entfernt, die Herde der Bisons.

Ich ließ die Knochen sinken und genoss diesen wundervollen Anblick.

Dutzende dieser mächtigen Tiere grasten friedlich, standen mit gesenkten Köpfen beieinander oder wälzten sich im Staub. Ich ließ mich nieder wo ich war und machte es mir zwischen den trocknen Grasbüscheln bequem.

Ich hatte Zeit. Ich war am Ziel meiner Wünsche angekommen.

Was für ein Geschenk! Dies war keine Wildlife Dokumentation im Fernsehen, kein Besuch im Tiergehege.

Kein Zaun engte das Land und die Tiere ein oder schnitt mich von ihnen ab. Keine schnatternden Menschenmassen glotzten mit mir zusammen ins Tal. Nein, das hier war real, echt und einsam. In vollen Zügen genoss ich den archaischen Frieden, welchen die vor mir liegende Szene verströmte.

Ich würde einfach hier oben sitzen bleiben und diese Herde beobachten, die Wärme der Sonne auf meinem Rücken genießen und so lange bleiben, bis ich keine Lust mehr hatte.

Auf diese Weise verging tatsächlich eine Stunde oder vielleicht auch viel mehr. Das ist schwer zu sagen, denn wie den roten Wagen hatte ich auch mein Zeitempfinden unter den Pinien zurückgelassen und ich musste überrascht feststellen, dass meine innere Uhr auf null stand. Ich hob den Blick zum Himmel. Wohl eine Instinkthandlung, wie es Menschen über Äonen getan hatten, um den Verlauf der Zeit zu prüfen. Die Sonne war ein gutes Stück weitergewandert, und eine träge Brise kam auf.

Die Bisons bewegten sich wenig und hatten kaum ihren Standort verändert. Das war ich schon gewohnt von anderen Beobachtungstouren aus dem Yellowstone National Park. Bisons sind geruhsame Tiere, und man kann lange und ohne sich zu verstecken bei ihnen verweilen, ohne dass etwas Nennenswertes geschieht. Man taucht ab in eine Welt der selbstzufriedenen Langeweile, die weder Ziel noch Streben kennt, sondern nur Grasen, Widerkäuen und gelegentliches Wälzen im Staub.

Irgendwann war ein einzelner Coyote hinter den Hügeln aufgetaucht. Er näherte sich mit leicht federndem Gang und ohne allzu große Vorsicht der Herde. Bald bemerkte ich, dass er wohl auf der Suche nach bewohnten Präriehundtunneln war, denn er kreuzte beständig mit gesenktem Kopf mitten zwischen den massigen Tieren hin und her und schnupperte bald hier und bald da. Die Bisons schenkten ihm kaum Beachtung, so wie auch ich auf meiner Anhöhe sie anscheinend nicht interessierte.

Doch mit einem Mal geschah etwas Merkwürdiges. Ich weiß heute nicht mehr genau, wie es begonnen hatte. War ich etwa einen kurzen Augenblick eingenickt?

Denn auf einmal stand eine kleine Gruppe von vier Tieren abseits der Herde am Fuße meines Hügels. Sie standen ganz dicht beieinander, so dass sich ihre dunklen Körper berührten und, ich stutzte einen Moment, alle hatten ihre massigen Köpfe in meine Richtung gewandt. Noch während ich überlegte, was ich da wohl verpasst hatte, setzten sich die Tiere langsam in Bewegung und begannen den Hügel hinaufzusteigen.

Meine Kinnlade klappte herunter und ich erschrak, da ich bereits erkennen konnte, dass es drei junge Bullen und eine Kuh waren. So nah! Ohne zu wissen, was ich tat, erhob ich mich langsam aus dem Gras. Da hielten die vier Bisons inne und blieben stehen. Ein heißer Schauer lief mir den Rücken hinab, als mir bewusst wurde, dass ich meiner Anonymität beraubt war.

Diese Tiere hatten mich ganz eindeutig im Fokus.

Doch noch während ich reglos auf der Kuppe des Hügels verharrte, setzten sie sich wieder in Bewegung und kamen zielstrebig auf mich zu. Verflixt, ich begann zu schwitzen, denn im Nu war ich vom abseitigen Beobachter zum Zielobjekt geworden. Bei dieser Vorstellung verkrampfte sich mein Magen und meine Ruhe war dahin. Steifbeinig machte ich einen Schritt rückwärts, was die Tiere veranlasste anzuhalten, ohne mich aus den Augen zu lassen.

Ich war wie blutleer im Hirn, gleichzeitig liefen aber meine Gedanken auf Hochtouren. Was hatten die vor?

Auf einmal fielen mir die vielen Warntafeln im Yellowstone Park wieder ein und der Hubschrauber welcher vor meiner Nase einen unvorsichtigen Touristen nach einer Bisonattacke ins Krankenhaus transportiert hatte. Das waren schließlich keine Milka Kühe aus dem Streichelzoo, sondern tonnenschwere Wildrinder.

Noch während ich die Tiere fixierte, suchte ich aus den Augenwinkeln fieberhaft nach einem offenen Fluchtweg. Davon gab es allerdings viele, denn außer barrierefreier Weite umgab mich nichts. Kein Baum, kein Strauch weit und breit, nichts wo man sich in Sicherheit hätte bringen können. Oh Gott, diese Einöde ist eine Falle!

Innerlich verfluchte ich meine kindische Neugierde, denn siedend heiß überkam es mich, dass ich hier in eine sehr prekäre Situation geraten war.

Mein Herz begann zu rasen und unaufgefordert tauchte mit einem Mal das Bild eines alten Freundes vor mir auf. Frank Goodyear aus San Francisco.

Goodyear war ein Typ wie ein Wikinger, groß und stark, mit einem wilden Busch feuerroter Haare auf dem Kopf, aber was wollte der jetzt von mir?

Auf einer seiner vielen einsamen Touren durch die Wildnis war er einmal an einer heißen Quelle angekommen und entschied sich ein Bad zu nehmen. Doch nachdem er sich entkleidet hatte und am Rand des kleinen Pools saß, zögerte er aus irgendeinem Grund noch einen Moment, und in genau diesem Augenblick nahm er am Boden, keine zwei Meter entfernt, eine Bewegung war, als eine große, rotbraune Schlange aus der Böschung hervor glitt und lautlos vor ihm in die Senke mit dem warmen Wasser tauchte. Es war eine giftige Copper Head-Schlange, berichtet er später, und dass er wie erstarrt innegehalten hatte.

Doch dann hatte es das getan, worüber ich seitdem oft nachgedacht habe. Er fasste sich ein Herz, steckte zuerst den einen nackten Fuß in das Wasser, dann den anderen und ließ sich schließlich vollends in das Becken gleiten, um sein Bad zu nehmen, so wie er es sich vorgenommen hatte. „Schicksalsfrage, Alter!", hatte er damals gesagt und mir zugezwinkert.

Ein heiseres Schnauben holt mich aus meinem Gedanken zurück, blitzschnell schüttelte ich den Kopf, Goodyear verschwand wieder dahin wo er hingehörte und sofort nahm ich wahr, dass die vier Bisons unterhalb von mir ihren Weg unbeirrt fortgesetzt hatten, die Köpfe leicht erhoben und ihre Blicke auf mich gerichtet, kamen sie mir gemächlichen Schrittes entgegen. Das Herz schlug mir bis zum Hals und meine Glieder waren wie mit Blei gefüllt.

Unsicher machte ich einen weiteren Schritt rückwärts. Meine Gedanken überschlugen sich, denn auf einmal verschaffte sich eine Stimme in mir Gehör. Leg dich hin. Lauf nicht davon.

Was? Eine enorme Spannung begann sich in mir aufzubauen. Du hast mit ihren Knochen gespielt und zu ihnen gesungen.

Sie kommen mit einer Absicht. Du hast sie gerufen.

Verdammt, die Vier ist eine heilige Zahl bei den Indianern, ich schluckte und öffnete den Mund. Zum vierten und letzten Mal hielten die Bisons kurz inne. Ich bin in irgendsoeiner verfluchten Prüfung.

Kein Steinwurf trennte mich mehr von den massigen, braunen Leibern und in dem Moment, als ich das Glänzen in ihren Augen erkannte, trabten sie an.

Da ergriff mich die pure Panik. Fort von hier!

Auf dem Absatz machte ich kehrt und rannte davon. Ich lief, was das Zeug hielt, sah mich kein einziges Mal mehr um, stolperte über Grasbüschel und Steine und hielt nicht eher inne, bis ich den ganzen langen Weg zurück gerannt war. Keuchend und völlig außer Atem erreichte ich das rettende Auto, riss die Fahrertür auf und ließ mich erschöpft auf den Sitz fallen.

Nach einigen Minuten kam ich allmählich wieder zu mir, riss

erschreckt den Kopf herum, aber kein einziger Bison war weit und breit zu sehen. Stille. Nichts. Nur ein kleiner Vogel zwitscherte fröhlich in den Ästen über mir.

Was war überhaupt geschehen?

Ich setzte mich aufrecht in den Sitz, legte beide Hände auf das Lenkrad und schnaufte einige Male tief durch.

Doch während ich so verharrte und vor mich hinstarrte, fiel mein Blick auf meinen rechten Fuß. Da stimmte doch etwas nicht. Die Sandale war kaputtgerissen. Ok, aber das war es nicht. Ich beugte mich hinunter. Mein Fuß sah ganz normal aus. Ich stutzte. Die Schwellung. Ungläubig ließ ich meine Finger über die Stelle auf der Haut gleiten, wo sich die roten Bissstellen befunden hatten. Der Fuß war überhaupt nicht mehr dick und auch kein bisschen heiß. Ich stellte beide Füße nebeneinander.

Der eine sah genauso aus wie der andere.

Nicht zu fassen! Wie konnte das sein? Ungläubig wackelte ich mit den Zehen.

Meine Stimmung schlug in Jubel um. Ich bin geheilt!

Ich liege dort oben flach auf dem Rücken, die Arme hinter den Kopf verschränkt, schaue in den blauen Himmel, warte.

Oft habe ich mich gefragt was wohl geschehen wäre auf dem Hügel, wenn ich nicht davongelaufen wäre.

Gewaltige, kohlschwarze Schädel in mein Gesichtsfeld, ein warmer vergorener Atem streift mein Gesicht. Vier zottig, schwarze Gestalten vor dem blendenden Licht der Sonne, gebogene Hörner und glänzende, kleine Augenpaare.

Korb ergibt sich dem treuen Blaue des Himmels und weiß, dass irgendetwas Unerahnbares mit ihm geschehen wäre in diesem Moment auf dem Hügel. Etwas weit Bedeutenderes als die Heilung eines einfachen Insektenbisses.

Ich habe lange nach einem bestimmten Gefühl gesucht.

Nach einem Zustand, der manchmal spontan in meinem ganzen Körper spürbar wurde und ihn umspülte wie ein warmes Vollbad; wie wenn man in der Wanne untertaucht und sich das Wasser über einem schließt.

Ich weiß um diesem Gemütszustand, welcher mich als Potential immer begleitet und doch nur ganz selten greifbar wird.

Ich fühle, es existiert da ein Raum in meinem Mittelpunkt, dem ein inniger Frieden entspringen kann. Dann füllt sich mein Herz mit schrankenloser Ruhe und behutsam drifte ich in einen allmächtigen Einklang ab.

Das ist ganz fabelhaft, aber leider ist dieses Befinden von mikroskopisch knapper Verlässlichkeit geprägt, und auch nicht abrufbar, denn nur ein kurzer Moment der Ablenkung, ein fordernder Ruf der unachtsamen Wirklichkeit reicht aus und das heiße Glück entgleitet der umgelenkten Aufmerksamkeit, taucht ab und verliert sich erneut für unschätzbar lange Zeit im unüberwindlichen Durcheinander des Alltags.

Dieses unvergessene Gefühl der Freude und des absoluten Losgelöstseins im Angesicht des Selbst verbinde ich in meinem Bewusstsein ganz konkret mit einem bestimmten Augenblick in meiner Kindheit.

Da bin ich sieben oder acht Jahre alt. Auf dem Rücken liege ich in einer hohen Wiese. Ich bin alleine. Die Sonne strahlt warm auf meine Glieder herab. Weiße Wolken ziehen in sich endlos wandelnden Formen gemächlich am Himmel vorüber. Sie werden von einer Kraft getrieben, die ich nicht verstehen kann, die ich aber auch nicht zu ergründen versuche. Die hohen Gräser und Blumen schlagen über mir zusammen und hüllen mich liebevoll ein.

Ich tue nichts. Ich denke nichts. Ich höre auch nichts. Ich liege einfach nur auf der Erde, völlig losgelöst von Zeit und Raum. Wie auf einem weichen, treibenden Teppich. Mein Bewusstsein schwebt schwerelos wie eine der luftigen Gebilde am Himmel. Nur meine Augen bewegen sich. Meine Augen betrachten einen kleinen grünen Käfer genau über mir.

Der Käfer klettert an einem dünnen Halm empor. Ich beobachte nur ihn und doch sehe ich gleichzeitig jeden einzelnen Halm über mir. Ich sehe jede vorbeigleitende Wolke und jedes einzelne Blütenblatt.

Ich sehe wie der Käfer mit seinen dünnen Fühlern tastend seinen Weg den Halm hinauf sucht. Ich betrachte das metallene Schillern seiner grünblauen Flügel, in denen sich die Sonne wie in einem Kristall bricht. Ich spüre sein scheinbar zielos trippelndes Bestreben, während er seinen kleinen Körper mal hierhin und mal dorthin wendet. Sorglos. Ziellos.

Wenn ich mich heute auf eine Wiese lege, ist es anders. Wenn ich jetzt ein Insekt beobachte, ist es nicht dasselbe. Der blaue Himmel ist immer noch weit, aber ich verspüre nicht das gleiche, denn ich bin erwachsen geworden. Ich habe mich der erdachten Welt angepasst, habe mich Raum und Zeit unterworfen, habe Intellekt, Ego und Ratio geschult, so wie es mir verordnet wurde.

Irgendwo unterwegs auf dem Weg zum Erfolg in diesen Disziplinen habe ich das Vertrauen in den wertbefreiten Moment verloren und stattdessen versucht, in einer Welt zu bestehen, die anderes zu fordern scheint. Gleichzeitig war ich immer auf der Suche nach meinem geliebten Insekt, und ganz kurz ist es hier und da wieder aufgetaucht und ich war froh. Doch gleich darauf folgten Trauer und Verzweiflung, wenn der Käfer wieder in einer seiner dimensionslosen Ritzen abtauchte.

Ich versuchte mich an anderen Krabbeltierchen zu erfreuen aber die Angst, dass auch sie ihre Flügel ausbreiten würden, um sich im weiten Himmel zu verlieren, um mich hier unten zurückzulassen, hielt mich eingezwängt in eine chronische Ruhelosigkeit.

Tja, so blieb nur die Dankbarkeit für die wahrhaftig gelebten

Käfermomente und die nehme ich auf und gebe von meiner Kraft hinein, damit ihr Potential irgendwann vielleicht eine dauerhaftere Linderung bewirken kann.

Aber Moment mal, Korb reibt sich die Augen. Irgendwas stimmt da nicht.

Wenn ich jetzt mal genau hineinleuchte, dann steht diese alte Kinderszene im Gras ganz merkwürdig bezugslos und unbefestigt im Raum. Keine Anhaltspunkte. Eine fest aufgeleimte Fata Morgana. Ich entsinne mich nämlich gar nicht, wo genau diese Wiese überhaupt war und auch nicht, wie ich dort hingekommen bin. War ich da alleine unterwegs gewesen oder mit den Eltern? War es im Urlaub oder im Garten hinter dem Haus? Ich kann mich auch nicht entsinnen was davor geschehen ist oder was danach.

Korb wird etwas unruhig. Vielleicht hat dieser lichte Zustand, dieser heilige Erinnerungsmoment auch gar nie wirklich und wahrhaftig stattgefunden.

Auf einmal bin ich mir gar nicht mehr sicher. Am Ende ist diese ganze Episode nur eine ikonenhafte Kollage, welche ich aus den unzähligen Pixeln des Bewusstseins herbeisynthetisiert habe. Eine verflixte Möchtegern-Realität. Vielleicht habe ich nur irgendetwas von Vorne nach Rückwärts projiziert, sozusagen zurück in die Zukunft visualisiert, und einfach Wunsch und Wirklichkeit verwechselt.

Korb wird es mulmig zumute, denn just im Moment erscheint ihm dieser schreinhafte Erinnerungsausschnitt, welchen er seit Jahren in seiner Westentasche trägt, immer weniger wie ein mit Echtheitssiegel versehenes Dokument aus der bauchigen Akte seiner Vergangenheit. Kindheit – Käfer – Glück - alles nur Phantome? Nur Hirnbrei?

Er rutscht unruhig hin und her. Könnte es sein, dass sich das Ganze womöglich verhält wie bei den Fotos von vergangenen Sommerurlauben und dergleichen? Da gibt es nämlich wirklich echte Erinnerungen an dies und das und dann hat man eben die

Fotos. Bestimmte Kopfbilder existieren ja nur wegen eben dieser Aufnahmen. Man hat das Abbild des Fotos vor Augen, wenn man zurückdenkt, nicht den Moment an sich. Man betrachtet sich da im Badedress, wie man lachend den Beach Ball Schläger in die Höhe reckt. Dahinter andere Menschen zwischen ihren Sonnenschirmen und Kühlboxen. Einer von denen mit einer enormen Wampe sitzt auf einem gelben Badehandtuch mit einem grünen Frosch drauf. Dahinter das glitzernde Meer.

Wow, denkt man, während man sich das so anschaut, schön war´s da auf Gran Canaria oder wo auch immer. Aber das ist ja leider fast alles Täuschung, denn so ist es doch nie wirklich gewesen. Man hat sich ja nie wirklich selbst beim Schlägerschwingen zugeschaut, geht ja schließlich gar nicht. Und auch der Dicke an dem der Blick jetzt immer wieder kleben bleibt, den hat man vielleicht in echt auch nie wahrgenommen und sein Handtuch erst recht nicht, und ganz bestimmt nicht den grünen Frosch darauf. Jedenfalls ist die Präsenz all dieser Einzelheiten im Album und im Kopf jetzt total überbewertet.

Das ist jetzt wirklich keine andere Geschichte, denn wenn ich jetzt so hier liege und dieser Erkenntnis nachgebe, dann verfestigt sich der Eindruck, dass mir da eventuell ein ganz ähnliches Plagiat in meine Unterlagen eingeschmuggelt worden ist. Doch was ist der Käfersegen denn, wenn nicht echte Ex-Wirklichkeit?

Die Vorstellung von mir auf der Wiese verformt sich langsam zu etwas anderem, löst sich auf und setzt sich neu zusammen. Ich blicke in ein glänzendes, kristallines Spiegelbild, welches gralsgleich vor mir in der Leere schwebt. Dieses Juwel entsteigt langsam dem endlosen Ozean meines eigenen Unterbewusstseins. Es ist zusammengeschmolzen aus Myriaden von winzigen, quarzhaften Augenblicken, die von innen her leuchten. Endlos viele Kopien all dieser Schnipsel liegen wie Sandkörner an den vergessenen Stränden dieses ungeheuren Weltmeeres verstreut.

Korb hustet verwirrt und reibt die Hände aneinander.

Ach, aber was soll's?

Echt oder nicht, ist am Ende doch wurscht.

Ist eigentlich gar nicht so wichtig, ob dieses Insektenhigh den Reality-Check besteht oder nicht.

Es ist gleich, was war und was nicht, dafür weiß ich wenigstens ganz sicher, dass die Gefühle und die Sehnsucht, die im Hier und Jetzt damit einhergehen ganz akut real sind. Die sind lebensecht. Die sind wahr.

And that is what counts!

***

Nach neun Jahren in San Francisco kehrten Korb und Tatjana dem Land der unbegrenzten Möglichkeiten endgültig den Rücken zu. Seitdem hat es auch keine Spurensuche in der alten Heimat, kein Buddeln nach Wurzel oder graben nach Erinnerungen mehr gegeben, denn Korb kehrte nicht mehr zurück.

Doch wie ein Staatsmann schreitet er am Abschiedstag mit erhobenem Haupt über das sonnenbeschienene Rollfeld auf den Flieger zu, der ihn forttragen soll Richtung Europa. Es ist ein herrlicher Tag.

Mit einigen schwungvollen Schritten erklimmt er die steile Treppe die zur Tür der Boeing führt, welche gleich einem riesigen, glitzernden Fisch in der Sonne liegt und darauf wartet ihn zu verschlucken. Dort oben hält er ein letztes Mal inne, während seine Hand auf dem kalten Geländer verweilt. Dann wendet er sich um.

Ein letzter Blick. Der Ausdruck gleicht dem eines Diplomaten, der auf eine lange, ungewisse Auslandsreise geht. Korb wendet sich um für einen letzten Gruß, gleich einem Präsidenten, der sein geliebtes Heimatland für eine letzte, bedeutende Mission verlässt.
Er wendet sich um wie ein Gesandter, dessen ausländischer Nachname und europäischer Akzent ihn immer als einen Zugereisten ausgewiesen hat. Er wendet sich um, weil er etwas hinter

sich lässt. Neben diesem Mann steht seine junge attraktive Frau. Sie hat ein strahlendes Lächeln auf den Lippen und das gemeinsame, kleine Kind auf dem Arm.

Er verweilt und atmet die frische Morgenluft mit letzten kräftigen Zügen ein, schlägt den Stehkragen seines langen Mantels hoch, denn eine kühle Brise weht vom Meer herüber. Er wendet sich um, um sich zu verabschieden. Er hebt den Blick nach oben. Leuchtendes Blau. Ein versprechendes Blau für einen strahlenden Tag, wie es typisch ist für sein Land. Er hebt den rechten Arm hoch in die kühle Luft, zum letzten Gruß an seine geliebte Heimat, wie um diesen letzten Moment des Abschieds festzuhalten, hebt er die Hand und winkt den vielen Menschen zu. Jeder einzelne unter ihnen ist eine Erinnerung an ein Erleben, an einen Gedanken, an einen Moment. Sein Blick gleitet über die Köpfe der Menge hinweg zu der Skyline der Stadt, welche so viele Jahre seine Heimat gewesen ist. Dann spürt er die Hand des Stewards auf meiner Schulter. Sie ist schwer wie ein Stein und sein Arm sinkt herab.

„Sir, ihre Maschine. Es ist Zeit!"

Der Staatsmann zögert einen Moment, dann dreht er sich in die andere Richtung und verschwindet im Bauch des Flugzeugs.

Aber Korb war kein stattlicher Würdenträger an diesem letzten Morgen auf dem Flughafen von San Francisco.

Er trug auch keine Blumen im Haar, wie in der Hippie-Hymne verordnet. Sondern Korb war ein ganz normaler junger Bursche, Anfang Dreißig, in einer ausgewaschenen Jeansjacke mit weißem Kunstfellfutter. Er schwitzte und draußen regnete es.

Die Schritte vieler eiliger Füße hallten von den metallenen Wänden des Gateways wieder, während er und Tatjana sich zusammen mit den anderen Passagieren durch den ziehharmonikaförmigen Tunnel zum Eingang des Fliegers bewegten. Es war stickig hier drinnen und roch nach Motoröl und Feuchtigkeit. Das Brausen der Motoren jenseits der kantigen Durchgangsröhre mischt sich mit dem letzten Aufruf aus den Lautsprechern. Tatjana lief neben ihm, hielt seine Hand. Sie trug die kleine Tochter auf dem anderen Arm und lächelte ihm zu.

Irgendwo auf dem weiten Atlantik schaukelte im selben Moment ein riesiges Containerschiff Richtung Europa. In seinem Inneren befanden sich in irgendeiner Ecke siebzehn Pappkartons, in denen all ihr Hab und Gut verstaut war.

Die Stewardess bedeutete Korb mit einem Nicken, den Kopf einzuziehen, als er die Schleuse durchquerte, um in den Bauch des Flugzeugs zu treten. Gleich dem schwankenden Frachter war Korb noch ein wenig unsicher auf den Beinen, denn seinen Geist umspülte ein nicht abklingender Rest von Marihuana.

Den staatsmännischen letzter Blick vergaß er, die warme Brise vom Meer spürte er nicht. Kein inniger Abschied vom Erlebten in diesem Moment, sondern nur eine leichte Übelkeit oberhalb des Dickdarms.

Moment mal. Korb zupft seine rosa Decke zurecht. Wir waren ja gar nicht nur zu dritt.

Wir hatten noch ein weiteres Familienmitglied dabei. Aber von dem bekam allerdings keiner unserer Mitreisenden etwas zu sehen oder zu hören und das lag nicht nur daran, dass er ebenfalls auf Droge war. Obwohl dieser Jemand ein eigenes Flugticket besaß und ihm somit offiziell ein ganzer Sitzplatz direkt neben mir zustand, blieben die Polster leer, denn der Passagier befand sich im Handgepäck auf dem Boden unter dem Sitz. Noch dazu in einer Kiste.

Es war ein Hund.

Diesen Vierbeiner hatte natürlich Tatjana in unser Leben gebracht. Allerdings ohne, dass es abgesprochen gewesen war. Mich hatte niemand gefragt. Das Tierchen war geradezu lächerlich klein, kaum so groß wie eine gewöhnliche Katze und wog höchstens drei Kilo. Dieser Bonsai-Kanide war eine klassische Straßenköter-Mischung, wahrscheinlich aus sechzig Prozent Chihuahua, dreißig Prozent Terrier und zehn Prozent Gremlin.

Seinem kernigen Gemüt nach hätte er allerdings auch bei den US Navy Seals als Bluthund arbeiten können. Er war ein feister Kläffer, der jedem an die Wade ging, den er nicht schon mindestens zehn Jahre lang kannte und wäre er dreißig Zentimeter grösser gewesen, hätten wir wegen seines Charakters ein echtes Problem gehabt. Der *Er* war übrigens eine machohafte *Sie*, welche beim Pinkeln das Bein hob, anstatt sich damenhaft verschämt hinzukauern.

Außerdem besaß sie einen kaum zu bändigenden Sexualtrieb, den sie oft und gerne an einem eigens hierfür dargereichten Stofftier abarbeitete. Dabei handelte es sich um einen stoischen Plüschbär von vergleichbarer Körpergröße, welchen sie mannhaft am liebsten vom Kopf her bestieg und mit kräftigen, rhythmischen Bewegungen aus der Hüfte bearbeitete. Doggy style eben.

Diesbezüglich hatte ich einmal ein wirklich cooles Projekt im Kopf gehabt: Den Hund und seine Gummi-Susie beim Poppen filmen und das Ganze dann beim nächsten Club Rave in Groß und Endlosschleife an die Wand der Disco projizieren, gekoppelt mit den knallenden Beats der Musik. Wurde aber nie realisiert. Gelegentlich fehlte mir das Durchsetzungsvermögen. Egal.

Dieses wunderbare, kleine Geschöpf hatte sich auf jeden Fall auf folgende Weise einen Weg in unser Leben gebahnt. Tatjana war eines Morgens mit unserem gelben Chevy Nova unterwegs zum Yogaunterricht, und da die Tanknadel unseres ewig durstigen Oldtimers sich bereits wieder in der Horizontalen befand, hielt sie Down Town an einer Tankstelle an, um einige Gallonen des sündhaft billigen Treibstoffs einzufüllen.

Während sie nun den Zapfhahn in die entsprechende Öffnung am hinteren Drittel des Wagens platziert hatte, näherte sich ihr unversehens eine zerlumpte Gestalt. Irgendein Penner, der etwas Kleingeld erbetteln wollte. Das war hier nichts Besonderes, also kein Grund für allzu große Beunruhigung, auch wenn diese Begegnungen doch immer entweder olfaktorisch, optisch oder emotional eine gewisse Herausforderung darstellten. Zumeist allerdings in allen drei Kategorien gleichzeitig.

Tatjana richtete sich auf. Und tatsächlich, sie hielt inne, denn dieses Individuum gehörte eindeutig zu der Sorte Mitmensch, die aus welchen Gründen auch immer nicht in der Lage sind, die kontinuierlich anfallenden Körperausdünstungen ausreichend zu neutralisieren. Er roch wie ein überfahrenes Stinktier. Und das ist, wie ich bezeugen kann, ein echt überwältigendes Erlebnis. Milchsauer Vergorenes trifft auf ausgefaulten Urin. Road-Kill-Stinktiere riecht man förmlich fünf Minuten, bevor man sie dann im Straßengraben entdeckt. Diese kleinen marderartigen Tierchen haben ein wunderschönes kuscheliges, schwarz- weiß gestreiftes Fell und einmal konnte ich doch nicht widerstehen, denn so eins wollte ich unbedingt in meiner Sammlung haben. Eines Tages fuhr ich also rechts ran und sammelte mit Daumen und Zeigefinger der rechten Hand ein derartig verendetes Exemplar ein, welches in seiner Integrität nicht allzu beeinträchtigt schien. Aber ich schaffte es nur dreihundert Meter weiter zu fahren, dann warf ich es in hohem Bogen wieder aus dem Fenster. Es ging beim besten Willen nicht.

Wie dem auch sei.

Der aufdringliche Bursche an der Tankstelle machte inzwischen einen weiteren Schritt auf Tatjana zu und streckte ihr wortlos etwas entgegen - einen schuhschachtelgroßen Pappkarton, der mit alten Handtüchern vollgestopft zu sein schien.

Was sollte das? Wollte der für ein Bakschisch mit den Lumpen ihre Windschutzscheibe putzen? Doch mit einem Mal regte es sich unter den Textilien etwas und das fledermausartige Köpfchen eines winzigen Hundes kam darunter hervor.

„You want a dog?", brummte der Kerl und hielt meiner Frau, mit Händen, die wie die eines Köhlers aussahen, die Schachtel unter die Nase. Gott bewahre, nein, entgegnete sie und machte einen Schritt zurück, wobei sie an den Wagen stieß.

„Außerdem habe ich es eilig!" Tatjana wandte sich um, lief in den Tankshop, bezahlte, sprang wieder in den Wagen und brauste davon. Im Rückspiegel sah sie, wie die schwarzen Hände die Schachtel dem nächsten Tankenden anboten. Einige Straßenecken weiter überkam sie plötzlich ein komisches Gefühl.

Später, als sie mir diesen Moment einmal genauer schilderte, meinte sie, dass es wie höhere Fügung gewesen sei, einfach ein Impuls.

Hier war sie unterwegs zum Yoga Kurs, um dort inneren Frieden, Gelassenheit und Mitgefühl zu mehren, und dort war eine hilflose Kreatur in Not - der arme, kleine Hund! Das durfte nicht sein!

Mitten auf der Straße riss sie das Lenkrad herum und machte einen quietschenden U-Turn über die zweifache, durchgehende Mittellinie. Ein solches Wendemanöver stellt in den USA so eine Art verkehrstechnisches Kapitalverbrechen dar. Ich glaube in Texas lauert sogar fast die Todesstrafe hinter dieser explizite doppelte Verneinung. Tatjana machte das allerdings nicht zum ersten Mal.

Einmal saß ich sogar mit im Wagen. Ich weiß nicht mehr, welcher Teufel sie bei dem Mal geritten hat. Mensch, hat das genervt. Vor allem weil uns prompt die Cops erwischt haben, die standen nämlich keine fünf Meter entfernt von uns auf dem Seitenstreifen und beobachteten den Verkehr. Tatjana hatte sich nicht einmal die Mühe gemacht, sich umzuschauen. Ich versank vor Scham schier in meinem Sitz, aber sie machte erst nur auf Lieschen Doof, klimperte mit den Wimpern und hauchte dann wie Marilyn Monroe,

"Oh officer, I am so sorry!". Und wir sind doch tatsächlich ungeschoren damit durchgekommen.

Auf jeden Fall brauste sie dieses Mal unbehelligt zurück zur Tankstelle, aber der Typ war schon weg. Beflügelt von ihrem Lebensretter-Adrenalin fuhr sie suchend noch einige Blocks weiter, bis sie ihn tatsächlich erspähte. Er trug die Pappschachtel immer noch bei sich. Tatjana bremste am Gehweg ab, kurbelte das Fenster herunter.

„Give me that dog!"

Der Kerl schaute zum Fenster herein und meinte unverschämt grinsend, dass er dafür aber vierzig Dollar haben wolle. Tatjana stutzte, damit hatte sie nicht gerechnet. Sie zögerte eine Minute, dann stieß sie die Beifahrertür für den zottigen Kleintierhändler auf.

„Ok, steig ein, wir fahren zur Bank!"

Sie hatte also nicht genug Geld dabei und jetzt lud sie diesen wildfremden Hallodri auch noch zu sich in den Wagen ein, um mit ihm zum Geldautomaten zu fahren!

Die Übergabe verlief glücklicherweise friedlich und erfolgreich. Er hat sie nicht entführt oder beraubt, angegrapscht oder sonst was.

Da hatte sie nun diesen Pappkarton mit dem Hund auf der Rückbank und wusste nicht so recht, was nun zu tun sei.

Die Yogastunde war auf jeden Fall gestorben und der Hormonschub ebbte nun auch spürbar ab. Meine Frau überlegte und entschied dann, den Hund erst einmal nach Hause zu bringen, dann würde sich schon irgendeine Lösung finden.

Als sie jedoch vor der Haustür geparkt hatte und sich nach hinten umdrehte, um den Pappkarton zu greifen, schoss ihr ohne Vorwarnung der wild kläffende Inhalt der Schachtel entgegen, so dass sie einen riesigen Schreck bekam.

Sie war schockiert. Oh Gott, der ist ja gemeingefährlich. Ein grimmiges Knurren von der Rückbank bestätigte dies. Was war zu tun?

Da kam ihr der Gedanke bei Familie Alcantar zu klingeln, vielleicht wüssten die weiter. Tatsächlich war einer der Söhne daheim und versprach zu helfen. Da dieser junge Mann ein kräftiger Bursche mit der beindruckenden Körperform eines Sumo Ringers war, schöpfte sie neue Hoffnung, noch dazu als er, professionell gewappnet mit ledernen Gartenhandschuhen, mit zum Wagen kam. Kaum hatte er allerdings den Kopf zur hinteren Wagentür hineingesteckt, als der kleine Kerl auch ihn mit gebleckten Fang zähnen, wie ein geifernder Werwolf anfuhr und er entsetzt zurückschreckte. Auch ein zweiter Versuch, die Schachtel zu greifen, wurde zurückgeschlagen. Juan zuckte resigniert mit den breiten Schultern.

„That dog is crazy, I wont touch him!". Er wandte sich zum Gehen.

Tatjana war verzweifelt und lief ihm hinterher. Was sollte sie jetzt tun? Geh zum Tierheim, vielleicht können die dir helfen, riet er ihr und schlug die Tür hinter sich zu.

In ihrer Not tat Tatjana genau das.

Am Empfang des Tierheims hörten sich die Rezeptionisten schweigend ihre Geschichte.

„Also, wenn der Hund beißt, müssen wir ihn einschläfern!"

Tatjana war entsetzt. Wie bitte? Hatte sie das arme Bürschchen von der Straße gerettet, nur damit er hier ermordet werden sollte?

Sie war verzweifelt und den Tränen nahe. Da erklärte sich einer der Angestellten bereit, mit hinaus zum Auto zu kommen und sich den Hund einmal anzuschauen. Aber auch er wurde auf die gleiche Weise attackiert. Da er jedoch vom Fach war, sprach er Tatjana etwas Mut zu und meinte, mit ein wenig Glück und einigen Leckereien würde sie ihn schon aus dem Auto kriegen, der habe ja nur Angst.

„Good luck, mam!"

Er nickte ihr zu und verschwand dann wieder in seinem Büro.

Tatjana stand da wie ein begossener Pudel und starrte durch das Fenster auf den Pappkarton. Der kleine Kerl hatte sich wieder unter seine Handtücher zurückgezogen wie ein Taschenkrebs in seine Muschel.

Da traf sie eine Entscheidung. Jetzt war Schluss mit dem Theater. Sie würde keine Angst mehr haben. Sie stieg ein, wendete den Wagen, fuhr zurück nach Hause, öffnete energisch die Hintertür, griff ohne zu zögern die Schachtel und trug sie in einem Rutsch in unsere Wohnung. Der Hund ließ es geschehen.

Ich war bei der Arbeit, als das Telefon klingelte.

„Wie bitte? Einen Hund?"

Ich starrte auf den Hörer. „Aber was soll das heißen? Wir wollen doch gar keinen Hund, oder?!"

Ich ließ die Goldschmiedesäge sinken. Was war denn das jetzt wieder für eine Aktion? Ich wusste ja, dass meine Frau recht impulsiv ist, aber ein Hund, was sollten wir denn damit anfangen? Außerdem durften wir laut Mietvertrag gar keine Tiere in der Wohnung haben, erinnerte ich sie.

„Ja, ich weiß", sagte sie leise. „Noch dazu ist es einer, den du bestimmt total uncool findest", fügte sie betreten hinzu.

„Oh nee!"

Ich verdrehte die Augen und sah mich mit so einer riesigen rindviehartig gefleckten Dogge an der Leine. So ein Kalb mit infantilem Schlafzimmerblick in den blutunterlaufenen Augen, aus dessen schlabberigen Lefzen ständig ein gallertiger, zwanzig Zentimeter langer Sabberfaden baumelt.

Diese Erinnerung amüsiert Korb. Von wegen riesige Dogge.

Draußen bellt wieder der Hund des Nachbarn. Ein zweiter antwortet aus der Ferne. Korb grunzt.

Scheiß Köter!

Na ja, typisch Tatjana. Die stellt einen gerne mal vor vollendete Tatsachen und man darf dann an diesen unbestellten Herausforderungen wachsen und muss deswegen eigentlich sogar dankbar sein.

Korb schnaubt. Wie heißt es doch so schön im New Age-Slang Kaliforniens: Es ist kein Problem, es ist eine Herausforderung - Nein, es ist keine Herausforderung, es ist eine Chance!

Ja, ich fand den kleinen Schoßhund tatsächlich total peinlich. Ich hatte damals einfach keinerlei Verständnis für Haustiere die, was die Spezies, die Körpergröße, das Aussehen oder auch das Verhalten betrifft, jenseits der klassischen, kaum kindskopfbreiten Parameter meiner gut bürgerlichen Ursprungskultur angesiedelt waren.

Zwei volle Tage saß der kleine Kerl noch in seinem Karton, den wir dort im Wohnzimmer stehen ließen, wo Tatjana ihn abgestellt hatte. Wir warfen ihm Hundekuchen zu, die er auch gerne annahm und ließen ihn sonst aber in Ruhe.

Eines Abends kam er dann aus seiner Stoffburg hervor geklettert und wir sahen ihn zum ersten Mal in seiner ganzen Pracht. Langsam und geduckt schlich er auf uns zu, dann warf er sich plötzlich hin und vollführte ein merkwürdiges Tänzchen vor uns. Er rollte sich über den Teppich und robbte hin und her, wobei er die kurzen Hinterbeinchen steif ausstreckte, was aussah als sei ein Auto drübergefahren. Nach diesem tierischen Initiationsritus war der Bann gebrochen. Wir waren Freunde.

Er bekam eine rosa Leine, die aussah wie ein zu lang geratener Schnürsenkel von Barbie, mit einem kleinen Zaumzeug vorne dran. Ab jetzt war er überall dabei. Er entpuppte sich als totaler Chick Magnet, das bedeutet, dass besonders Frauen und Kinder auf ihn flogen, weil er wegen seines Handtaschenformats und seiner fusseligen Frisur einfach süß aussah.

Beim Gassi gehen kam man kaum ungestört einen Block weit, denn jeder wollte ihn streicheln, was natürlich in wildem Gekläffe und erschrecktem Gelächter endete.

Meine Eltern nannten ihn irgendwann heimlich den „Enkelhund", weil Tatjana und ich uns ja viele Jahre Zeit gelassen hatten, bevor wir unser erstes Kind bekamen, und man munkelte bereits, dass bei uns vielleicht etwas nicht ganz richtig wäre untenrum.

Einige Tage, nachdem wir uns entschieden hatten, den kleinen Killer zu adoptieren, war meine Frau mit ihm an der Leine unterwegs zum Einkaufen in der Nachbarschaft. Auf dem belebten Gehweg kam ihr ein älteres Pärchen entgegen, und auf einmal fing unser Hündchen zu fiepsen und zu wedeln an und warf sich mit einem riesigen Satz der Frau in die Arme. Nanu, was war denn da los?

Die beiden Herrschaften begrüßten den Hund erfreut und erklärten der verdutzten Tatjana, dass das doch ihre kleine

Chiquita sei. Ihre kleine Banane!

Verwundert erzählte Tatjana ihre Geschichte und die beiden konnten sich alsbald einen Reim darauf machen. Es war ihr taugenichtiger Neffe gewesen, der den Hund aus der Wohnung gestohlen hatte, um sich ein paar Dollar zu verdienen.

Also lag der Fall klar. Tatjana schluckte und wollte tapferen Herzens die Leine überreichen. Dabei wurde ihr aber so weh, dass sie anfing zu weinen.

Das mochten die beiden alten Leute aber nicht mit ansehen, denn sie waren gute Leute, und so reichten sie ihr die Leine zurück.

„You keep the dog, it is ok for us. You love him so much!"
Tatjana wehrte ab und die Leine wanderte wieder zurück. Eigentlich hatten wir ja auch gar keinen Hund gewollt. Ein Weilchen ging die rosa Leine noch von rechts nach links. Das Hündchen stand derweil unsicher zitternd zwischen ihren Beinen und schaute mit großen Augen von einem zum anderen. Inzwischen hatte man sich oben geeinigt und die Leine landete mit Bestimmtheit wieder in Tatjanas Hand. Das Pärchen verabschiedete sich und machte auf dem Absatz kehrt.

Tatjana wollte gerade verwirrt ihre Tränen trocknen, da winselte und zerrte der Hund an seinem Schnürsenkel und wollte hinter den Alten her. Klar, dass waren einfach seine Herrchen, er wollte nach Hause. Schweren Herzens lief meine Frau ihnen nach. Die Sache war eindeutig, er wollte zurück.

Die Frau nahm ihn daraufhin auf den Arm, streichelte ihn und flüsterte ihm etwas auf Spanisch ins Ohr, dann setzte sie ihn wieder auf den Boden und sagte liebevoll zu Tatjana gewandt, „He is yours. It is ok now. We will go."

Daraufhin drehten sie sich auf dem Absatz um und der Hund blieb ruhig sitzen, da wo er war! Tatjana starrte den beiden noch eine Weile ungläubig nach, dann drehte auch sie sich um und ging in die entgegengesetzte Richtung davon. Chicci folgte ihr, ohne sich noch einmal umzusehen.

Als wir nun nach Deutschland zurückkehrten, war der Hund natürlich mit von der Partie. Er hatte sogar ein eigenes Flugticket mit seinem Namen drauf und durfte, in einer Tasche mit uns an Bord gehen. Da gab es allerdings ein kleines Problem. Weil Chicci ja nun einmal so hyper und zappelig war, mussten wir sie irgendwie kaltstellen, sonst hätte sie niemals brav in ihrer Reisetasche zwölf Stunden ausgeharrt.

Der Tierarzt zuckte mit den Schultern, denn er hatte nur Knock-Out-Pillen parat, die höchstens sechs bis acht Stunden wirkten. Da war guter Rat teuer.

Die Lösung trat uns aber bald in Form eines leckeren Häppchens entgegen.

Etwas nördlich von San Francisco, in Petaluma, lebte ein befreundetes Pärchen auf dem Lande. Sie war eine Deutsche und hieß Kamilla. Er ein indianisches Halbblut, vom quasi ausgestorbenen Mini-Stamm der kalifornischen Rumsen-Indianer, mit dem Namen Black Bear. Ich schätze, er hatte auch einen bürgerlichen Namen aber den haben wir nie erfahren. Wahrscheinlich war es entweder Ben, Bob, Joe oder Peter vielleicht auch Chuck oder Frank.

Diese beiden waren wunderbare Leute. Sonderlinge. Totale Hippies.

Sie eine wunderschöne Frau, eine großartige Künstlerin in bunten, sexy Klamotten und von exzentrischem Auftreten. Er ein aufgeschlossener, wilder Mann, mit dem Oberkörper eines Profi-Ringers und, ohne Witz, mit Perlen sowie Adlerfeder im schwarzen Haar. In jüngeren Jahren hatte er eine Weile im Gefängnis gesessen, weil er, mit einer Pistole bewaffnet, versucht hatte, eine Tankstelle auszurauben. Dabei hatte er es auch krachen lassen. Verletzt wurde Gott sei Dank niemand.

Diese beiden Paradiesvögel hatten sich inzwischen als Landwirte ein kleines Vermögen erarbeitet. Genauer gesagt bauten sie Drogen an und zwar ganz legal. Medical Marihuana heißt das Thema. Tja, wenn es denn legal ausgegeben werden soll, muss es ja auch jemand legal anbauen, und genau das taten unsere beiden Freunde eben.

In ihrem Garten gediehen die prächtigsten Pflanzen die man sich vorstellen kann. Schließlich fütterte Black Bear sie täglich mit irgendeinem Wunderdünger und meditierte jeden Morgen zu ihren Füßen. Mitten in diesem halluzinogenen Urwald stand ein Holzpfahl mit einem Schild daran. Es war das Herzstück dieser übermannshohen Plantage - die offizielle Genehmigung des Staates Kalifornien zum Drogenanbau mit sieben Siegeln und allem Drum und Dran.

Es gab da leider nur einen Haken. Da die Sache unter Federal Law, also der Gesetzbarkeit der gesamten Staatengemeinschaft, doch noch nicht ganz ausgegoren war, erschien eines Tages ein Kontingent schwarzer SUVs mit getönten Fensterscheiben vor dem abgelegenen Haus. Es war das FBI. Damit hatte der Spaß ein abruptes Ende. Die Herren in Schwarz rissen alle Pflanzen aus und es gab eine saftige Anklage. Der Rechtsstreit zog sich über Jahre. Ich weiß nicht, wie es ausgegangen ist. Auf jeden Fall kam Black Bear auf die Idee, unserer Chicci etwas von seiner Medizin zu geben. Dann würde sie schlafen wie ein Baby, beteuerte er.

Unseren letzten Abend vor der großen Abreise verbrachten wir also bei unseren Freunden in Petaluma und feierten unseren Abschied.

Am nächsten Morgen bekam Chicci dann einen enormen Happen Marihuana Butter gemischt mit Hühnchen, den sie, ohne anständig zu kauen, gierig hinunter schlang.

Aus irgendeinem Grund haben auch Tatjana und ich uns überreden lassen, ein wenig von dem Kraut zu genießen.

Eigentlich merkwürdig, denke ich heute. Das war nicht unsere Art, uns vor so einem großen und entscheidenden Schritt, an unserem letzten Tag in den USA, völlig abzudichten. Ich hätte eher gedacht, dass wir diese besonderen Stunden ganz bewusst und zentriert erleben wollten. Nun ja, so kam es aber nicht, sondern wir waren schlussendlich völlig bekifft, als wir losfuhren.

Wahrscheinlich hatte uns Black Bear in seiner überschwänglichen Art so zugetextet, wie gut uns das in unserer Aufregung tun würde, wie entspannt und gelassen die ganze lange Reise verlaufen würde und wie relaxed dann alles von der Rolle laufen würde. Das sei schließlich eine Win-Win-Situation, er liebte diesen Begriff, der so viel bedeutet wie, dass sich alles für jedermann ganz dufte abrollen würde.

Wir hatten uns also sprichwörtlich breitschlagen lassen.

So ging es also kurz darauf mit einem kleinen Mietwagen Richtung San Franzisco International Airport.

Doch der vorherorakelte Effekt blieb leider gänzlich aus. Richtig relaxed wurden wir nämlich nicht. Besonders ich nicht. Und ganz besonders dann nicht, als es mir dämmerte, dass ich, nachdem ich Frau, Kind, Hund und Gepäck sicher an der Eingangshalle abgesetzt hatte, noch ganz alleine das verdammte Auto irgendwo auf dem riesigen Flughafenareal abliefern musste, um dann zu Fuß meinen Weg zurück zur Familie zu finden. Die Uhr tickte auch schon und zwar heftig. Fuck!

In meinem Kopf warf Black Bear´s genmanipuliertes Kraut alles durcheinander. Boah, war das stark! Mit der Nase an der Windschutzscheibe schlich ich schnaufend und im Schneckentempo über sich endlos windende Straßenschlaufen, um ja nicht die richtige Ausfahrt zu verpassen. Wann geht jetzt noch mal der Flieger? Scheinbar Dutzende Mal umrundete ich riesige Parkplätze voll von in der Sonne glitzernden Neuwagen und drehte mich dabei wie auf einer Kirmes im Kreis. Fehlt nur noch die Drehorgelmusik. Von welchem Gate geht jetzt noch mal der Flieger? Mit einem Mal erschien ein riesengroßes Schild vor mir. Ich suchte mit dem Fuß die Bremse. San Francisco. Da kam ich her. Da wollte ich aber nicht mehr hin. Im letzten Moment riss ich das Steuer herum, um dem sechs spurigen Highway zu entgehen der zurück in die Stadt führte. Und während ich mich noch bemühte, erleichtert aufzuatmen, erblickte ich aus dem Augenwinkel auf der anderen Seite ein weiteres vorbeihuschendes Hinweisschild auf zwei

Beinen: Avis Rentals! Es war aber schon fast auf der Höhe meines linken Ohrs. Alter, das wird knapp! Ein letzter Ruck am Lenkrad und der Wagen schnellte mit seiner polierten Schnauze haarscharf an der erbarmungslosen Bordsteinkante vorbei. In die richtige Richtung.

Zehn Minuten später war ich die verdammte Karre endlich los. Schwitzend eilte ich durch endlose Gänge, stolperte über Koffer und arbeitete mich durch wartende Menschenmengen, bis ich unseren Schalter wiederfand und Tatjana schnaufend in die Arme fiel.

Oh Mann, Häuptling Black Bear, du mit deinem Scheiß Medizinkraut.

Der Hund hingegen erlebte einen ganz anderen Trip. Er lag die ganze Reise lang stocksteif und totenstill in seiner Tasche. Er muckste sich nicht ein einziges Mal, auch nicht, als ich ihn vorsichtig prüfend mit dem Finger anstupste. Oh je. Chicci verbrachte noch zwei weitere Tage nach unserer Ankunft in Deutschland wie im Koma. Sie lag flach atmend auf der Seite und schwebte im Hunde-La-La-Land. Wir machten uns riesige Sorgen und totale Vorwürfe. Ich schätze, es war eine echte Überdosis.

Aber schlussendlich hatte sie sich wieder berappelt und ist übrigens sehr alt geworden. Am Ende lebte sie unten bei Erika und ist auch mit ihr ausgezogen.

Begraben liegt sie im Tannbachtal unter einem schönen Fliederbusch oben am Waldrand und damit ist diese Geschichte auch schon zuende.

***

Aber außer Kind und Hund und Pappkartons brachten wir übrigens auch ein gewandeltes Bewusstsein mit in die alte Heimat.

Wir hatten Buddhismus, Hinduismus und Schwitzhütte kennengelernt; Tich Nath Han, Osho und den Dalai Lama gelesen, Yoga, Meditation und Bio Lebensmittel integriert, eine Hausgeburt geplant, unser Kind kein Bisschen impfen lassen und einen unserer besten Freunde durch Krebs verloren.

In unseren Gemütern hatte sich zudem zu einem gewissen Grad der American Way of Life verankert. Aber nicht die halbautomatische Grösser-schneller-weiter Variante des patriotistischen Hamburgergürtels im Mittleren Westen, sondern die liberale, kameradschaftliche und kunterbunte Version der Westküste.

Dass es sich bei diesen beiden Konzepten natürlich nicht wirklich um geographische, sondern um grenzübergreifende geistige Regionen handelt, ist ja eigentlich klar, oder? Aber irgendwie fühle ich mich von mir selbst genötigt, in diesem Fall doch noch mal gesondert darauf hinzuweisen.

Das ist halt das Dilemma mit der Political Correctness, man muss so wahnsinnig viele extra Buchstaben tippen für etwas, was eigentlich eh selbstverständlich ist, und dann hat man immer noch irgendwie das Gefühl, doch etwas vergessen oder unterlassen zu haben. So eine Art Porzelanladengefühl bleibt einfach. Wie vorher bei den Judenfurzern, der Zeitung aus dem Kongo oder den Eskimo. Die heißen nämlich offiziell inzwischen auch ganz anders.

Egal, das gehört nich hierher. Ich drifte ab.

Aber trotzdem, apropos amerikanische Werte, immerhin habe ich mir in den Staaten einmal eine Schusswaffe gekauft. Und das ist ja wohl das Amerikanischste, was man überhaupt tun kann. Und genau deswegen musste es ja auch geschehen, denn das Selbstverständnis auf diesem Kontinent ist allenfalls auf geradezu mythische Weise mit dem Schusswaffenbesitz verbunden. Ich wollte einfach mal am eigenen Leibe erfahren, was es damit auf sich hat.

Eine richtig fette Wumme sollte es schon werden, und das war sie dann auch: bestimmt zwölf Kilo purer Stahl, Eisen und massives Eichenholz. Und erst die Munition dafür! Zeigefingergroße, raketenförmig anmutende Dinger aus reliquienhaftem, goldgelbem Messing. Dazu ein klassischer Karabinerverschluss, kennt man von alten Klohäuschen, die mit dem Herz in der Holztür.

Es war in Alaska gewesen. Dort hatte ich einmal einige Monate zum Geldverdienen verbracht, und nach einiger Zeit an der Letzten Grenze dachte ich dann- All right, jetzt wollen wir mal.

Da bin ich in das nächstbeste Kaff getrampt. Und dort dann rein in den Gun Shop. Das ist ja wie bei uns der Bäcker im Dorf. Sobald mehr als ein halbes Dutzend Bauwerke an einer Straße versammelt sind, gibt es neben Diner und Minimart eben einen Waffenladen. Aber statt süßer Stückchen gibt es da eben blaue Bohnen. Da bin ich also rein und hab ein wenig rumgestöbert zwischen Automatischen, Halbautomatischen, Langen und Kurzen, Repetierern, Kippheblern und Rückstosslosen.

Ich war alleine. Wahrscheinlich besaßen alle in dem Nest schon genügend Feuerwaffen und viel Laufkundschaft gibt es im Hinterland von Alaska ja auch nicht; und dieser Staat besteht zu immerhin neunundneunzig Prozent aus ganz wunderbar krassem Hinterland.

Irgendwann war mir ein Gewehr besonders ins Auge gestochen und ich sprach mit dem Verkäufer. Eine alte Armeewaffe. Liebhaberstück. Kaliber 30/30. Ich wusste nicht, was das bedeutete, aber ich hätte vorne meinen kleinen Finger reinstecken können. Ich nickte. Er wickelte es mir ein, als sei es ein gewaltiges Baguette, drückte mir einige Schachteln Munition in die Hand und ich schob die Dollars über die Theke. Das war´s. Total einfach. Total anonym. Kein Ausweis, kein Security Check. Nichts.

Ach ja, an der Tür drehte ich mich noch mal um.

„Wo kann ich denn damit schießen?"

Der Mann sah mich an als hätte er einen Außerirdischen vor sich und machte eine unbestimmte, ausschweifende Handbewegung.

„Well, anywhere...!"

Schwer bewaffnet verlies ich den Laden und stellte mich wieder an den mickrigen Highway, um den Daumen raus zu halten.

Das es eben kein Brot und auch keine Angelrute war, was ich in der Hand hielt, konnte ein Blinder mit Krückstock sehen. Wäre es tatsächlich ein Baguette gewesen hätte ich bestimmt wenigstens

272

etwas Aufsehen erregt. Denn so etwas gibt es in dieser Wildnis gar nicht. Da kriegt man wirklich nur sogenanntes *Wunderbrot* oder was rein namenstechnisch noch schlimmer ist, *Mothers Pride*, denn jede anständige Mutter sollte sich im Grab umdrehen beziehungsweise zu Tode schämen, wenn sie ihren Kindern so etwas vorsetzt. Dieser inhaltshohle Dämmstoff, den man mit einem mittelkräftigen Händedruck wie eine Ziehharmonika auf ein Fünfzigstel seines ursprünglichen Volumens zusammendrücken kann, ist doch kein Lebensmittel. Und auf der Plastiktüte, in die dieser Industriemüll dann eingeschweißt ist, wird natürlich immer noch durch die Farben Blau und Rot sowie die geometrische Anordnung weißer Sternchen das Bild der Nationalfahne heraufbeschworen, ein pawlowsches Symbol, das beim Amerikaner einen reflexartigen Griff zum roten Telefon auslöst.

Was zum Kuckuck hat Patriotismus mit diesem Ultraleichtprodukt zu tun- außer das beide beschissen schmecken?

Egal. Darüber sollen sich andere den Kopf zerbrechen.

Ich stand also am Straßenrand und hatte mich kaum in Position gebracht, da hielt auch schon ein verschrammter Toyota Kleinbus. Zwei junge Burschen in meinem Alter. Die Waffe würdigten sie keines Blickes, schließlich hatten sie selbst drei Gewehre auf der Rückbank liegen. Sie waren Auto-Messies. Was für eine Sauerei in der Karre. Schlafsäcke, Bierdosen, Wanderstiefel, Schokoriegel und das alles auf einem Bodensatz, der aussah als rühre er von sechs Monaten junggeselligem Autocamping her. Wir redeten. Sie waren gut gelaunt. Der Bursche auf der Rückbank war aber irgendwie merkwürdig. Er beteiligte sich nicht an der Unterhaltung und sang die ganze Zeit nur Jesus-loves-you-Lieder. Der Andere erklärte frei heraus, dass sein Kumpel eben geistig behindert sei und sie unterwegs waren, um zehn Tage im Busch zu lagern, um von dort aus auf Elchjagd zu gehen. Die waren cool. Total entspannt in ihrem Schweinestall und dann der Retard hinten drin, der bald mit dem Großkaliber singend durchs Unterholz prasseln würde. Einfach herrlich.

Ich verspürte beträchtige Lust mitzugehen. Aber das ging nicht. Mit einem schlachtrufartigen „Praise the Lord!" verabschiedeten wir uns an einer Kreuzung und sie brausten davon.

Immerhin, jetzt gehörte ich also auch irgendwie richtig dazu. In den nächsten Tagen ballerte ich etwas in der Tundra herum. Aber es machte keinen rechten Spaß. Dieser Lärm! Nach jedem Schuss klingelten einem die Ohren wie nach einem Rock Konzert.

Da lobe ich mir doch Pfeil und Bogen.

Die Kanone stand dann noch ein Jahr unberührt in San Francisco neben dem Staubsauger in der Besenkammer herum. In der Stadt ist das ja alles eine ganz andere Geschichte - too much crime.

Was will man denn da mit so einem Mordsgerät anfangen? Ich wollte das Ding unbedingt wieder loswerden, denn abgesehen von mir fand diese Waffe eh niemand cool.

Im Kontext der Großstadt wollte ich auf der Straße keinesfalls als Waffenträger identifiziert werden, folgerichtig wickelte ich den Schießprügel also eines Tages in mehrere Bettdecken ein und schaffte uns beide schnell ins Auto. Einen Stadtteil weiter hatte ich zuvor einen Waffenladen ausfindig gemacht und kreuzte nun eine Weile nervös vor diesem Etablissement auf und ab, denn ich wollte auf jeden Fall einen Parkplatz genau vor der Eingangstür finden.

Endlich wurde einer frei. Ich parkte und schob mich mit meinem Paket unter dem Arm an den Passanten vorbei. Rein in den Laden. Außer mir war keiner da. So weit, so gut. Ich atmete durch.

Etwas entspannter legte ich das Gewehr nun auf den Tisch. Der Ladenbesitzer schien nicht sonderlich interessiert daran, ging aber in ein Nebenzimmer, um irgendwelche Kataloge zu konsultieren, was das Teil wohl wert sei.

Ich blieb alleine zurück. Da ging die Ladentür auf. Ein dunkelhäutiger Mann mittleren Alters kam herein. Gedrungen, Cowboyhut. Er ging auf mich zu und stellte sich neben mich an die Theke.

„What do you got there?"

„Nun, ich will das Teil hier verkaufen."

„Nice gun that is. How much do you want for it?"

„Äh, keine Ahnung."

„Well, I give you hundred."

„Hm…", ich zögerte. „Ok, einverstanden!" Ich streckte die Hand aus. In dem Moment kam aber der Ladenbesitzer hereingestürmt. Er hatte einen hochroten Kopf bekommen und fuchtelte wild mit den Armen herum.

„What the hell are you doing?", schrie er mich an.

Verflixt, was war denn jetzt los?

„You can´t do this in my store!", wütend riss er die Ladentür auf. „Out with both of you!"

Erschrocken wich ich zurück, griff in letzter Sekunde noch meine Waffe vom Tresen, und dann befand ich mich mit dem Anderen auf dem belebten Bürgersteig wieder.

Die Tür knallte hinter uns zu.

Ohne zu überlegen hielt ich dem Dunkelhäutigen das Gewehr entgegen. Er griff zu, schlug mir einen Hundert Dollar Schein in die Hand, ich drehte mich um, sprang ins Auto und brauste davon.

Das Herz schlug mir bis zum Hals. Oh Mann, Hauptsache ich bin diese verdammte Wumme los.

Ein paar Blocks weiter überfiel mich jedoch ein ganz anderer Gedanke. Oh shit. Ich hatte gerade irgend so einem daher gelaufenen Mexi eine Schusswaffe mit meinen Fingerabdrücken drauf verkauft.

Na ja, aber er ist damit hoffentlich wirklich nur auf Biberjagd gegangen.

Aber eigentlich war ich ja gerade bei unserer Heimreise nach Germany gewesen.

Nun denn.

Neben unseren inneren Vermögenswerten, welche wir uns also

aus dem leckeren Eintopf der Great Nation gefischt hatten, führten Tatjana und ich auch ein etwas handfesteres Startkapital im Handgepäck mit in die alte Heimat

Und zwar unser gesamtes Erspartes, in Form eines Bündels eng zusammengerollter Dollarscheine. Ganz klassisch, wie man es von der Russenmafia um die Ecke kennt. Eine etwa Handgelenk dicke, grüne Rolle mit einem Gummiband drum herum, befand sich zwischen den Unterhosen in unserem Koffer. Echte Dollarscheine, die wir immer dann portionsweise in Euro umtauschen, wenn wir etwas Geld brauchten.

Obwohl, ich kann mich beispielsweise an kein einziges Mal erinnern, wo wir dafür in einer Bank gewesen wären. Seltsam, denn wir haben bestimmt nicht alles auf einmal gewechselt, da bin ich sicher, denn diese Rolle existierte bis zu ihrem eigenen, entschlankten Ende, bis nur noch ein einziger Schein übrig war und da haben wir dann auch kein Gummiband mehr benutzt.

Die Amerikaner nennen ihre geliebten Dollars ja auch Bucks, also Böcke, beziehungsweise Hirsche sind damit gemeint, männliche Hirsche, wenn man es genau nimmt.

Ah, und da haben wir es dann: Obwohl es im Englischen keine Artikel gibt und alles im geschlechtsneutralen Es-Gewand daher kommt ist Geld also doch eindeutig männlich, denn der weibliche Hirsch heißt nämlich Doe. Auf jeden Fall ist der Begriff Buck ein Relikt aus der Zeit des Pelzhandels, als nämlich ein Hirschleder einen Dollar wert war.

Die modernen Indianer haben anderseits ihrer Landeswährung angeblich den Spitznamen Green Frog Skin gegeben. Habe ich mal irgendwo gelesen. Aber ich weiß den Grund dafür nicht mehr. Gut, grün ist klar, aber das mit der Froschhaut?

Egal, gehört nicht hierher.

In San Francisco waren wir beide des hibbeligen Grosstadtlebens langsam überdrüssig geworden. Wir wollten hinaus in die Natur. Partys, Clubs, Kino und Kultur törnte uns irgendwann nicht mehr.

Mir hatte ein Neuanfang in Montana oder Idaho vorgeschwebt, ein Blockhüttendasein, eine Back-to-the-Land Existenz, in die all meine neu erlernten Fähigkeiten einfließen würden. Vierzig Hektar Land und eine Bisonherde drauf, das war mein exemplarisches Bild gewesen.

Doch diese Vision war nicht so stark wie Tatjanas innerer Drang wieder in die alte Heimat zurückzukehren. Sie war nicht so stark wie unser gemeinsamer Wunsch, unserer Tochter eine Familienanbindung mit Großeltern, Onkels und Tanten zu geben, schließlich waren Tatjanas Vater und ihre Oma aus Los Angeles inzwischen gestorben und ihr Bruder nach Hawaii gezogen.

So kehrten wir eines Tages auf´s Geradewohl dem urbanen Schmelztiegel der Bay Area den Rücken und wählten in Deutschland die stillen Höhen des südlichen Schwarzwaldes, um uns ein neues Zuhause aufzubauen.

Wir tauschten die Häuserschluchten der Großstadt gegen dunkle, stille Fichtenwälder, Verkehrslärm und Tumult gegen muhende Kühe und Vogelgezwitscher, Multikulti gegen ordentlich geharkte Vorgärten und nicht zuletzt Sonne und Wärme gegen verregnete Sommer und eisige Winter.

Es war ein anständiger Kulturschock, auf den wir beide uns freuten.

Zu Beginn quartierten wir uns in einer kleinen Ferienwohnung in einem alten, abgelegenen Bauernhof ein, um von dort aus ein hübsches, kleines Häuschen zum Mieten zu finden.

Die Familie, bei der wir untergekommen waren, führte den ominösen Nachnamen Wursthorn. Was für ein Konstrukt! Ein Name über dessen mögliche Entstehungsgeschichte wir uns den Kopf zerbrachen und an dessen Klang wir uns nie richtig gewöhnen konnten. Wurst und Horn, wie kam das denn zusammen? Außer dass das verbindende Element in dieser Wortschöpfung eventuell die Kuh war, konnten wir uns keinen Reim darauf machen. Allerdings mussten wir nach einer Weile feststellen, dass dies einer der vier oder fünf verbreitetsten Familiennamen in dieser Ecke des Schwarzwalds war, wo auch heute noch fast jeder mit jedem irgendwie verwandt ist.

Die Zimmerdecken unserer Ferienwohnung waren kaum ein Meter achtzig hoch und hier und da lag das tragende Gebälk sogar noch etwas tiefer, was mir sprichwörtlich einiges Kopfzerbrechen bereitete und mich nötigte, in geschlossenen Räumen die Körperhaltung eines Quasimodo einzunehmen. Außerdem gab es kein Telefon. Doch es war gemütlich und gefiel uns trotzdem.

Die Tochter der Vermieter und unsere Luka Paloma waren bald beste Freundinnen.

Einmal kamen wir Eltern von irgendeiner Erledigungstour heim, und da bot sich uns im Schlafzimmer ein Anblick, bei dem wir einen Moment lang nicht wussten, ob wir schimpfen oder lachen sollten. Die beiden kleinen Mädchen saßen in Unterhosen auf unserem Bett und schauten uns still und mit großen Augen entgegen, als wir in die Tür traten. Das ganze Bett und der gesamte Fußboden waren mit US- amerikanischen Dollarnoten übersät. Es sah aus, als hätte jemand seiner Freude über einen geglückten Banküberfall freien Lauf gelassen.

Unser gesamtes Startkapital, welches wir aus Amerika mitgebracht hatten und in Cash, quasi in einem Strumpf unter der Matratze aufbewahrten, war von den beiden als herrliches Spielpapier entdeckt worden.

Nach einer kurzen Schrecksekunde überflogen wir mit raschem Blick den Raum auf der Suche nach Scheren, Filzstiften, Klebstoff oder ähnlichem Werkzeug. Doch als wir feststellten, dass derartige Hilfsmittel wohl nicht zum Einsatz gekommen waren und die Scheine in ihrer Integrität nicht beeinträchtigt schienen, entspannte sich die Lage und wir begrüßten stürmisch lachend die beiden Freundinnen. Deren Blicken war zu entnehmen, dass sie jetzt nicht verstanden, was wohl gerade so besonders lustig gewesen war.

Auf unserer Haussuche wanderten wir täglich zum nächsten öffentlichen Münztelefon, welches sich im Kreiskrankenhaus der nahegelegenen Kleinstadt befand, denn wir besaßen kein Handy.

Tatjana war schon damals eine vehemente und konsequente Gegnerin des Mobilfunks, der damit verbundenen schädlichen Strahlung und dem einhergehenden Verlust an Unabhängigkeit. Sie verachtete es nahezu, wie sich alle Welt unreflektiert und mit der schlichten Begeisterung kleiner Kinder zu Sklaven dieser neuen Gadgets der Industrie machten. Wir waren uns einig, dass die Menschheit bisher auch ohne Handy eine Verabredung machen und ein Dach über dem Kopf hatte finden können und dass es folglich jetzt wohl immer noch klappen müsse. Eine Sichtweise, die bei den meisten Mitmenschen nur verwundertes aber ganz gelegentlich auch beeindrucktes Staunen hervorrief.

Auch heute, fast fünfzehn Jahre später, im suchtigen, dauerzerstreuten Zeitalter der daumensteifen Head Down Generation hat sich an dieser Einstellung nicht viel geändert, im Gegenteil. Mit Wehmut betrachte ich, wie diese Entwicklung dem Artensterben in der menschlichen Seele Vorschub leistet und zur ehrlosen Verabschiedung des heiligen Leerlaufs und meiner geliebten Langeweile zu führen scheint.

Ich gebe der Menschheit noch zwanzig kurze Jahre, bis endgültig alle diese impulsgesteuerten und überstimulierten Touch-, Klick- und Wisch-Junkies zusammenklappen in ihrer digital entlaubten Welt.

Aber hey, immer langsam! Ereiferungspegel erst einmal runterfahren und Blutdruck senken.

You have to trust in the future! Wer der kommenden Generation nicht vertraut, hat vom Leben nichts kapiert, habe ich mal irgendwo gelesen.

Aber trotzdem! Das ist doch keine artgerechte Haltung mehr heutzutage. Da lebt doch inzwischen fast jedes Demeter-Bio-Schwein ein natürlicheres Leben. Für uns Menschen gibt es doch chronisch zu wenig Auslauf an der frischen Luft. Geistige und emotionale Verarmungstendenzen bei gleichzeitiger Dumm-und-dämlich-Vernetzung und das in hermetisch überisolierten Bausatzhäusern. Dazu die ungesunde Aufzucht des Nachwuchses außerhalb der natürlichen Familienverbände.

Da werden Millionen Individuen in staatlichen Mastbetrieben hochgepusht, sind einer nahezu vollständigen Überwachung durch ihr Pflegepersonal ausgesetzt, um in möglichst kurzer Zeit ihr überfettetes, schlachtreifes Alter, sprich Eintritt ins Berufsleben, zu erreichen. Das alles bei artfremder, synthetischer Kost und medikamentöser Überbehandlung.

Zu viel Antibiotika im fetten Fleisch, zu viel Ritalin im Gehirn und zu viel Zucker und Farbstoffe im System. Ganz zu schweigen von den täglich anfallenden Unmengen toxischer Jauche aus den durch Domestos sterilisierten Stallungen. Diesen hormon- und chemie-geschwängerten Unmengen wird inzwischen ja niemand mehr richtig Herr. Überall tröpfelt und leckt es, und das gesamte Grundwasser ist im Eimer.

Ich plädiere für ein ordentliches Biosiegel für uns selbst. Dieses könnte anstatt des High-Security Fingerabdrucklesegerätes stolz an der Eingangstür unserer Häuser prangen und uns als echte menschliche Wesen ausweisen.

Ok, es reicht! Schwamm drüber.

Aber ist aber doch wahr, oder? Korb prustet und bläht die Backen.

Egal. Interessiert keinen grossen Geist.

Trotzdem, ich erinnere mich noch genau an den ersten Mann mit Anzug und Krawatte, der mit sich selber sprach.

Das war mehrere Jahre zuvor in S. F. gewesen. Genauer gesagt Down Town im Financial District. Dort arbeitete ich damals für einen renommierten Juwelier in einem dieser Fachwerk-Wolkenkratzer. In diesen Schluchten liefen natürlich jede Menge

Kostümchen und Nadelstreifen herum, aber auch viele andere Gestalten, die wahrscheinlich vom losen Kleingeld angezogen wurden wie die Fliegen von ausgelöstem Darminhalt. Und dass der eine oder andere dieser Unikate gelegentlich Selbstgespräche führte, war man gewöhnt.

Aber nun dieser feine Anzugträger, der genau vor mir ging. Ok, dachte ich, Anzug schützt vor Doofheit nicht, als ich bemerkte, dass er Konversation hielt, obwohl er alleine war.

Da blieb er stehen und ich holte auf. Auf gleicher Höhe mit ihm wendete ich neugierig den Kopf und sah das kleine schwarze Ding mit der Antenne in seiner Hand.

Ok, ein neues Zeitalter.

Aber Moment mal, wo war ich denn jetzt noch mal abgeschweift?

Ach ja.

Also, wir besaßen damals übrigens auch kein Auto und fuhren mit dem Bus in den Ort, um einzukaufen und Wohnungsanzeigen zu studieren. Nachmittags radelten wir dann mit Kleinkind im Rucksack und Hund im Körbchen über Landstraßen und Forstwege, klopften an abgelegenen Höfen und sprachen mit Bäuerinnen in bunten Kittelschürzen.

Und nach etwa sechs Wochen, gerade noch, bevor unser Bündel grüner Scheine gänzlich aufgebraucht war, zogen wir das große Los. Wir hatten schließlich eine Annonce im lokalen Käsblättchen aufgegeben, und die führte uns direkt in unser wundervolles Tannbachtal.

Korb verharrt eine Weile reglos auf der Couch und starrt Löcher in die Luft.

Ich habe immer im Außen gesucht – nach dem Glück meine ich.

Habe die Lupe aus meinem Werkzeugkasten gezogen und durch ihr verzerrendes Fischauge in die Welt geschaut. Habe vornübergebeugt in der Materie, im Stofflichen gewühlt und dort Hoffnung, Halt und Hilfe gesucht. Ich habe in Büchern studiert, dem Gedruckten vertraut, habe mich stillschweigend und werkelnd im Kleinlichen verloren. Habe mich in endlosen Details verzettelt und bin darüber kurzsichtig geworden. Trage eine dicke Brille auf der Nase.

Ich war dabei immer auf der Suche nach dem grünen Käfer meiner Kindheit. Ich hoffte, der Käfer selbst sei der Schlüssel zur Seligkeit. Ich brauchte ihn, studierte ihn und himmelte ihn an; das Schillern seiner Flügel, die Feinheit seiner Glieder, die Bewegungen seiner zarten Fühler und die herben Ausdünstungen seines Panzers. Ich bemühte mich Umstände herbeizuführen um ihn anzulocken, ihn zum Bleiben zu verpflichten.

Ich entspann Vorstellungen, wie das Außen gestaltet sein müsse, damit ich diesen alten Frieden wieder erreichen und halten könnte und erschuf das zwanghafte Dilemma, meine Zeit in Phasen teilen zu müssen, und zwar in solche, die erfüllt waren von Dingen, die getan werden mussten, und solche, um wahrhaftig zu leben was mir Befriedigung versprach, was mir Wert verlieh, was erstrebenswert, besonders und kraftvoll schien. Ich fand mich in der klassischen männlichen Rolle des Im-Außen-wirkens wieder. Ich bevorzugte das Tun statt des Seins, und es fehlte mir immer an Zeit, ich wurde niemals satt.

Auf den ersten Blick mochte das gar nicht so erscheinen, denn ich arbeitete daheim, schmiss große Teile des Haushalts und konnte viel Zeit mit der Familie verbringen. Ich war also täglich aktiv im gemeinsamen Leben eingebunden und doch war ich oft nicht richtig da, war eigentlich nicht präsent, denn ich sah keinen wirklichen Wert darin.

Mein Inneres verlangte nach etwas anderem. Daran litten meine Familie und ich auch.

Während der Zeit im Tannbach hatten wir das große Glück, dass ich als freier Goldschmied weiterhin Aufträge für meinen letzten Arbeitgeber in den USA ausführen konnte. Per Telefon oder E-Mail trafen die Bestellungen ein, und mit der Post gingen sie hinaus. Das heißt, es klingelte über Jahre morgens kein Wecker, ich musste nirgends hinfahren, ich war daheim, und Termindruck war fast ein Fremdwort.

Der Schwarzwald und das Tannbachtal waren für mich mein kleines, deutsches Montana. Nur Wald und Weideland, kein eckiges, chemieverseuchtes Agrarland, keine ausufernden hässlichen Neubaugebiete oder geistlose Industrieanlagen. Meine bereits in den USA wieder aufgeblühte Trapperseele entfaltete ich hier zu einem regelrechten neuen Berufszweig.

Ich las mich in die Literatur der prähistorischen Archäologie ein und war bald als Fachmann für indianische- und urgeschichtliche Handwerkstechniken mit dem Spezialgebiet der steinzeitlichen Fell- und Lederbearbeitung an verschiedenen Museen, Living History-Events und anderen Veranstaltungen tätig. Ich fertigte Reproduktionen urgeschichtlicher Gebrauchs- und Kultgegenstände, gab Kurse, sprach vor Studenten, war im Fernsehen und publizierte in der Fachpresse.

Kurz gesagt, für mein Verständnis hatte ich es in dieser Nischenszene zu etwas gebracht, war zu einem Experten geworden. Das verschaffte mir ungeheure Befriedigung, meine Verbindungen weiteten sich aus und an neuen Herausforderungen mangelte es nicht.

Bei Regen bosselte ich in der Goldschmiedewerkstatt, schien die Sonne streifte ich durch die Wälder auf der Suche nach Rohmaterialien für meine Urzeitprojekte oder bearbeitete Felle beim Tipi am Bach.

Unsere Lebensgestaltung glich einem musealen Auslaufmodel. Es war eine Exklave im Meer der Hektik einer gnadenlos finanzorientierten Effizienzgesellschaft.

Die einzige Uhr im Haus, unsere Küchenuhr über dem Herd, war eigentlich nur Deko und ein Handy besaß ich nicht. Wir lebten von einem einzigen Einkommen, welches ich während einer entspannten Arbeitswoche von etwa einem Dutzend Stunden in freier Heimarbeit erwirtschaftete. Ich war kein Rädchen in irgendeinem unüberschaubaren Programm, das irgendwelchen fragmentarischen Käse erledigt, sondern ich tat einzig, was mir gefiel. Wir lebten von gänzlich von mit der Hand hergestellten Produkten aus Werkstatt und Wald, fabriziert mit Werkzeugen wie vor hundert Jahren.

Die Familie, das Heim war Produktions- und Lebensgemeinschaft, vorindustrielle Zustände also. Die Frau, die nicht karrieregeil in die Ferne schweift, um noch männlicher als die Männer zu sein, sondern mit Stolz und echter Bereitschaft Mutter ist und gemeinsam mit dem Mann den Haushalt schmeißt und für die Kinder da ist. Kinder, die selbstbestimmt und ihrem eigenen Bauplan entsprechend die Umwelt erleben dürfen und nicht gleich nach der Entbindung den ganzen Tag in irgendeiner Institution en masse zu Bespaßungs- und Förderprogrammen geparkt wurden.

Dazu viel Müßiggang für alle und das nicht im vorgefertigten Moloch einer zubetonierten Großstadt mit verpissten Spielplätzen und seiner ewig wachsenden Konsumorientierung, sondern ganz nah an der Geburtswiege des Menschseins. Direkt in der Natur mit viel frischer Luft, gut durchkeimtem Kuhstallmuff und Gemüse aus dem Garten.

Alles total krass, voll kitschig, total retro, ich weiß. Aber auch voll hip, unabhängig und artgerecht.

Bescheiden, aber glücklich, Korb lächelt als wolle er jemanden provozieren. Ja interessant, denn dieses Randgruppenidyll weist durchaus Ansätze von reaktionärer CDU-Ideologie auf. Kinder, Küche, Kirche und so weiter, aber ich wette, auch grüne Fundis würden daran viel Freude haben.

Die Beschäftigung mit der Urgeschichte verlieh meinem inneren Drang nach Kreativität und Gestaltung neue Entfaltungsformen. Statt den grenzenlosen Möglichkeiten der freien Kunst verpflichtet zu sein, welche   vom Individuum fordert, das zu schaffende Werk mit Bedeutung und Inhalt zu füllen, hatte sich für mich der Spieß jetzt umgedreht. Ich befand mich nun auf der Seite des Forschers, des Interpreten, des Kritikers, denn die Reproduktion von Vorgängen und Gegenständen die bereits lange vor meiner eigenen Lebenszeit Bedeutung gehabt hatten, versetzten mich in die Position eines gelösten Beobachters. Ich ahmte die Tätigkeit derer nach, die lange vor mir gewesen waren, reanimierte ihr vergangenes Schaffen, hauchte Verflossenem neues Leben ein und versuchte dabei, den auratischen und geistigen Geheimnissen der Vergangenheit auf die Spur zu kommen.

Ich war bemüht, Wert und Wahrheit von den Wurzeln her zu erspüren und damit den großen Mysterien am Urbeginn von Kunst und Kreativität auf die Spur zu kommen. Ich rollte die Existenz von hinten auf und lebte da irgendetwas aus was noch nicht zur Ruhe gekommen war, irgendeinen Film aus der fernen Vergangenheit, dessen Trailer ich mit ins Heute transportiert hatte. Schabend, sägend, kratzend und nähend erschuf ich aus Knochen, Elfenbein, Stein und Tierfellen vergangene Welten und versuchte mich in diesen Dingen zu spiegeln und wiederzufinden. Ich drang in die Tiefen der Zeiten und saugte die Essenz aus ihr heraus wie das fette Mark aus einem Knochen.

Diese Forschung ging suchbohrerhaft immer tiefer, immer weiter und präsentierte sich mir als unglaublich vielschichtig und aufregend. Ich entwickelte mich über kurz oder lang zu einem weggetretenen Fachidioten, einem Ötzi-Nerd, der sich begeistert in die vergleichende Gebrauchsspurenanalyse von jungsteinzeitlichen Knochenschabern und anderem Firlefanz vergrub, sich allmählich im bezugslosen Universum der bodenlosen Vergangenheit verlor, während die Bedeutung der Gegenwart auf Erbsengrösse zusammenschnurrte.

Ach ja, Korb knurrt und streckt die Beine aus, so was geht natürlich nicht ewig gut und der ultimative Gegenschlag ließ ja auch nicht lange auf sich warten. Wer mit derartiger Schlagseite durch das Leben tuckert, der bekommt Herausforderungen serviert, um ins Lot zu kommen oder aber er erstickt am erstarrten Mark der Urzeit.

Korb lächelt, denn drei Jahre nach Lukas Geburt war Tatjana wieder schwanger geworden.

Meine Frau und ich hatten uns bereits in den USA weitestgehend von der Inanspruchnahme moderner Schulmedizin verabschiedet.

Stattdessen setzten wir auf Instinkt, Vertrauen und eine liebevolle Hebamme. Eine Hausgeburt war geplant und routinemäßige Arzt- und Ultraschalluntersuchung kamen für uns nicht in Frage. Als sich aber nach einigen Monaten einige Komplikationen einstellten, besuchten wir doch noch eine Ärztin und ließen eine Untersuchung vornehmen.

Tatjana und ich fuhren gemeinsam zu diesem Termin.
Während ich also erwartungsvoll und etwas unruhig alleine im Wartezimmer saß, erschien auf einmal die behandelnde Ärztin in der Tür und bat mich lächelnd und mit geheimnisvoller Miene ins Untersuchungszimmer zu treten. Dort lag meine Frau strahlend auf der Liege. Die Ärztin setzte sich wieder an ihre Seite und ließ das Ultraschallgerät nochmals über Tatjanas gewölbten Bauch kreisen.

„Da, sehen Sie!"
Die beiden sahen mich aufgeregt und erwartungsvoll an.

Ich betrachtete verständnislos und mit zusammengekniffenen Augen die amorphen Formen auf dem Monitor, aber noch bevor ich Bezugspunkte hätte ausfindig machen können, von denen aus sich irgendeine menschliche Körperpartie erkennen ließ, rief Tatjana stolz: „Es sind zwei!"

„Zwei was?", fragte ich und überlegte ob sie von den Händen oder Füssen sprach.

„Na, es sind zwei befruchtete Eier. Es sind ein Junge und ein Mädchen!"

Korb kichert, weil er sich genau erinnert was für ein dämliches Gesicht er damals machte. An der Wand gegenüber hatte nämlich ein großer ovaler Spiegel gehangen und aus irgendeinem Grund drehte er damals kurz den Kopf, um hineinzuschauen. Ein Schaf, dem man eine Rechenaufgabe gestellt hatte, sah ihm entgegen.

Dann senkte er den Blick auf den von Gel glänzenden Bauch und noch während er überlegte ob das nun bedeutet, dass es mehr als ein Baby sei oder weniger als drei, griff Tatjana nach seiner Hand.

„Johannes!", rief sie.

Korb blickte auf. Eine heiße Freude durchströmte ihn.

Ich war begeistert und Tatjana strahlte. Statt eines ernsten Problems hatten wir auf einmal einen riesigen Grund zum Feiern.

Wenn ich an diesen Moment im Behandlungszimmer denke, bin ich wirklich froh, dass damals so spontan nur Freude im Vordergrund stand. Ich bin froh und dankbar und auch ein wenig stolz, denn eine solche Reaktion ist schließlich nicht selbstverständlich.

Bis ich Mitte zwanzig war hatte ich, gelinde gesagt, nicht die Absicht gehabt, überhaupt Kinder zu kriegen. Es bereitete mir jahrelang geradezu panische Angst, wenn ich nur an eine mögliche Schwangerschaft dachte. Mehr als einmal wartete ich schwitzend und nägelkauend auf das termingerechte Auftreten der Tante Rosa meiner Partnerinnen.

Ich fühlte mich vollkommen unfähig, eine derartige Verantwortung zu riskieren, welche eine nie abreißende Bindung bedeutet, die kein Ausweichen zulässt und aus der es kein Entrinnen gibt.

Klar kann man sich vom Acker machen, aber das ist doch nur eine Illusion, denn die Liaison zum Abkömmling bleibt bestehen, ob einem das passt oder nicht, das ist Naturgesetz. Da kann man was drüber spielen und das mag auch sehr hübsch klingen aber es bleibt eine Verwischtaktik, denn die Kräfte des Blutes fordern ihren Tribut. Jawohl. Dramatisch aber wahr. Korb verschränkt die Arme vor der Brust.

An diesem Nachmittag verließen Tatjana und ich die Praxis in Hochstimmung und gingen erst einmal in ein kleines Café, wo wir uns bei Kuchen und Schlagsahne begeistert unterhielten und uns ausmalten, wie es wohl sein würde, zu fünft am Frühstückstisch zu sitzen.

Unsere Vorfreude wurde allerdings bald darauf jäh abgebremst, denn die Zwillinge kamen zu früh. Und zwar nicht nur ein bisschen zu früh, sondern viel zu früh!

Flora und Falk wurden mit Notkaiserschnitt in der siebenundzwanzigsten Schwangerschaftswoche geboren und lagen die ersten drei Monate ihres Lebens auf der Intensivstation, wo wir um ihr Überleben bangten.

Es war eine schreckliche Zeit, und was wir dort im Krankenhaus alles durchmachen und erleben mussten, wäre genug Material für ein eigenes Buch. Wir wohnten vierzig Kilometer vom Krankenhaus entfernt. Tatjana verbrachte die meiste Zeit bei unseren beiden Winzlingen während ich zuhause blieb, arbeitete, mich um Luka kümmerte und dazu stieß, sooft es sich einrichten ließ.

Doch das Schicksal war uns günstig gewogen und nach drei Monaten, auf den Tag genau an ihrem vorausberechneten Geburtstermin, holten wir unsere Kinder heil und gesund nach Hause. Daheim wartete bereits unser guter Freund Trevor aus San Francisco. Er hatte sich bereit erklärt, bei uns zu wohnen und uns für die nächsten paar Monate tatkräftig unter die Arme zu greifen. Und Hilfe konnten wir brauchen!

Wir bildeten ein gutes, aber strapaziertes Team. Tatjana gab alles und verließ unser Tal ein ganzes Jahr lang überhaupt nicht mehr, um den Twins so viel Ruhe und Geborgenheit wie möglich zu gönnen, und dafür war das Tannbachtal genau der richtige Ort.

Wir verweigerten alle weiteren Arztbesuche, Gymnastikkurse, Impfungen, Studienteilnahmen, U-Untersuchungen und sonstige Termine und verließen uns auf unser Gefühl und unseren liebevollen Freundeskreis mit seinen Heilern, Hebammen und Therapeuten. Schluß jetzt mit wiegen, messen, picksen, Statistiken erfüllen und Panikmache. Und sieh da, aus unseren beiden Frühchen wurden trotzdem zwei wunderbare, starke und gesunde Kinder.

Doch während Tatjana sich die neuen Anforderungen der Mutterrolle überzog wie eine zweite Haut, und darin aufblühte wie ein satter Buddha, schien es Korb, als sei es für einen Zweiten in diesem Strumpf zu eng, und der Kampf um den ersten Platz auf dem Podest der Elternolympiade war bereits entschieden worden, lange bevor er je überhaupt den Startschuss vernommen hatte.

Ich hatte da so oder so den Anschluß verpasst. Vielleicht nicht genügend Kurse und Workshops zur innerlichen Selbstoptimierung besucht wie Tatjana und bin deswegen einfach nur Passivraucher ihrer Erfahrungen geblieben. Ich hatte mich in irgendeiner Warteschleife aufgehalten und zu lange verharrt, bis der Stein ausreichend gehöhlt, bis genug Kalkpartikelchen auf Stalaktit und Stalagmit abgelagert waren, um loszulassen und meiner Reise nach innen einen gehörigen Schub zu verpassen.

Entscheidend dafür war jedoch ein Wochenende gewesen, welches ich bei einer Therapeutin verbrachte, zu der Tatjana bereits seit Jahren eine Verbindung hatte. Der Schritt, mich in einen derartigen Workshop einzuschreiben, war mir nicht leichtgefallen. Das Thema interessierte mich natürlich schon seit Jahren. Der Schamanismus. Doch niemand, den ich bisher getroffen hatte, schien mir authentisch genug, um mich diesem Thema wirklich näher bringen zu können.

Korb hält inne.
Obwohl, stimmt nicht ganz, denn in den USA war ich einmal kurz davor gewesen.

Es hatte da einen alten Mann namens Owl gegeben. Seinen

richtigen Namen kannte eigentlich niemand. Er lebte gleich einem Jack London seit Jahren mit seiner Frau in einem abgelegenen Blockhaus in den Wäldern von Idaho. Er hatte viele Jahre bei den Lakota-Indianern verbracht und war schlussendlich von einem älteren Paar adoptiert und in den Stamm aufgenommen worden. Seitdem hatte er sich ihrer traditionellen Lebensweise verschrieben. Gelegentlich trafen sich bei ihm Leute from different walks of live, um sich von ihm diese Welt näher bringen zu lassen.

So landete auch ich eines Tages in dem kleinen Zeltlager, welches sich auf der Lichtung vor seiner Hütte gebildet hatte.

Ich verbrachte in diesem Wald eine merkwürdig, magische, Zeit auf die ich nicht vorbereitet gewesen war. Zu der kleinen Gruppe, die sich in jenem Sommer eingefunden hatte, gehörten auch zwei junge Kanadierinnen und ein Typ namens Ronnie aus den Südstaaten. Der hatte gerade frustriert sang- und klanglos und ohne ein Abschiedswort, seine Frau, seinen Job und sein Leben an den Nagel gehängt, war in seinen Chevy geklettert und hierher in den Westen gekommen, um einen Neustart zu wagen. Wir vier bildeten bald ein unzertrennliches Team. Irgendein Band, dessen wundervolle Zugkraft ich nicht erklären konnte, schweißte uns in diesen Sommertagen zusammen. Da wir uns vorher noch nie gesehen hatten, ergriff uns dieses Gefühl völlig unerwartet und innerhalb der ersten vierundzwanzig Stunden war etwas außerhalb jeder anderen Bindungsform gewachsen, die ich bisher erlebt hatte.

Wir verbrachten jede Minute zusammen, gingen schwimmen und wandern, saßen nachts stundenlang am Lagerfeuer in Ronnies Tipi und machten sogar Pläne für eine gemeinsame Zukunft. Es war eine Nähe und Vertrautheit zwischen uns, welche mir wie ein Wunder vorkam. Ich hatte alles um mich herum vergessen, meine Frau, meine Stadt, mein ganzes Leben. Ich war aus der Zeit herausgefallen und existierte nur noch in diesem Wald, in diesem Moment, eingebettet in eine reflektionslose, vollständige Viersamkeit, alte indianische Mysterien und eine herrliche, wilde Landschaft.

Als wir uns nach zwei Wochen am Ende des Kurses trennen mussten, zerplatzte diese euphorisierende Blase wie ein Regentropfen auf dem Asphalt. Der Traum zerriss mich und ich klappte zusammen. Auf der Heimfahrt allein im Auto weinte ich hemmungslos stundenlang. Ich verstand nicht, was geschehen war.

Natürlich hatte ich mich in eines der Mädels verknallt, aber das merkte es nicht einmal richtig, denn da war noch ein viel größerer, übergreifender Wirkkomplex in Bewegung geraten.

Die gesamte Fahrt bis zurück nach San Francisco ließ ich das Tape mit indianischen Pow-How Musik laufen, welches wir vier gemeinsam gehört hatten. Die stampfenden Trommelbeats und der klagende Gesang begleiteten mich, bis die Kassette so heiß gelaufen war, dass sie nicht mehr richtig funktionierte und ich sie aus dem Fenster warf.

Ich hatte das Glück gehabt, vierzehn Tage der enge Hülle meines Egos entfliehen zu können, doch am Ende riss mich ein silberner Faden zurück und ich nahm beglückt und verzweifelt wieder Platz in meiner gewohnten Identität.

Ronnie zog gemeinsam mit den beiden Mädels in die Wälder von Kanada, wir hatten noch eine Weile E-Mail-Kontakt, aber unsere Zeit war vorbei. Es war wieder einmal zu Ende.

Owl hatte mich während dieser wundersamen Zeit mit seiner Ernsthaftigkeit ebenfalls sehr beeindruckt, und als ich am Ende des Camps einen Wunsch äußerte, erklärte er sich bereit, 'to put me up on the hill', wie er es nannte. Ein ganzes Jahr sollte ich mich auf diese traditionelle Zeremonie vorbereiten, in welcher man vier Tage und Nächte ohne Essen und Wasser, nackt und alleine, an einem einsamen Ort verbringen würde. In dieser demütigen Situation würde ich mich betend und flehend Gott, dem Universum oder dem Great Spirit, wie sie es hier nannten, öffnen und auf Erkenntnis, auf Weisung und Hilfe hoffen, genauso, wie es bei seinen Adoptiveltern auf der Pine Ridge Indianer Reservation, seit langem Brauch war.

Doch alles kam anders. Die Visionssuche fand nie statt. Owl´s

Frau lief plötzlich davon und ließ alles mitgehen, was irgendeinen Wert in der Hütte gehabt hatte. Von ihm erreichte mich ein verzweifelter Brief; er sei völlig pleite und am Ende. Ich schickte ihm in seiner Not dreihundert Dollar und er versprach mir eine indianische Pfeife, einen Ritualgegenstand dafür. Doch kurz darauf verließ er wortlos seinen Wald und ging in die ferne Großstadt Reno, um dort in einem Casino zu arbeiten. Es war alles irgendwie merkwürdig. Auch von ihm hörte ich nie wieder etwas. Doch das war mir egal, Rosstäuscher oder nicht, in meiner Erinnerung bleibt er ein authentischer Mountain Man mit weißem Bart im faltigen Gesicht und Cowboystiefeln an den Füßen.

Hier in Deutschland schien mir jedoch über Jahre niemand eine wirklich anständige Lehre vermitteln zu können. Niemand konnte eine befriedigende Hintergründigkeit vorweisen, wenn es um indianische Traditionen ging, obwohl das Angebot ja nicht gerade klein ist. Alles war streichelweicher Mischmasch und selbstgekochtes Durcheinander. Ich hatte zu viel ethnologisches und geschichtliches Material über die Ureinwohner Nordamerikas gelesen, dass es mich abschreckte, wenn Keltentum, Friedenspfeife und Waldelfen in einen Topf geworfen wurden, um daraus einen leckeren, esoterischen New Age Spiritismus zu kreieren. Es irritiert, wenn jede dritte Hausfrau am Wochenende Schamanismuskurse inklusive Bestform-Massage buchte. Das konnte doch nichts taugen, und ich verspürte es als geradezu unverschämt den traditionellen Wurzeln gegenüber.

Doch bei dieser Therapeutin war alles anders. Obwohl, eigentlich war alles genauso gruselig wie eh und je, aber ich war anders geworden. Ich hatte mir mit zusammengebissenen Zähnen und einer langsamen Drehbewegung den ewig steifen Stock aus dem Hintern gezogen und meine hyperkritische Übersensibilität an den Nagel gehängt. Ich hatte es satt, zu warten, zu meckern und auf der Stelle zu treten.

In der Ausschreibung erschien mir der Kurs ohne viel ritualisierten Schnickschnack auszukommen und auf das Wesentliche reduziert zu sein. Außerdem gab auch niemand vor, irgendetwas mit Indianern zu tun zu haben, was mich erleichterte. Ich sagte zu und betrachtete mich durch meine Belesenheit und jahrelange, intellektuelle Vertrautheit mit diesem Thema bestens vorbereitet.

Doch es sollte anders kommen.

Wir waren eine kleine Gruppe, nur eine Handvoll Leute, die sich laut Faltblatt mit der Essenz des Schamanismus beschäftigen würde, nämlich mit der sogenannten geistigen Reise. Ich saß im Stuhlkreis mit Gerd und Gisela und wie die alle hießen, und erfuhr, dass es sich bei unserem Vorhaben um eine Art tranceartiges, waches Träumen handele, ein Abgleiten bei vollem Bewusstsein in die Tiefen oder Höhen ätherischer Welten, um ein Wahrnehmen ureigener, archetypischer Bilder der Seele und universeller Wesenheiten zuzulassen. So weit, so gut.

Doch als wir es uns im Kursraum bequem gemacht hatten, die Augen schlossen und uns der Duft von Räucherwerk und das monotonen, hypnotischen Schlagen einer Trommel einlullte, vernahm und erlebte ich rein gar nichts. Zero, da ging überhaupt nichts; keine bunten Bilder oder Visionen, nur Ruhelosigkeit und Zweifel. Und während die anderen Teilnehmer in der anschließenden Gesprächsrunde aufgeregt von ihren Visionen berichteten, war ich verwirrt und total frustriert, weil ich fühlte komplett versagt zu haben.

Als die Reihe an mir war zu berichten, blieb mir nur der Angriff und ich hinterfragte und kritisierte daraufhin vor allen das ganze Vorgehen.

Korb kichert in sich hinein.

Ich glaube ich forderte sogar Beweise, dass das hier alles mit rechten Dingen zuging und sich nicht alle irgendeinen Hokuspokus einbildeten.

Total peinlich.

Die Kursleiterin hörte mir allerdings interessiert und geduldig zu und sah mich dabei lächelnd an. Nachdem ich aufgeregt meinen

Auftritt beendet hatte, und mir bereits klar wurde, dass ich mich blamiert hatte, entstand ein Schweigen in der Runde, denn alle erwarteten nun gespannt die Reaktion der Therapeutin.

Sie ging weder auf meine Fragen ein, noch versuchte sie sich zu verteidigen, sondern sie betrachtete mich nur eine Weile schweigend und meinte dann ruhig und direkt, ich solle doch erst einmal versuchen meinen enormen Widerstand aufzugeben. Ich stutzte. Welcher Widerstand? Was für einen Widerstand denn, ich war doch freiwillig hier. Was konnte ich denn dafür, wenn die ganze Geschichte nicht funktionierte. Aber während mein Verstand noch aufgebracht daran arbeitete, ein Gegenargument zu formulieren, spürte ich, dass es eigentlich angesagt war, den Schnabel zu halten.

Sie hatte Recht. So war es tatsächlich. Ich war total verkrampft. Man brauchte ja nur auf meine Hände schauen. Die lagen wie die Fänge eines gichtigen Raubvogels ineinander verkrallt in meinem Schoß. Bei diesem Anblick entwich mit einem Mal alle Spannung aus meinem Körper, wie die Luft aus einem Ballon. Ich wusste, dass die Zeit gekommen war, endgültig ein altes, nutzloses Bollwerk, gemauert aus Skepsis, Angst und Authenzitätsfimmelei aufzugeben. Ich selbst hatte es ja schon seit Jahren sturmreif geschossen, doch erst in diesem Moment hisste ich endgültig die weiße Fahne und verabschiedete mich von meinen Truppen bestehend aus verkrusteten Konzepten, festgefahrenen Vorstellungen und selbstgefälliger Kritik. Ich legte Schild und Stahlhelm beiseite und zog die Splitterweste aus.

Korb bläht die Backen und atmet langsam aus. Und das ist gut so, denn im Grunde ist man eh nackt, schlaff und fahl wie ein gerupftes Huhn auf der kalten Theke steht man im Leben. Das ist doch in Ordnung. Das ist sogar schön. Denn nun kann ein frischer Wind den Körper umstreichen und die Sonne wärmt die Glieder.

Und dann tat ich das, was ich bis dahin nie begriffen hatte, was ich deswegen auch nie tun wollte, wogegen ich mich immer gesträubt hatte und dessen Wert ich vehement verleugnet hatte: Ich tauchte völlig unvoreingenommen und ohne wenn und aber in eine neue und gänzlich unbekannte Dimension ein. Mein Geist kam zum Schweigen, ich musste nicht mehr gegenhalten und versuchen zu verstehen. Ich betrat mit einem Schlag Neuland.

Ich flog über Berge, tauchte durch Meere, durchstreifte Wüsten und Wälder, sah Dämonen und sprach mit Tieren und Wesen in leuchtenden Kugeln. Ein neuer Weg war gefunden, ein neues Gesetz erkannt: Du kannst loslassen und gehst trotzdem nicht unter.

Kurz darauf galt es auch im Außen einen neuen Weg zu betreten, eine andere unbekannte Welt zu entdecken und ich fühlte mich gestärkt und bereit dafür.

Wir verließen das Tannbachtal und zogen nach Portugal.

***

Schließlich war es einfach nicht mehr schön im Tannbach. Nachbarschaftstechnisch war die Karre in den Sand gesetzt. Wir erreichten mit unserem Latein das Ende der Fahnenstange und es schälte sich allmählich heraus, dass ein Bleiben keine Option darstellte. Wir würden uns also ohne gesündigt zu haben selbst aus dem Paradies verstoßen. Aber wohin?

Und so geschah es, dass Tatjana und ich eines Morgens versonnen in der Küche am Frühstückstisch saßen. Vor uns die typische Szenerie auf dem Küchentisch; Teller, Tassen, Brot, Butter, Kaffee und Tee, sowie neben Käse und Marmelade ein großes Glas Honig. Die Gegenwart dieses besonderen Glases auf unserem Tisch verdankten wir, wenn man versuchen möchte, es einmal genau zu rekonstruieren, zuerst einmal der Umweltverschmutzung. Aber auch die strukturellen Veränderungen der kommerziellen Landwirtschaft im Allgemeinen und das um sich greifenden Bienensterben in Deutschland im Speziellen spielten eine Rolle.

Schließlich kauften wir seit Jahren den Honig eines kultigen Schwarzwälder Imkers, über den wir sogar einmal eine Fernsehdokumentation gesehen hatten, weil er oben ohne, und weder mit Handschuhe, Rauchkanne oder Kopfschutz bewaffnet, seine Waben aus dem Bienen umschwirrten Korb entnimmt. Doch auch diesem Sonderling gingen viele seiner Völker ein, und nun gab es in unserem Laden Nachschubprobleme. Somit blieb mir also nichts anderes übrig, als notgedrungen zu einem Ersatzprodukt zu greifen und dieses stand nun am heutigen Tag bei uns auf dem Küchentisch. Noch während wir die Sonne genossen, die zum Fenster hereinschien und uns den Kaffee schmecken ließen und ich von meinen Hirschfellen berichtete, die draußen beim Tipi in einem Holzaschesud eingeweicht der Weiterverarbeitung harrten, blieb Tatjanas Blick am bedruckte Etikett des Honigglases haften. Unter der Abbildung einer stilisierten Biene, welche mit einem kleinen Eimerchen bewaffnet und untergeschlagenen Beinen auf einem Blütenblatt saß, stand ganz kleingedruckt. "Produto de Portugal".

Tatjana ergriff schwungvoll das Glas.

„Das ist es!", rief sie heiter und strahlte in die morgendliche Stille.

„Wir gehen nach Portugal!"

Ich verschluckte mich an meinem Toast.

„Wie bitte? Was soll das denn bedeuten?"

Sicherlich ist dieses Land ein traumhaftes Urlaubsziel für viele die nur faul am Strand liegen und in der Sonne schmoren wollen. Inbegriff von Strandurlaub, Surferparadis, Bettenburgen und mediterranem Lifestyle.

Aber mal im Ernst, sollte das ein Witz sein? Ich sah sie fragend an, doch Tatjana deutete nur strahlend auf das Etikett, als ob das Erklärung genug wäre.

 Ich schnaubte. Die südlichen Zipfel Europas waren mir stets eine Gegend mit sieben Siegeln gewesen. Mein Trapperherz schlug für den Norden, ich nahm die Welt eigentlich nur oberhalb des 48.

Breitengrades wahr. Alles andere war unterhalb der Gürtellinie, denn meine Liebe galt den weiten Wäldern, den stillen klaren Seen und Flüsse und den wilden Berge. Ich liebe den bunten Herbst und die rauen Winter, und in unbewohnten Einsamkeiten lebten die Kreaturen, welche meiner Seele nahe waren.

Also, was um alles in der Welt hätte ich in so einem aufgeheizten Ferienparadies verloren? Sollte ich etwa anfangen Golf zu spielen?

Ich schnaubte ein weiteres Mal verächtlich und trank meinen Kaffee leer und stand auf.

Doch dann geschah es. Eines Morgens und zwar zu jener Jahreszeit, während der in tieferen Lagen bereits die Schlüsselblümchen und Krokusse blühen, sich zaghaft das erste Grün an den Bäumen zeigt und in den Cafés Tische und Stühle wieder auf die Straße gestellt werden.

Ich war einkaufen gewesen und fuhr nun heimwärts, das kleine Sträßchen entlang welches in unser immer noch schneebedecktes Tal führt. Ich parkte den Wagen, griff die pralle Einkaufstasche vom Beifahrersitz und erlebte dann den alles entscheidenden Moment, als ich schwungvoll die Tür öffnete, um auszusteigen. Platsch! Meine Halbschuhe versanken schmatzend im grauschmutzigen Schneematsch. Nass-frostig quoll es über den Rand meiner Treter und die Socken saugten sich im Nu voll wie trockene Schwämme.

„Bäh…!", fluchte ich angewidert und versuchte einen Fuß zu heben, und die Tasche noch mal abzusetzen, nur um mit dem anderen tiefer einzusinken. So ein verfluchter Mist. Ich hatte es satt. Ich war es gründlich leid. Dieser ewige Winter, diese endlose Friererei und dieses ätzende Gepatsche!

Doch mit einem Mal erschien es mir, als hätte irgendjemand heimlich und schadenfroh, genau diesen Moment abgepasst, um direkt vor meinen Augen ein großes Transparent zu entrollt. Darauf befand sich die erwärmende Abbildung einer verheißungsvollen Alternative. Ich starrte verständnislos und wie gebannt auf dieses Plakat. Doch dann sprühte ich Sterne, wie Wicki, wenn er sich die Nase reibt.

„Hey, natürlich, das ist es. Nie wieder Schneematsch!"
Begeistert sprang ich auf und eilte triefenden Fußes mit meinen Einkäufen ins Haus.

Von diesem Augenblick an freute ich mich auf unser großes Abenteuer. Ich öffnete mich dem Licht der Sonne und sah der Veränderung mit Zuversicht entgegen. Ich starb einen freiwilligen Tod, verzichtete auf eine reliquienhafte Identität und versetzte meiner einzelkämpfende Mann-aus-den-Bergen-Seele einen ernsthaften Tritt in den Hintern.

Ich verkaufte meinen gesamten Fundus an Urzeit-Requisiten, inklusive Schneeschuhen, Biberfellhandschuhen und Fuchspelzmütze, denn die würde ich ja nie wieder brauchen, schüttelte mich frei wie ein nasser Hund, um aufzubrechen in eine neue, ungewisse Zukunft. Von irgendwoher hatte mich eine gehörige Portion Mut und Vertrauen erreicht, um mein in Gold gefasstes Selbstbildnis beiseite legen zu können und mich der nächsten Wirklichkeit zu öffnen. Denn trotz meiner traumhaften Lebensbedingungen war doch irgendwo in einem dunklen Hinterkämmerchen ein Arschkartegefühl geblieben. Immer schimmerte durch, dass ich eigentlich ständig einen Steinwurf weit von mir selbst weg war, und diese pappige Isolationsschicht, dieser Klotz am Bein musste weg!

Wir werden neu anfangen, ich werde neu anfangen. Das schweißt uns alle ein weiteres Mal zusammen. Ich würde es diesmal besser machen.

Wohlan Herz, mach dich locker und gesunde!

***

Einigen Wochen später saß ich bei einem Freund auf der Couch. Es war schon spät in der Nacht. Seine Familie und die meine waren schon zu Bett gegangen. Wir Erwachsenen hatten einen Film zusammen geschaut über Quantenphysik, über die mögliche Wandlung menschlicher Wahrnehmung durch die neueren Erkenntnisse der Physik, welche sich altem esoterischen, religiösen und mythischem Wissen auf dem Wege der Wissenschaft annähert. Nach dem Motto, die Wissenschaft hat festgestellt, dass Materie auch noch Geist enthält.

Wir tranken Bier und redeten über unsere Pläne auszuwandern. Auszuwandern ohne vorherigen Sprachkurs, ohne Landeskenntnisse, ohne im Vorhinein Wohnung oder Arbeit organisiert zu haben, ohne Ersparnisse in der Tasche, ohne Rücklagen und, wie sich erst später herausstellen sollte auch ohne Krankenversicherungen.

Mein Freund hob die Augenbrauen und sprach dann von Vorbehalten. Die Begriffe Unsicherheit, Angst und Verantwortung fielen.

Ich lachte nur darüber und winkte ab. Ich lache über seine Befürchtungen, weil ich mich in diesem Moment so unwahrscheinlich leicht fühlte und das lag nicht nur am Bier. Ich war beflügelt und es machte mich glücklich und erstaunt zugleich, dass mich seine Worte gar nicht trafen. Ich hörte zwar, was er sagte, aber es fand bei mir keinerlei Anklang, es tangierte mich einfach nicht. Das war neu! Ich konnte einfach nicht in Resonanz mit seinen Sorgen gehen und selbst sein Lob glitt an mir ab wie ein wohlgeformter Schneeball an der Fensterscheibe und als ich das feststellte, musste ich lachen, denn so eine Unbekümmertheit war mir bisher unbekannt.

Mein Freund betrachtete mich überrascht, weil ich reagierte als habe er völligen Schwachsinn von sich gegeben.

„Sorry Knut!", ich beugte mich vor und hob entschuldigend die

Schultern. „Ich mach mich nicht lustig über dich. Mir ist es einfach egal was andere sagen, denn ich mache mir einfach keine Sorgen".

Das fühlte sich unwahrscheinlich gut an, denn weiß Gott, ich hatte auch schon eine andere Brille aufgehabt. Ich nahm noch einen Schluck Bier aus der Flasche, jetzt war sie leer und ich stellte sie zurück auf den Tisch.

„Weißt du was?!" Ich lehnte mich wieder behaglich zurück. Mein Blick wanderte an die Zimmerdecke, während sich ein Bild im Kopf zu formen begann.

„Weißt du was…", wiederholte ich und umkreiste die Vorstellung langsam.

„…dies alles hier ist doch nur ein Modell", ich machte eine ausladende Geste, die das gesamte Zimmer einschloss. „In Wirklichkeit ist die Erde nämlich doch flach. Sie ist wie eine Pizza mit Wiesen aus grün eingefärbtem, feinem Sägemehl darauf gebröselt und Bäumen aus Plastik mit Schaumstoff dran. Die Berge sind tiefgezogen wie Joghurtbecher und die Sonne hängt an einem seidenen Faden. Mann, es ist nur eine Modelwelt, wie bei der Eisenbahn, verstehst du?"

Ich zwinkerte, „Es ist ein Märklinuniversum mit allem Drum und Dran, alles nur Kulisse. Alles nur Hefeteig mit Bahnübergängen in Tomatensauce."

Knut Ostermann betrachtete mich durch schmale Augenschlitze. Entweder er schlief gleich ein oder er dachte angestrengt nach.

Ich holte kurz Luft denn die Eindrücke an der Zimmerdecke verdichteten sich auf einmal sehr schnell. „Mach dich doch mal ganz klein, zoom dich runter auf die Größe eines Pennys und roll da durch die Straßen!"

Ich deutete einen Katzenbuckel an und rutschte auf dem Sofa tiefer. Knut lachte auf.

„Ja, echt!", fuhr ich fort und streckte einen Arm aus. „Da steht alles still, die Fahrradfahrer, die Hunde und Katzen, die Autos und auch der Briefträger. Es ist wie bei Dornrösschen. Doch auf einmal kommt eine Brise auf."

Ich holte Luft und spitzte die Lippen. „So eine Art Hauch, der riecht vielleicht nach Pfefferminzbonbon, Ingwerkaugummi oder so ähnlich, ich weiß es nicht. Aber dieser Dunst, das ist der Atem des Herrn, der alles zum Leben erweckt".

Mein Freund grinste breit und warf ein, „Tatsache Mann, der Odem des Allmächtigen, was? Du meinst, der riecht nach Pfefferminze aus dem Hals?".

Ich kratze mich am Kopf.

„Nun, keine Ahnung wie der Mundgeruch des Universums schmeckt. Pfefferminz erscheint mir auf jeden Fall die erfrischendste Variante!"

„Ja, dass schon…". Knut befingert ernst die Öffnung seiner Bierflasche.

Wir schwiegen einen Moment.

„Aber es könnte doch auch so eine Art muffig, milchsauer vergorene Ewigkeit sein".

„Glaub ich nicht. Ich denke, dass die Unendlichkeit doch immer irgendwie neu und dauerfrisch erscheint. Deswegen Pfefferminze. Oder von mir aus auch irgend so ein anderer Zahnpastaschmack. Aber jetzt hör doch mal zu…!"

Ich versuchte ihm klar zu machen, dass alles, was wir sehen, eine enorme, fantastische Kulisse ist, in der wir alle feststecken. Eine Art scriptlose Containershow, ein Open Source Jungelcamp ohne Barrieren, in der jeder Hauptfigur und ein Statist zugleich ist.

„Du bist die Hauptfigur in deinem Film und gleichzeitig millionenfacher Statist. Und zwar für jeden anderen, dem du begegnest. Und jedem einzelnen Menschen auf der ganzen Welt geht es genauso…!". Ich hielt kurz inne aber Knut war inzwischen damit beschäftigt den Zeigefinger in den Flaschenhals zu stecken.

„Hey Mann!", ich stupste ihm mit den Ellenbogen in die Seite. „Knut, du bist frei in dieser ausgeklügelte Modellbaukasten-Welt. Du kannst dich da frei bewegen, verstehst du?"

„Hm ja, schon klar…"

„Ja, na also. Und dann triffst du da laufend neue Komparsen

und übernimmst automatisch und ungefragt eine Rolle in ihrem Leben und die in deinem. Jeder ist potentiell mit jedem anderen verbunden, und jedermann erfüllt für jeden einen Zweck. Und noch dazu nicht irgendeinen Zweck, sondern den *ganz genau richtigen* und noch dazu *einzig* möglichen sogar!". Mir wurde heiß.

„...es ist alles ein immens komplexes Netz und doch hat es eine enorm freudige Leichtigkeit, denn es ist nur ein Spiel, verstehst du? Nur ein Spiel, du kannst darin tun und lassen, was du willst. Es ist alles flächig und doch dreidimensional zugleich."

Ich holte kurz Luft. Mein Freund starrte auf den Tisch, die leere Bierflasche baumelte an seinem Zeigefinger.

„Ok!", meinte er. „Du kannst also in jedes Haus hineingehen und es ist nicht nur Fassade, denn dahinter geht es weiter? Sehe ich das richtig? Es geht immer endlos weiter, und alles sieht wahnsinnig echt aus und trotzdem ist es nur ein Pappmodell. Denn die Dinge sind nur Hüllen. Die sind alle hohl. Bestehen aus Nichts. Nur leerer Raum, der durchpulst wird vom supersimplen Hauch der endlosen Möglichkeiten?"

Mit rot umrandeten Augen blickte er zu mir auf.

„Ja Mann, genau das ist es!". Ich beugte mich zu ihm und schlug mit der Hand auf den Tisch. „Nur unser Geist, nur unsere Vorstellungskraft hält das alles zusammen und füllt es mit irgendeinem Sinn!"

Mein Gesicht war dem seinen plötzlich ganz nahe. „Verstehst du, unter der Bodenplatte, auf der die grünen Sägespäne und Zebrastreifen kleben, da ist auch nichts. Nur endlose Leere, und wenn du willst, kannst du die ganze Platte umdrehen, und dort ist eine ganz andere Welt zu finden, und in der könntest du auch leben. Das folgt so einer Art Multi-Schicht-System."

Ich hielt inne und liess mich in die Kissen zurückplumpsen. „Du musst dich fragen, ob das Publikum vor deiner Bühne, bei dem, was du so treibst und vor allem wie du es treibst, applaudieren würde. Spielst du da eine coole Rolle vor dem kosmischen Auge, oder nicht? Bist du ein Interessanter? Lieben dich die Engel im All oder fällst du nur ständig unten durch? Heben die die Augenbrauen und denken: Oh je, das war aber bescheiden…wenn du dich selbst beobachtest, wie du deinen Alltag spielst, taugt das was? Ist das was wert oder ist das alles nur igittigitt und total peinlich?"

Ich atme aus.

Knut hatte inzwischen die Bierflasche mit der freien Hand am Genick gepackt und zwischen die Oberschenkel geklemmt. Doch bevor er zieht blickt er kurz auf. „Du meinst also, man betrachtet sich immer selbst in deiner Märklinwelt. Du bist praktisch immer fünf Meter hinter dir selber her. Wie so ein Hündchen an der Leine?"

„Genau so! Und was bist du da für einer? Einer der zerrt, weil er weg will? Ein gereizter Kläffer, der jedem an die Wade geht, weil er Frust hat. Oder bist du so ein freundlicher Genügsamer, der zufrieden an jedem Kackhaufen schnuppert und fröhlich mit dem Schwanze wedelt?"

Wir schwiegen.

„Du musst Spucke drauf machen!", ich deutete auf seine Hand.

Er nickte. Es war spät geworden. Die Turmuhr schlägt. Wir hatten uns zurück gelehnt auf der Couch und starrten auf den schwarzen Fernsehbildschirm.

Ich verfolgte meine auslaufenden Bilder noch ein wenig, bis sie sich vollends auflösten.

„Mann, Alter…!", Knut rappelte sich schliesslich auf und blickt mich an, „Ich weiß nicht…!?"

Mit einem lauten Plop löste er seinen Finger aus dem gläsernen Schlund und betrachtete ihn nachdenklich. „Das sind ja alles wirklich ganz hübsche Gedanken aber ob das als Vorbereitung genügt um auszuwandern?".

Aber nun, da alles geschehen ist, wie es geschehen musste und die Reise in den Süden lange hinter uns liegt, muss Korb lächeln bei dem Gedanken, wie absurd einfach es tatsächlich ist, einen neuen

Weg einzuschlagen.

Man öffnet einfach nur die Autotür, steigt in den Wagen und macht es sich auf dem Sitz bequem. Dann holt man den Zündschlüssel hervor, steckt ihn ins Schloss, genauso wie man es schon tausendmal davor gemacht hat und dreht ihn um. Der Wagen springt an und man fährt los. Das ist alles, was es physisch zu tun gibt. Man stellt nur den Fuß auf ein Pedal, übt dann mit den Zehen etwas Druck aus um den Hebel leicht nach unten durchzutreten, und schon bewegt sich das Gefährt samt einem selbst fort. Auf das andere Pedal tritt man erst, wenn das Ziel erreicht ist. Alles Weitere kommt später. It is as simple as that!

Aber oft gibt der Kopf den Befehl zum Durchtreten nicht. Der verschränkt die Arme vor der Brust und streikt oder rudert sogar rückwärts. Der Kopf liegt stattdessen auf dem anderen Pedal, nämlich dem zwischen Gas und Kupplung und deswegen geht es nie richtig vorwärts. So fährt man bestenfalls mit halber Kraft und womöglich noch mit angezogener Handbremse durchs Dasein.

Dabei trägt der Mensch sein Haupt doch eigentlich hoch oben. Unsere Schaltzentrale ist über dem Erdboden platziert. Dort ist ihr Sitz, umgeben vom endlos weiten Himmel und umspült nur vom freien Raum. Sie ist sozusagen barrierefrei direkt mit dem Universum verbunden. Eigentlich strebt unser ganzer Körper ins All. Solange wir stehen oder gehen, sind all unsere Glieder vom formlosen Nichts der Atmosphäre umhüllt, und bei jedem einzelnen Schritt, den wir tun, verbinden uns für einen Augenblick sogar nur noch die fünf Zehenspitzen des einen Fußes mit dem festen Grund. Wir schweben also im blauen Himmel, doch der Kopf, der flüchtet lieber vorn über in den Sand. In unserer Schaltzentrale regiert ein überhitzter Server, der es nicht rafft und an dem die frische Brise vorüberzieht, ohne ihn auch nur ein halbes Grad herunterzukühlen, denn sein Programm servt nur dem Hamsterrad neurotischer Ablenkung, endloser Illusion und der Angst.

Das vage Gefühl, dass ich mich im Tannbach in eine Sackgasse manövriert hatte, hatte sich im Laufe der Jahre verfestigt. Ich wollte raus aus dem Reality-Dispo, wollte nicht länger aus alten Erfahrungen heraus leben, welche ich in die Zukunft projizierte, um dann wieder genau die gleichen Enttäuschungen zu erleben. Ich freute mich darauf, eine Leere zu schaffen, aus der Neues erstehen konnte. Aber was? Raus aus den alten Schuhen, aber wo sind die neuen oder geht es etwa barfuß weiter?

Schöne Käfer gibt es viele in Portugal und ich liebe es vor allem, sie beim Fliegen zu betrachten und den endlosen, weiten Himmel dahinter wahrzunehmen.

Aber hoffentlich stürzt keiner ab.

***

Korb streckt sich, der Rücken schmerzt, beide Beine sind endgültig eingeschlafen und kribbeln, als stecke er bis zur Hüfte in einem Ameisenhaufen. Mit einem Blick auf die Uhr findet Korb den notwendigen Beleg, sich demnächst einen Ruck zu geben. Es ist spät genug geworden, um sich aufzuraffen und ins Bett zu gehe.

Diese verflixte Couch. Eine Seitenlehne übt inzwischen einen fast unerträglichen Druck auf seine rechte Wade aus. Knurrend zieht Korb die steif gewordenen Glieder an, um, wie damals im Greyhound, in einer Art gestreckter Embryonalstellung, nochmals kurz Frieden zu finden. Etwas entspannter schiebt er daraufhin das Kissen wieder in den Nacken und justiere die Plüschdecke. So ist es besser. Aber auf Dauer ist das natürlich kein Zustand mehr mit diesem winzigen Sofa. Erst neulich hatten sie sich zusammen im Wohnzimmer umgesehen, um ein paar Möbel zu verschieben.

Korb hatte zweifelnd den Blick durch den Raum schweifen lassen und festgestellt, dass es nirgendwo ausreichend Platz für ein größeres Sofa zu geben schien.

Er entsinnt sich lächelnd an Tatjanas Anmerkung, die ihn mit schief gelegtem Kopf betrachtet hatte und mit einer ausholenden

Gebärde an die Wand hinter ihm deutete. Dann müsse er eben eine der beiden Türen hier zumauern und dafür wo anders eine neue hinmachen. Dann gibt's Platz. Er hatte laut aufgelacht bei der Vorstellung, wegen eines Sofastellplatzes das halbe Anwesen umzubauen. Aber der Einfall gefiel ihm, im übertragenen Sinne wohlgemerkt.

Korb gibt sich einen Ruck und schwingt seine Beine vom Sofa, um sich aufzusetzen. So sieht's doch aus im Leben. Einfach die alten Türen zumauern und dann woanders eine Neue aufmachen, so hatte er damals zu ihr gesagt.

Jetzt bin ich müde und will endlich ins Bett. Korb stützt sich ab, um aufzustehen, doch er erstarrt, denn ein lauter Knall lässt ihn hochfahren. Tatjana ist ihm zuvorgekommen und schwungvoll aufgesprungen, das Buch ist mit einem lauten Klatschen auf die Fliesen gefallen.

„Du willst ins Bett?", ruft sie aus, mit zwei Schritten steht sie unmittelbar vor ihm, mit einem Blick in den Augen, als hätte er vorgeschlagen, von einer Brücke zu springen.

Korb richtet sich auf und sieht sie an. Da fühlt er schon ihre Hand auf seinem Unterarm und seine Nackenhaare sträuben sich. Korb hält den Atem an, denn er spürt, wie sich ihre Finger in seinen Arm bohren.

„Johannes!", haucht sie und Korb weiß, jetzt passiert etwas. Ein namenloser Argwohn greift nach seiner Kehle. „Komm mal mit vor die Tür!"

Tatjana lockert ihren Griff und geht zur Haustür.

„Raus…?", Korb folgt ihr mit steifen Schritten.
Weit ist es nicht, ein paar Schritte. Genau sieben, zählt Korb, wenn man das Aufstehen nicht mitzählt. Sie öffnet das Fliegengitter. Er steht neben ihr. Kein Mond. Der betörende Duft der Zistrosen erfüllt die warme Nachtluft. Er wartet.

„Johannes!", wieder ihre Hand auf seinem Arm, diesmal leicht wie ein Schmetterling. Aber unbeweglich. Die Zikaden. Korb weiß, dass es jetzt geschehen wir. Er denkt an ihr Buch, wäre es doch auf die Kante gefallen, dann hätte ich mich nicht so erschreckt, dann wäre ich jetzt ruhiger

„Also…", setzt sie nochmals an, „… ich werde heute bei Hermine übernachten!"

„Was?" entfährt es Korb und er sucht im Dunkel nach ihren Augen.

Mit den Krallen eines Adlers hält sie seinen Arm umfangen. Er denkt - wäre mein Arm ein Kaninchen, müsste es jetzt sterben.

„Wieso bei Hermine…?"

„Johannes…", es ist so finster vor der Tür, er findet ihr Gesicht nicht, sieht nur ein Glitzern wie zwei Sterne.

„Ja?"

„Mach dir doch nichts vor. Wir brauchen Abstand!"

Und dann löst sie ihren Griff und das Glitzern verschwindet, denn sie hat den Blick abgewendet. Johannes betrachtet seinen Arm, und erwartet Blut zu sehen.

Er klappt das Kinn herunter.

Abstand! Das Wort fällt aus seinem Mund wie etwas, das er nicht mehr braucht. Dann sagt er etwas, dass er sich nicht selber ausgedacht hat. Eine Frage die noch nie jemand selbst erfunden hat. Es ist nur eine Formel, denkt er, weiter nichts.

„Hast du einen anderen?"

Korb kann nicht glauben, dass er diesen beschissenen Satz aussprechen muss. Doch da vernimmt er ein Rasseln. Es sind die Autoschlüssel, erkennt er verwundert.

Korb versucht etwas zu begreifen. Die Schlüssel, sie hat die Autoschlüssel schon die ganze Zeit in der Tasche gehabt. Ihre Hand erscheint vor seinem Gesicht, um seine Wange zu berühren. Er reißt den Kopf zurück und zischt. Doch gleich darauf hört er schon ihre Schritte auf dem Kiesweg knirschen. Sie geht zum Wagen. Kurz herrscht noch mal Stille, als sie innehält und sich umwendet. „Wir reden morgen früh, ja. Wenn die Kinder in der Schule sind".

Es ist stockdunkel.

Korb schweigt, bildet sich ein, ein Lächeln zu sehen. Doch dann fällt die Autotür zu. Motorgeräusche. Aufleuchtende Rücklichter tauchen die Welt in ein bizarres Glutrot, als sie zielsicher ausparkt. Der Wagen fährt an, wendet. Langsam werden die Lichter kleiner. Dann verschwinden sie hinter der letzten Wegbiegung.

Es ist wieder Nacht. Es ist wieder still.

Die Kröten und Zikaden schweigen beschämt und starren Korb aus der Dunkelheit an.

Johannes dreht sich um und legt den Kopf in den Nacken. Er betrachtet lange die paar funkelnden Sterne, die Hände fest an die Hosennaht gepresst. Unter seinen nackten Füßen verspürt er das Nahen einer gewaltigen Bewegung.

Wenn ich ein Wolf wäre, würde ich jetzt heulen.

Doch nun heißt es die Hacken eingraben und abwarten.

Korb greift nach der Türklinke.

Danksagung:

Die Produktion dieses Buches wurde durch eine Crowdfunding Kampagne finanziert, wofür allen freigiebigen Unterstützern mein Dank gebührt. Stellvertretend möchte ich hier besonders Karl-Ernst Sang und Joachim Fink erwähnen.